博骏点金

知识性　适用性　实战性　可操作性

李骏◎著

上海人民出版社

序　言

　　李骏君将其每周黄金评论计 28 篇，合成一本集子，取名《博骏点金》作为其本人黄金分析工作之小结，是一件有意义的事情，岁月如梭，人生留痕。

　　我与李骏君相识于 20 年前。当时，他在商业银行工作，由于会议与培训等工作上的缘故有幸相识。

　　若干年后，再和李骏君相见，他已经成长为一名很有影响力的外汇分析师。在市场中摸爬滚打，满世界地飞来飞去，其中艰难困苦也许只有身在其中才有体会。

　　李骏君并不满足于分析师的培训讲课工作，还在繁忙的培训之余，挤出时间，笔耕不止，其勤劳、辛劳、苦劳可想而知。

　　黄金走势分析原本比较枯燥，但李骏君运用各类比喻，文字显得生动活泼、诙谐幽默，符合投资大众的趣味。

　　虽然，国际货币基金组织的牙买加协议宣布了黄金的非货币化，但黄金作为国际储备货币的地位依然不可替代，黄金作为财富的最后卫士的角色不可替代，黄金作为国际金融市场上独特的金融投资品种不可替代。

　　因此，我希望看到各类研究黄金的书籍。

　　是为序。

黄泽民

2017 年 4 月 12 日

　　序言作者黄泽民系全国政协委员、上海市政府参事、经济学博士、华东师范大学终身教授、博士生导师、国际金融研究所所长、中国金融学会学术委员、全国日本经济学会副会长、中国国际经济关系学会常务理事、上海世界经济学会副会长。

目　录

作者介绍

李 骏

现任砺钰财经暨上海砺钰投资咨询有限公司总经理。兼任上海汇通网 FX678 首席分析师；上海 FX168 财经集团合作首席分析师。

1990 年开始从事金融工作，先后任职于商业银行，财经网站，投资公司，主要在外汇、黄金（贵金属）、大宗商品、股市等投资方面进行研究分析，提供策略；并一度作为上海黄金交易所综合类会员单位上海狮王黄金、中国工商银行总行贵金属业务部、华夏银行总行个人业务部、深圳黄金投资有限公司、上海交通大学海外学院、上海安越企业管理咨询有限公司，以及国内众多商业银行、机构、大学、投资公司等邀约的分析师，在全国 300 多个城市，对银行客户经理、相关从业人员、外贸企业管理层以及投资者进行外汇、黄金（贵金属）大宗商品教育培训演讲。从 2002 年至 2016 年累计主讲的上述投资类课程达到 3200 场次以上（平均每年 200 场次以上）。

作者 2000 年以来在实战策略中较为成功的案例：

2002 年年初，美元兑日元在 135 时，预测美元兑日元已见顶，将会下跌，即日元上升。结果在当年年底美元兑日元最低跌至 115，果然日元升值。

2008 年 10 月，黄金价格最低跌至 680 一线，预测未来黄金价格有一波上涨行情，主要是因为当年爆发全球金融危机，这将凸显黄金避险特点。结果 2009 年上半年黄金价格首次有效突破 1000 整数关，并于 2011 年创出 1920 的历史最高位。

2014年在上证指数低于2000点时，预测大盘应该见底，应该有一波上升行情。果然在2015年上半年，上证指数达到5000点上方。

2016年7月，黄金价格达到1374.90时，预测黄金价格因美联储加息会下跌。果然2016年12月15日黄金价格最低跌至1122.35。本书就是对这段行情进行重点阐述。

作者寄语：

作为从业28年的投资分析师，这一生注定是离不开外汇、黄金（贵金属）大宗商品、股市等投资方面的研究分析，希望用自己的全力，为广大投资者提供精准的投资策略，帮助投资者实现财富梦想，尽一份自己的微薄之力。

任何投资的道路一定是艰难、艰辛、坎坷且充满风险的，所以作为投资者一定要拥有扎实的基本功、良好的心理素质以及坚定的信心。最后，本人引用郑板桥的《竹石》中诗句："咬定青山不放松，立根原在破岩中。千磨万击还坚劲，任尔东西南北风。"与大家一起共勉。

最近15年的主要经历：

2002年2月，被温州工商银行（金融都市学院）聘任为专家顾问。

2003年12月，应日本投资机构邀请在日本大阪举办黄金、外汇投资讲座以及进行学术交流。

2004年10月，在北京人民广播电台经济广播举办首届瑞迪优杯的"你最喜爱的汇评师"大型评选活动中荣获"听众最喜欢的汇评师"称号。

2005年1月，被中国广东省建设银行聘任为理财专家顾问。

2005年3月和7月，应日本北辰商品株式会邀请前往日本东京、大阪进行外汇、黄金投资巡回讲座。

2005年7月，作为中国国家劳动保障部和北京东方华尔咨询有限公司主办国家理财规划师资格认定、理财培训讲师。

2005年10月，应日本外汇机构邀请前往日本横滨和东京进行黄金、外汇投资讲座。

2006 年 6 月，作为中央电视台 CCTV 证券资讯频道外汇分析师招聘主审评委。

2006 年 8 月，被聘为华夏银行总行外汇投资理财顾问。

2006 年 11 月，被聘为中央人民广播电台理财顾问。

2007 年 1 月，应日本国泰资本有限公司邀请前往日本东京进行讲学。

2007 年 1 月，被中国银行股份有限公司苏州分行聘为 2007 年度黄金投资高级顾问。

2007 年 8 月，应邀参加上海第一财经广播节目，担任评论嘉宾。

2007 年 10 月，作为上海黄金交易所综合类会员单位上海狮王黄金邀约讲师。并担任上海黄金交易所交易员资格考试的培训工作。

2008 年 3 月，作为武汉大学金融总裁班专家。

2009 年，被中国工商银行总行贵金属业务部邀约为讲师，并在全国各地展开贵金属巡讲。

2009 年 5 月，应邀参加湖北卫视《左道财门》（主持人左安龙）节目录制并担任评论嘉宾。

2009 年 10 月，参加中央电视台财经频道《交易时间，老左来了》节目录制并担任评论嘉宾之一。

2010 年 1 月，作为中国人民大学经济管理学院企业总裁班客座讲师。

2010 年 5 月，再次被华夏总行聘为投资顾问。

2011 年 6 月，作为上海交通大学海外学国际金融理财班的讲师。

2012 年 3 月，担任中国黄金协会主办黄金分析师资格证书培训工作。

2013 年 1 月起，应邀参加中国电信天翼视讯《股票老左》节目，担任评论嘉宾。

2014 年 5 月起，创立上海李骏评论黄埔投资交流学习班。并担任学习交流的主导老师。

2015 年 8 月，出任上海砺钰投资咨询有限公司总经理。

2016 年 10 月，由深圳方舟财经主办的外汇圈俱乐部，由砺钰投资咨询有限公司担任上海外汇圈俱乐部服务中心。

2016 年底，应邀参加上海第一财经广播节目《环球汇市》，担任评论嘉宾。

2017 年 3 月，荣获中国职工教育和职业培训协会颁发的《专业人才培训项目外汇分析师（师资）职业培训证书》。

市场经验：

一、28 年个人黄金、外汇买卖业务市场营销经验

二、28 年黄金、外汇行情分析研究工作经验

主要培训项目：

一、银行内部员工个人黄金、外汇业务培训

二、黄金、汇市行情分析讲座

三、大客户黄金、外汇操作建议辅导

四、企业规避汇率风险培训

五、综合投资理财培训讲座，涉及领域（黄金、证券期货、保险、地产、基金、外汇等）

浅谈 Blackwell Global 发展历程

自 2010 年 Blackwell Global 金融集团成立以来，旗下拥有多家不同业务之独立金融机构，致力为个人及机构客户提供交易经纪业务解决方案及其他投资产品，包括外汇、差价合约、贵金属、股票、选择权及期货商品。Blackwell Global 提供最顶尖的流通量，为客户提供 24 小时技术支援、市场研究工具、培训资源、专业性合作伙伴专案，以及高度整合的 Blackwell Global 交易平台。Blackwell Global 业务扩及全球 90 余国，并于中国、新西兰、英国、塞浦路斯等设有多家营运办公室。

随着全球金融业面临与日俱增的变革，Blackwell Global 禀赋良好的风险管理策略及规划能力致使其在短暂数年中快速发展为行业尖端。Blackwell Global 一直不懈摸索与扩展其事业领域，势必要在稳健的发展策略中寻求更大的突破，而中国市场的不断扩张，也促进集团更强劲的成长动能，协助集团迈向另一高峰。

我很高兴认识 Blackwell Global 创始人 Michael Chai，更加荣幸加入 Blackwell Global 这个大集团，虽然现在身上需要肩负整个亚太区域的重要发展决策重任，但我不畏惧，我会以最好的精神状态面临发展中的一切艰巨，同时，我也相信在未来的发展，在与全球伙伴的共同努力下，以及我们现有的雄厚实力的基础上创造更多佳绩，乃至奇迹。无论是对整个产业或是对 Blackwell Global 本身而言，市场开拓与业务发展均有很大的发展空间。随着 Blackwell Global 不断创新与改革，我也为打造中国市场未来数十载做好了充分的准备与展望，我将带着我的团队，不断持续推动公司在中国乃至整个亚太地区的发展。

最后，此次 Blackwell Global 与李骏老师合作出版这本书，寄望读者们可以通过文字了解这个行业，深入认识 Blackwell Global 集团。在此，Blackwell Global 衷心祝愿李骏老师此次新作大卖，也祝愿各位投资者在投资道路上一帆风顺、满载而归。

博威环球亚太区域负责人 Eric Qian

2017 年 4 月 18 日

博威环球介绍

服务无界，创新无限，我们致力于让您透过交易创造财富。

全球化布局

自成立以来，Blackwell Global 成长及发展迅速，公司于全球数个主要金融重镇均陆续设立总部、营运办公室及代表处，其中包括塞浦路斯的利马索，英国伦敦，中国的上海和香港，新加坡。我们致力于为金融机构、企业及一般个人客户提供完善、专业及先进的交易平台设备。我们致力于为金融机构、企业及个人客户提供　应俱全的交易平台及先进的交易设备。透过我们卓越创新的专属交易技术，客户可在一个具有极大竞争力的环境下进行交易，打造个人优势。我们提供多种货币对、贵金属及差价合约交易。所有交易均采用直通市场交易模式，在无交易员平台的模式下，实时进入全球逾 12 家顶尖银行及流通量提供商的实时串流报价入口，以极具竞争力的价格执行所有交易单。这样的交易流程及流通量，是我们的坚持。我们始终致力于透过推出全新产品及服务，同时开发创新的专属技术以支持基础设施，提供卓越的交易质量，为客户及合作伙伴创造前所未有的机会。

严格的监管机制

Blackwell Global 塞浦路斯营运处位于利马索，获"塞浦路斯证券交易委员会"（CySEC）授权及监管。公司于欧洲、中东及非洲拥有众多业务，提供多语言服务。

我们的使命

我们的使命是为客户建立一个至善至美的投资避风港。我们认为，客户应获得奠基于诚实与廉正为原则的投资环境，同时应享有与众不同的独特观点，以崭新的方式进行交易或与金融机构往来。对 Blackwell Global 而言，墨守成规、一成不变，已无法满足现今瞬息万变的市场需求。全球金融体系的变化正影响着每一位投资者，我们的存在即是为客户打造另类投资及增加投资收益的新途径。

Blackwell Global 致力于在其提供的金融业务领域里，均秉持透明、诚信及完美的服务理念，并以获得客户长期的信赖及满意为经营目标，巩固业界的地位及声誉。

我们的愿景

我们的愿景是发展为区域中首屈一指以及最值得客户信赖的金融机构。Blackwell Global 扩展国际版图的脚步从不曾停歇，积极的维持竞争优势，强化高效能的服务，并朝向永续经营为企业发展方向，不断地持续迈进。

公司网址：http：//www.bgifx.cn

微信公众号：BGIFX2688

砺钰财经简介

　　砺钰财经隶属于上海砺钰投资咨询有限公司，主要业务涉及财经类、金融科技类的投资咨询，并通过砺钰财经微信公众号、砺钰财经官网、实时 App 评论客户端等，为从事外汇、贵金属、大宗商品等各类金融产品投资提供专业咨询与介绍，提供资本市场信息搜集与分析，提供金融产品投资策略与技术指导等服务。

　　砺钰财经主要产品：砺钰实时点评 App 客户端、李骏评论微信群、黄埔学习等。

　　砺钰财经暨上海砺钰投资咨询有限公司专注于为用户及投资者提供金融产品投资咨询、介绍、策略和投资技术指导服务。

　　砺钰财经官网：http://www.liyucaijing.com

　　砺钰财经微信公众号：liyutouzi

《博骏点金》出版贺词

上海《理财周刊》社副总编辑　　——戴庆民

认识李骏老师已经有十多年的时间了，他的勤奋和努力一直让我很钦佩。作为研究外汇和黄金方面的专业人士，他的休息时间要比别人少得多，因为外汇市场和国际黄金市场的活跃交易时间是国内的休息时间。为了了解市场的真实情况，他放弃了许多休息时间。

同样，在这十多年里，李骏老师的坚持也令我钦佩。他坚持每天做功课，坚持写评论，坚持通过讲座、沙龙等形式与大家分享他的所思、所想、所获。只有坚持，才能把握住瞬息万变的市场，才能从中找出规律。

《博骏点金》虽然是他最近一年的市场周评汇编，但是面对市场的"黑天鹅"，他能如此从容应对和冷静分析，并作出准确预测，则体现了他的专业深度。相信，读者从中读到的不仅是对市场的评论，更是对外汇黄金市场的理解和认识。

市场资深人士　　　　　　　——杨俭

首先热烈祝贺新西兰博威环球投资有限公司与李骏老师共同打造的金融类书籍《博骏点金》正式出版。新西兰博威环球投资有限公司是一家具有一定全球影响力的公司，李骏老师是业内知名的黄金外汇分析师，《博骏点金》可谓是珠联璧合，必将引起业内同行和投资者的广泛关注。上海正在建设国际金融中心，需要大量的金融人才，也需要金融从业人员把自己对金融市场的认识和经验不断地总结，写出更多适合投资者阅读的书籍，《博骏点金》正是这样一本实践性非常强的分析黄金市场的文集，我相信对广大投资者具有借鉴意义。

上海一生健康管理咨询有限公司董事长
——潘海荣

　　我和李骏相识十余载，是益友更是良师。李骏老师在错综复杂的全球经济环境中，能明确指出并清晰分析出当前全球经济的趋势。李骏老师从事金融行业几十年，有独特的分析能力和判断能力。我做健康产业并配置些理财产品包括黄金投资等，在李骏老师的指导下，能给投资者带来高收益。我觉得我们都是在追求财富，身体健康是内在守护的财富，资产管理是外在的财富，所以我们一直互为彼此"财富"的守护者和创造者。这本书是对经济感兴趣的读者的必读书目，其不仅精确描述了黄金在整个经济流通过程中充当的重要角色，还阐明了如何利用金融工具赚取资本回报。这本书完成了一件了不起的事情：它将复杂的黄金和外汇话题化繁为简，深入浅出，寓教于乐。李骏老师是这些问题的深度思考者，他不仅仅自己在思考，更带领我们一起思考。

沪上资深媒体人士、上海理财周刊
文化发展有限公司 CEO　　——张博琳

　　近些年，随着世界政治经济格局动荡的加剧，黄金因为其硬通胀的特点，越来越成为投资者关注的热点，其中不乏很多中小投资者。 其实，投资这个事情，我的理解是充满了矛盾的。投资既是一个非常低门槛的事情，投资者不管投资什么，在现在都有非常便捷的渠道，入门的资金要求也非常低，这对投资者来说既是好事情，也是坏事情。因为在另外一方面，投资是一个极高门槛的事情，很多投资者盲目进入，其实就是充当了市场的"韭菜"。 我认为，一个优秀的投资者，不仅仅是赚钱，而是要有更高的情怀，可以说是悲天悯人，更多地去考虑如何帮助中小弱势投资者，而这本书的作者李骏老师就成功的做到了这点，相识十余年，作为资深的股、汇、金三市专家，李老师不仅授人以鱼，而且授人以渔，在授的过程中，充分考虑到了中小投资者的认知能力范围。这样的方式，也更加印证了他的专业性。所谓的专业，并不是专业词语晦涩的堆砌，而是用最通俗易懂的语言，解读最复杂的金融现象，这也是本书的亮点之一。

上海理财周刊文化发展有限公司
商务拓展中心总监　　　　——单晓莉

　　你不理财，财不理你。伴随着市场的不断开放以及百姓财富的积累，全民理财需求达到了空前的膨胀。在市场机制不断完善以及推陈出新的当下，专业的市场分析以及理论知识也成为了专业理财的必要法宝。

　　黄金与外汇在现今活跃的资本市场，投资手段十分多样化，在逆全球化以及黑天鹅事件频发的当下，黄金以及汇市的波段性操作水平要求越来越高，对市场热点事件的追踪也要更为的及时。本书作者李骏是我多年挚友，资深行业分析师、培训讲师。本书正是通过作者的28篇周评将专业的研究逻辑以及分析过程完整地呈现给投资者。这不仅让投资者学习、了解、掌握在实际投资中所需要的基本理论知识和基本方法，同时也供投资者在黄金以及外汇投资实战交易中有所参考。

　　相信《博骏点金》能给广大黄金投资者带来全面以及专业的解读，也相信阅读完本书后，读者会在投资理财领域更加得心应手。

金汇财经执行董事　　　　　——郑刚

　　作为中国第一代金融衍生品投资媒体人，我亲眼见证了中国外汇和贵金属衍生品投资在中国萌芽、发展、繁荣的历程。

　　李骏老师是在这个发展浪潮当中最早的，也是生命力最旺盛的黄金与外汇交易研究专家。对于黄金投资，李骏老师经过长达20年的研究，形成自己独特的专业体系，并且经过了市场的检验。随着国际政治经济局势的急剧变化，贵金属投资越来越成为国内专业和普通投资者不可回避的投资标的。李骏老师推出的《博骏点金》大作，是李骏老师20年的投资经验精华之大成，是贵金属投资者不可或缺的基础性书籍，将是中国乃至全世界贵金属投资史上的重要文献。

友财网 CEO   ——李想

李骏老师《博骏点金》一书展现了真正具有交易经验和亲身感受的市场参与者所具有的智慧，而且这种智慧的力量永恒持久、切实可用。

这本书包含了一个成功投资家的思考与哲学，它提到的方法值得任何财务等级的人践行。与李骏老师相识差不多7年了，之前一直知道李老师名声在外，人很谦和，但未有太多交集。近一年多的相处和交流，感觉李老师是一个为人很谦和、做事很认真、工作很敬业的人，是行业内我敬佩的为数不多的人之一。在此李老师出新书之际，我也充满祝福和期待，希望李老师新书能给广大投资者和学员带来更多福音，使他们学到更多的投资知识，也祝李老师和砺钰投资越来越好。

汇通财经市场总监   ——叶骏

在当今社会，如何理财、如何投资已经与很多人的生活息息相关不可分割，健康、智慧的实现财富自由成为中低收入者追求的新潮。中国投资市场相对狭隘，随着进入市场的品种愈加丰富，近15年却是中国投资市场发展的黄金时代。

我与李骏老师认识多年，对我而言亦师亦友，在平时的日常工作中与李老师交集颇多，李老师对于整个金融市场的宏观分析和技术解读有着自己独到的见解和方法，是很多投资者每日必读的功课之一；同时，李老师数十年对于整个行业如一的付出和敬业，也是我们学习的榜样。

作为"中国外汇、贵金属投资交易培训第一人"，一直坚持活跃在市场一线的李骏老师，见证了市场从商品交易为主向金融交易为主的转变、由现货交易为主向期货交易为主的转变、由国内市场向国际市场的跨时代变迁。我相信，李骏老师的辛勤著作《博骏点金》一定能为投资者带来财富新篇章。

深圳太古方舟财经资讯有限公司董事长

——刘宁波

市场沉浮，踏雪寻梅，

《博骏点金》点燃金融市场启明灯，

让投资者全面了解、认知市场风险与操作，

愿读者能通过此书掌握投资实战技巧，获取更大的市场回报！

外汇圈俱乐部总运营负责人

——周荣杰（龙少）

随着老百姓对理财热情高涨，衍生品理财规模的快速发展与金融衍生品行业特有的惠民特征及背后的普惠金融理念密切相关。衍生品投资趋向正规化发展，逐渐有法可依。投资金融衍生品最重要的就是安全问题以及收益问题。

黄金是衍生品里面一个很活跃的品种，而且有举足轻重的地位。李骏老师是支持我龙少很重要一位大哥，我很敬重他，他对外汇黄金市场的分析很专业，他全身心研究投资致力于外汇黄金20多年了，是我在外汇黄金市场的榜样，这种精神值得学习。

《博骏点金》是李骏老师呕心沥血而完成的书籍，我相信以后还会有更多精彩的杰作呈现；此书含有李骏老师的技术分享心得，是一部值得金融衍生品投资者学习钻研的大作。

金汇财经特邀顾问 　　　　　　　　——叶茂青

　　粗略一算，认识李骏老师已经15年了，那时我才刚入行，而李骏老师已经是国内外汇行业的名人。李骏老师是国内最早一批做外汇与黄金市场培训的专职分析师，但他不仅仅是分析师，也是交易员。可以说，他把自己的大部分精力都奉献给了我们的投资者教育工作。

　　从一开始的外汇交易，到随后的全民炒黄金热，李骏老师都不忘初心，努力做好投资者教育工作。几十年如一日，兢兢业业，看到投资者亏损，他都痛心疾首，更加坚定了他为广大普通投资者做好投资启蒙与教育的工作。

　　《博骏点金》一书的出版，将更为全面地展示李骏老师的分析思路和交易方法，相信此书的出版，会让我们看到一个更加完整的李骏。所以，不管你有没有听过李骏老师的大名，也不管你之前是否认可他，我都建议大家去看看李骏老师的这本大作。

中国金融衍生品 100 人论坛发起人 　　　　　——蒋涛

　　记得第一次知道李骏老师的名字的时候是 2002 年，我在北京某外汇网站任职。李老师作为上海某外汇网站讲师辅导全国国有银行客户经理以及 VIP 客户的外汇黄金交易培训，那个时候两家公司在银行培训市场常有相遇。在那个资讯极度匮乏的年代，互联网刚刚开始不久，小企鹅的通讯也会延时，没有即时通讯系统可以将老师的第一手市场判断传递给客户。李骏老师提供定时定点的策略分析，李老师为了保证让客户准时定时接受到市场分析，我听到了一个中行的客户经理给我描述的事情。当时李老师在福建三明开完讲座乘坐绿皮火车前往南平的路上（那个时代没有动车，没有高铁），如果到了南平再写汇评那么时间就超过了李老师和客户约定的时间。李老师不顾刚刚授课结束的疲惫，就在摇晃的车厢里面，用手机拨号上网查询行情，最后准时将当天的即时行情发布到互联网上。

　　早在十几年前，行业萌芽之初，李老师作为一个新兴行业的外汇人用自己行动的一笔一画刻出了自己的座右铭，用自己的一言一行带领行业向前直行！

汇誉财经网董事长 　　——刘西洋

在未来中国的金融投资市场中，对技术、资源和风险控制的要求将远远高于前几年，传统的专业投资机构要经过重大的模式转型和技术提升。因为黄金存在两面性，因此投资者在了解黄金走势时会遇到困难。

一方面，黄金是一种能够对抗通货膨胀的资产，价格会随着通胀预期上升而上涨；另一方面，黄金价格对恐惧情绪反应敏锐，它往往在股市充满恐惧情绪时上涨。

2009 年认识李骏老师，看了他大量对黄金分析的文章，听了他许多场次黄金大讲堂，李骏老师作为我们的授课教师，对工作认真负责，一丝不苟，专业，专注，在金融行业黄金市场分析、授课有一定的地位声望。

《博骏点金》是李骏老师近期的新作，希望投资者支持，也希望投资者通过这本书学到老师的经验与精髓！

龙讯财经运营总监、数汇金融特约顾问
　　——宋镇江

我个人认为，分析师这个行业所承载的职责更多的是帮助投资者在交易中面对变幻莫测的行情利用相关的理论、技巧做出正确的判断，帮助投资者在交易中不断成长，而非仅仅给出买卖价位，从某种意义上说，分析师的职责就是投资者教育。

李骏老师的著作，可以说很好地诠释了分析师的职责所在，《博骏点金》中将每一篇完整的周评加上在这篇周评中投资者需要了解掌握的技术面、基本面、资金面的理论、方法和技巧一并呈现给投资者，让投资者更真实地了解分析师在当时的市场行情下如何给出相应的操作建议，更有效地帮助投资者在实战交易中成长。

中国金融衍生品研究院贵金属院院长

——雪鑫

当今的社会，我们从逐步的全民向往财富到全民理财的转化，我们的财富一部分是劳动所得、工资津贴收入，但是很多人凭借理财从而达到了人生的财务自由。

所以，大众的财富是要比谁的理财能力高，谁的财富多。进入 21 世纪之后，国际市场波动越来越巨大，从美国的量化宽松到世界各国的跟风量化宽松，到我国的钞票数量不断增加，币值购买力不断缩水。全民感叹，不理财真的不行。

黄金自古作为最后的支付手段，一直是充当重要的地位。李骏老师是我十多年的朋友，对外汇黄金市场有敏锐的观察力，他致力于外汇黄金事业，是一位一直坚持在外汇黄金市场的常青树。

《博骏点金》是李骏老师近期的大作，涵盖了李骏老师多年的外汇与黄金的经验之谈，是一部值得投资者必读的大作。

行业知名分析师

——田洪良

李骏老师作为一个国内外汇界的前辈与先驱者，这本书对自己是一个阶段性的总结，更是对粉丝们的一个交待。

李骏老师从 20 世纪 90 年代初期开始从事外汇交易工作，当时在上海交通银行工作。我是从 1995 年开始接触外汇交易工作，了解李骏老师是因为他来大连建行多次给投资者讲课。直到去年下半年参加活动才得以当面结识李老师，之后在各种活动中与李老师同台，还受邀参加李老师公司的直播节目，深感荣幸。

作为外汇界的前辈，李骏老师每年都穿梭于国内各大城市，主持数百场讲座，这本身就需要毅力与坚守。在繁忙的工作中还坚持每周撰写别具特色的黄金周评，让投资者称赞不已。李骏老师在高烧输液的情况下，每周的黄金分析也没有停过……

一个人一辈子只做一件事不容易，坚持做好一件事更不容易，李骏老师就做到了这一点。

北京汇金天禄风险管理技术有限公司总经理、中国生产力商品流通工作委员会《外汇资产管理师》项目办公室主任 ——王洋

李骏老师是中国外汇行业最资深的外汇分析师之一，跟李骏老师相识近二十年，李骏老师一直是勤奋、敬业。外汇、黄金市场不仅有惊心动魄的行情，其本身接近全天24小时交易的特点使得外汇交易在所有金融交易品种中应该说是最辛苦的，而中国外汇市场又一直受到国家政策的限制，所以从业者需要经受市场、时间、政策等多重因素煎熬，最终能够坚持下来更加不易。

李骏老师二十多年如一日地坚持每天凌晨做汇市分析，每个周末节假日从不间断为投资者推出最新行情分析文章，显示出他对投资者和外汇行业的热爱和尊重。他是我们每一个外汇从业者学习的榜样。本书中收集的28篇周评不仅是对经典行情的回顾总结，读者还可以通过李老师的分析过程更深刻地体会各种基本面和技术分析手段在实际行情分析中的应用。

简单视线投资分析师 ——杨居谱

在黄金分析圈，李骏老师是一棵常青树，能坚持20多年分析如一日，那是有多热爱了。

时常周末看到李老师发出来的分析，我不得不佩服李老师的敬业精神，也激励我回归分析，回归我们分析师所应有的专注。

李老师最大的特点就是能把握好行情，认为落袋为安是最重要的，懂得适当取舍，所以李老师年年有余，自得其乐。

李老师能给予投资者的教育我认为是对于市场敬畏的经历，还有就是技术分析由繁入简的信心，注重风险是第一位的，投资市场最不缺的就是奇迹，缺的是长期稳定状态和专注。

投资有风险，不做投资会落伍，学习前辈成长之路需要战战兢兢认真去跟随，听从老师、服从市场规律才是王道。

国家注册高级黄金分析师 ——景良东

李骏老师是我认识朋友当中，从业贵金属分析最早的一批，也是老一辈当中最勤奋的，每个周末，都会有周评分享给投资者，可谓后辈之灯塔。也是我们学习的楷模。

随着黄金市场的逐步开放，以及美国政局的变动，黄金走势越来越敏感，也受到越来越多的投资者追捧，但俗话说：不会游泳，换池子解决不了问题。解决投资亏损的根本，还是需要自己去掌握一定的技术。

而本书中，李骏老师收集了大量基本面解析、技术面交易形态等，并配以彩色插图，循序渐进，由浅入深，生动地展示了每个技术点运用的过程，从而方便投资者学习和了解贵金属市场，是一部值得投资者必读的大作。

国内知名金融分析师 金砖汇通首席策略师 ——赵相宾

能数十年如一日付出的就非李骏老师莫属。辛勤而又热爱这个分析行业，保持对重大时事和财经数据以及走势总有最新而及时的见解，重要分析总是能篇幅宏巨逻辑严谨。每当我想偷懒的时候想到李老师的努力，就一阵汗颜赶紧去认真研究分析了。

李老师分析黄金和外汇的思路非常容易让投资者理解，其对财经人物讲话的总结和分析，常能帮助他洞悉先机，指导投资者提前布局，也因此取得了投资佳绩，这些都是我要学习的地方。在这本《博骏点金》的书中，李老师终于把他的分析要点和曾经秘而不宣的经验写出来了，相信大家在看了这本书之后能像当年的我一样茅塞顿开取得投资收益的好成绩。

行业知名分析师 ——邓维

　　悉闻国内外汇行业的重量级前辈及外汇行业"培训和教学"开拓者鼻祖之一李骏老师要在2017年6月底把自己从2016年初至年底这段时间对伦敦现货金价精彩绝伦的分析及判断过程的文稿编辑成一本名为《博骏点金》的书，以飨广大的投资者，为大家指点迷津及引路。

　　我本就是李骏老师在国内众多外汇行业的门徒之一，也是目睹了2016年全年李骏老师判断伦敦现货金价的趋势及波段运行的见证者之一，我本人也在这个过程中学习到了很多新鲜及实用价值很大的分析方法，再次感谢李骏老师！我相信，《博骏点金》这本书将会是国内广大投资者在投资路上的一盏指路明灯！

国家注册黄金分析师 ——魏军

　　随着中国老百姓财富总量的增长，投资理财已经成为每一个家庭的基本需求。在纷繁复杂的投资产品中，投资者在选择产品时会有很多疑问和困惑，这种情况推动了中国投资理财市场的壮大发展。

　　与此同时，自2008年全球金融危机之后，全球经济尚未完全实现复苏，各个国家和地区的问题层出不穷，这种情况既给外汇、黄金投资者带来了大量机会，同时也在考验着投资者的水平和经验。

　　李骏老师是我非常尊重的一位师长，从事外汇黄金分析工作多年，对外汇黄金市场有敏锐的洞察力和独到的见解。他的勤奋与敬业是我们这些后辈学习的榜样。

　　《博骏点金》是李骏老师的力作，包含了李骏老师多年的外汇黄金投资心得，是外汇黄金投资者必读的一本书，读者将从书中汲取丰富的投资技巧和经验。

上海为替投资咨询有限公司董事总经理
——崔荣

一方面，随着人民币国际化的进一步推动，国家外汇制度的更加完善，国家外汇监管的逐步形成，政府放开外汇市场或许只是时间上的问题，这些都预示着中国外汇交易市场的广阔前景。

另一方面，中国投资者的投资理念和投资意思的增强，对交易品种需求的增加，外汇必然成为投资者的首选理财产品。相信外汇市场在2017年将迎来绝佳的发展机遇，而外汇这一行业势必将成为最新的聚焦点。

在这一关键的时间节点上，我的好朋友李骏老师的大作《博骏点金》即将出版。李骏老师是我十多年的朋友，对外汇与黄金市场有敏锐的观察力，他致力于外汇与黄金事业，是一位值得尊敬的外汇与黄金行业的"老前辈"。相信《博骏点金》必将成为行业、从业人员，以及投资者的福音！

福建易策资本研究院副院长　　——老肖

《博骏点金》李骏老师是一位在外汇投资市场久经沙场、阅历丰富的资深老兵。从1998年起在外汇投资市场交易的投资者，一定会熟知李骏老师。近二十年以来，在中国大江南北的大大小小各城市，都留下李老师巡回讲学的足迹。

李骏老师是当代海派高级投资分析专家杰出代表，讲课生动有激情，通俗丰富有内容；结合市场宏观面，应用李骏式交易手段技巧；成功把握周内交易机会，中长周期波段套利，实现客户投资年率高收。

书中图文并茂，将专业的基础理论，结合历史行情数据，展现投资者面前，是一本不可多得的投资重要工具书，值得市场投资者珍藏。

行业知名分析师／讲师

—— 仲崇华（海啸）

中国经济的快速发展，也伴随着个人财富的积累和投资产品的多元化。而作为除房地产、股票之外的黄金外汇投资，更在历年来不断发展和普及。

2009年开始，上海黄金交易所的黄金延期交易产品成交量放大，各大国内银行都在同时推广，在银行讲课中和李骏老师相识，银行贵金属讲课不是简单的技术讲解，主要讲黄金起源文化、美国政治经济等内容，李骏老师都可以引据经典、随手拈来，在银行圈子享有声誉。

让自己最快成长的方式就是学习。李骏老师将多年分析经验汇集成书，是国内外汇黄金行业一大幸事，能让投资者从更高的角度去了解产品波动，让投资者更深入地做好黄金与外汇投资，值得细细品读。

行业知名分析师

—— 盛文兵

近年来，国际市场风云变幻，政治格局再生变数，经济震荡加剧，黑天鹅事件频发，黄金与外汇市场波动剧烈，衍生了巨大的财富机会，伴随着国内投资理财意识的兴起，但国内投资渠道有限，大众纷纷将投资目光投向国际市场，黄金与外汇投资逐渐成为大众主流投资品种，众多投资者进入国际黄金市场掘金，希望通过金融市场实现资本增值，财务自由，但是客观上由于普通散户投资者缺乏专业功底和技术沉淀，在市场中处于劣势地位，往往在市场中左冲右突而难以实现稳定盈利。

李骏老师是我多年的挚友，他对国际黄金与外汇市场有独到的见解和深入的研究，他把大量精力奉献给了外汇与黄金事业。

《博骏点金》是李骏老师的精心大作，汇聚了李骏老师多年的心血，也为广大投资者朋友呈现了外汇黄金投资的经验技巧，值得投资者认真研读。

DCM 戴盛资本亚太区董事总经理

——顾胤炯

本人与李骏老师相识十多年，在中国投资市场，能够精通股市、期市、汇市三个重要投资市场，并且能集合讲、学、研、实战四方面的投资大家，很少能有超越李骏老师。尤其李骏老师二十多年如一日，每日专注市场研究的匠人精神，更是在这个浮躁的投资行业所非常少见。

李骏老师近几年专注黄金这一重要投资交易品种的行情分析，我们也见证了他带领很多投资者连续多年在这一品种的盈利效应。

本书充分见证了过去近一年，李骏老师的每一周的分析精华及深入评析，堪称中国"黄金最佳投资笔记"。李骏老师毫无保留地将自己黄金投资的精髓在本书中一一呈现给广大读者与投资者，希望众多投资者能够通过本书，充分掌握李骏老师多年的黄金交易的精髓，在未来的黄金投资中无往而不胜。

DCM 戴盛资本中国区董事总经理

——吴爵

《博骏点金》是李骏老师以多年实战经验为积累所创写的呕心沥血之作。书中每篇文章都有李骏老师的判断、分析与研究，佐以彩色插图，使投资者能够真正了解掌握黄金投资的相关技巧，帮助投资者在成为"黄金猎人"的路上少走弯路。

国泰集团副总裁　　　　　——陈峥嵘

　　欣闻好友李骏先生新书即将付梓，在此表达由衷的祝贺。投资行业是一个瞬息万变的行业，从业者要经过几个经济周期的磨炼，才会具备较成熟的智慧和胆识，李骏先生浸淫该行业长达数十年，形成了独树一帜的观察视野和投资策略。他的职业生涯完美地诠释了一个优秀投资家的成长历程，一个优秀的投资家应该具备：希望赚钱，但不利欲熏心；能独立思考，不急于下结论，一旦下结论，不能因他人而轻易动摇；如果发现自己错了，转弯要快，不相信始终如一，不能否认自己犯错误的可能，错了就一定要纠正，勇于面对真理。李骏先生对投资有天生的敏悟和兴趣，但却是无比的勤奋和专注，这本即将面世的书就是其投资生涯中无数次实战经验的总结，是无数次抬头仰望和低头沉思间的思想顿悟和智慧凝结。路漫漫，其修远兮，吾将上下而求索。李骏先生在投资道路上所做的不懈探索，相信读者都会从书中收获良多。

普惠世纪国际控股集团总裁　　——陈天佑

　　为天地立心，为生民立命，为往圣继绝学，为万世开太平。这四句话为普惠世纪国际控股集团的最高宗旨，而李骏老师为本集团最尊敬、最推崇的老师。李骏老师本着数十年的专业、努力不懈地为整个金融行业无私奉献，更以自身专业及能力培训行业中的晚辈。执着人本教育、提携后辈专业能力的李骏老师为投资人编著一本《博骏点金》，让许多投资人能有更专业的指导而少走许多冤枉路，这就是大家敬重的李骏老师。

Blackwell Global 中国区北京分公司总经理
——杨贵俊

在国际市场中，商品与劳务的国际间转换，资本国际性流动、黄金价格的涨跌，以及其在国际的输出输入、外汇的买卖，以至于国际货币体系的运转等各方面的国际经济交往都离不开国际金融市场。国际金融市场上新的融资手段、投资机会和投资方式层出不穷，金融活动也已经开始凌驾于传统的实体经济之上，成为推动世界经济发展的主导因素。

经济全球化的步伐已经远远超出了我们的预估，人民币在世界经济运转中担当的角色也越来越重要，与美元、欧元、黄金、大宗商品的波动演绎着微妙的互动。随着市场化的深入，我们个人的任何经济行为，事实上都已成为世界经济波涛中的一丝漩流。

《博骏点金》这本书是李骏老师的新作，融入了李骏老师多年来对黄金市场震荡起伏的独到观点，它是人生圆梦的必备读本！

FXBTG 大旗金融集团亚太区总监、
资深交易员　　　　——David（大卫）

十年前，作为一名外资银行的工作人员，我有幸在现场聆听了李骏老师的黄金课程。十年后，更是有幸拜读了新著《博骏点金》，此书汇集了李骏老师关于黄金长达二十多年的研究成果，书中不仅让投资者学习、了解、掌握了黄金投资中所需要的基础知识和方法，同时，对于投资者而言在交易中得到了有效的实战参考。不仅是我本人，我身边的朋友都非常钦佩李骏老师的品格；关于交易方面，李骏老师对于身边的朋友总是提出真知灼见；纵使对于普通学员，李骏老师也会孜孜不倦地帮助，让每一位学生在交易生涯中有所斩获，树立起正确的交易理念。

中国央行近些年不断地增持黄金储备，黄金投资对于普通的投资者来讲更是方兴未艾。全书深入浅出、通俗易懂，我诚挚的把本书推荐给广大的黄金投资者，希望每一位读此书者都可以从中获益，找到自己的交易之路。

AVATrade 爱华大中华区 CEO
——王章（Jacky）

金融市场的魅力是不言而喻的，每个人都有追求财富的梦想，想要实现梦想就需要学会如何交易。交易的成功是所有投资者终其一生所追求的目标，然而任何金融市场能够站在金字塔尖的交易者都是极少数的。

李骏老师是我从业十年当中最为尊敬的交易者之一，同时也是活跃在外汇黄金投资行业经久不衰的投资导师，在自己取得了交易的成功的同时，多年来还与投资者不断分享着自己的投资经验，影响着越来越多投资者的成长。

李骏老师的《博骏点金》结合实战性极强，向投资者讲述的不仅仅是投资理念和"该怎样做"，而是希望通过自己大量的近期真实历史案例让投资者领悟到"该如何做"。

在追求交易成功的曲折道路上，行万里路不如名师指路，从李骏老师的力作中能够学习到其独到的市场解读方法、交易机会的把握、决定成败的重要投资理念以及投资市场的大局观，《博骏点金》是一本含金量极高的投资宝典。

DCM 戴盛资本中华区营销总监
——涂水顺

在外汇行业，李骏老师可以算是本人的恩师和好朋友。李骏老师在全国各地协助各地的代理商与交易者，帮助实现投资者、代理商与交易商三方共赢。他对全球的消息面还有技术面相当精通，更是对黄金外汇有着敏锐观察力和判断力。

《博骏点金》是李骏老师结合几十年的精髓实盘操作心得，涵盖了李骏老师多年的外汇黄金的经验之谈，是值得大家拥有的一部大作。

明业国际总经理 ——刘菲

当今市场，瞬息万变。在许多实际的执行中，我们都会遇到诸多现实而又无奈的困境。李骏老师作为业内知名的黄金、外汇分析师，通过自己的亲身经历，将投资，这个简单直接但又让许多人充满困惑的命题，透过简洁有力的描述，翔实动人的案例，为我们揭示黄金外汇投资中的真相：运用清晰的头脑，采取相应的策略，剔除非关键的部分，直击核心区域。

《博骏点金》一书的出版，将会让我们对黄金、外汇有一个更加不一样的认知。本书几乎涵盖了所有黄金外汇交易中可能遇到的情况，不仅是一部实战性、总结性非常强的黄金外汇市场分析文集，更是一部能量百科书，让心灵、情绪、能力都受到这股力量的指引，排除负能量，聚集正能量。相信本书，对广大投资者都具有借鉴意义，同时为初学者和有志于从事黄金、外汇投资的人士，提供更多丰富的经验。

FXPHC普惠世纪亚太区运营副总裁 ——代焱

当一个社会的财富增加，就需要更多的投资方式。黄金、外汇市场作为全球最大的投资市场，一直被认为是最安全，最具灵活性的投资方式。

而黄金、外汇市场来到中国的时日尚短，李骏老师的这本《博骏点金》顺应时势的推出，更好地让投资者和行业从业者感受这个市场的魅力。期待读者，能够从李骏老师这本大作中，发现黄金、外汇市场的财富机会。

汇通武汉直播运营中心总裁，香港长亚证券公司董事 ——张江涛

中国有句古话："极其数，遂定天下之象。"它说的是当数据（信息）达到一定量的时候，这个世界就没有什么是不确定的，它讲的是量变引起质变的道理。这可以说是对"大数据"最经典的诠释。

从业十年，从最初的技术到后来的商业模式资本运作，一路走来深感纯技术分析师的孤寂与快乐，经朋友引荐有幸认识李老师，得知李老师二十几年如一日地写作分析文章，在我看来这就是把当代工匠精神诠释得淋漓尽致，每次跟老师促膝而谈都收获颇丰。

《博骏点金》是李骏老师近期的一大力作，里面包含了李骏老师二十多年的心血和坚持不懈的精神，更包含了丰富的内容、实战技巧，是一部行业宝典，值得每一个爱好金融的人细细研读。

山东汇圣财经董事长 ——杜蕾妍

全球风险轮转可能正处在将变未变的重要关口，金油比可以视作风险结构变化的前瞻指标：一方面，黄金和原油同属大宗商品，长周期看具有趋势一致性，历史数据也证明了这一点，因此，正常状态下，金油比不会发生异动，一旦异动，就意味着变局出现的可能性已经悄然加大。另一方面，更重要的是，黄金和原油的风险敏感特质是不同的，原油和实体经济总需求的联系要明显强于黄金，而金价对经济风险的敏感性要小于油价，对地缘政治风险（特别是中东以外地区）的敏感性要大于油价。

金融动荡和地缘震荡将轮番成为市场主题，特地推荐本书，《博骏点金》为李骏老师佳作，着实值得一读。

上海宁夏商会副会长、中国金融行业
自律联盟副会长、全国贵金属委员会
原副秘书长 　　　　——薛来军

　　我从事金融行业超过二十年了，从中国人民银行"下海"到研究金融价格指数变化，再到实盘资金交易也近二十个年头了，在这个行业能坚守能执着的走下来的人不多，李骏老师的名气也是在黄金外汇等交易市场一步步坚实创出来的，我可以见证他的优秀，他的辛苦付出，成为我们这个金融培训分析交易的佼佼者。李骏老师技术面、基本面功底扎实，2015年底成功预测黄金1920美元/盎司调整以来的低点1046美元/盎司和反弹至1375美元/盎司高点回落下来充分反映了他的实力。作为多年朋友看到他再次出书，为他感到骄傲自豪，也希望他在将来取得更大的成就，为中国金融市场作出更大贡献。

　　金融交易市场充满了风险和欲望，李骏老师用他多年来对金融交易市场理解和经验成书也会让更多的投资交易人吸取精髓防止风险学会交易。预祝新书《博骏点金》发行成功。预祝李骏老师的事业更加辉煌，名气弘扬天下！

前乐视网财务总监 　　　　——吴宁

　　跟李老师学习投资已经有几年了，从开始的小白到现在熟悉一些分析和操作技巧。李老师教学生的最大特点："授人以鱼，不如授人以渔。"除了每天带你分析盘面和基本面环境分析以及后市的预测讲解，还会将老师自己多年独特的分析方法告诉你。遇到重大的数据以及会议，李老师经常在线进行实况分析，让你不再独自面对盘面情况，而是在每个数据变化时，都能够学到老师多年的总结精髓。每周末的周刊，更是经常写到深夜，将本周黄金的走势一一复盘，并且结合基本面和技术面以及操作技巧一一示人。

　　本书中，老师对2016年黄金进行了复盘，并且将其中老师的经典分析实战案例展示出来。通过阅读本书，希望通过以往实战的每一幕，让读者在感受到近年黄金走势的同时，更能学到李老师多年黄金实战的精髓。

福建所罗门投资有限公司董事长

——郑声滔

　　财务自由，是每个人都梦寐以求的奋斗目标。什么样的状态才称为财务自由，众说纷纭，但其中比较有说服力的定义，我认为是，一个人不需要出售自己的劳动时间，就可以快乐地活着。这意味着我们必须要有"被动"收入，而实现被动收入的途径就是理财。因此，如何有效地理财，已是全民关注的智慧课题。

　　这几年，随着中国与国际市场的接轨，国际市场的众多金融理财工具不断为人所知。而黄金外汇保证金市场，是其中最活跃、提供巨额流动性的市场，在国际金融市场扮演着极其重要的角色。

　　李骏老师是我的好朋友，他在黄金外汇行业沉淀了二十多年的经验，对黄金外汇市场有着敏锐的洞察、独到的见解，在业内好评如潮。

　　《博骏点金》是李骏老师近期的大作，内容精彩，里面都是李骏老师多年的研究心得，是一部值得投资者细细品味的大作。

桂林瑞星投资教育咨询公司总经理

——蒋和平

　　李骏老师是金融界的名人、著名黄金外汇分析专家，有着二十多年的黄金外汇交易历史和教学培训生涯，交易硕果累累，学员遍布大江南北。他朴实真诚的为人风格，精益求精和忘我的工作态度，让人十分敬佩，用"行业表率，技术精英，人之楷模"来形容他一点也不为过。

　　《博骏点金》是李骏老师的近期佳作，是一本对黄金投资实战交易最具指导意义的书籍，是作者馈赠给广大读者和学员的又一营养大餐。渴望财务自由的朋友，让我们都来拜读《博骏点金》，加入李骏老师的学员之列，在李骏老师的带领下实现你的财富梦想吧！

浙江通用职业技术培训学校金融
项目办副主任 ——陈玲

  自从事金融衍生品工作以来就一直关注李骏老师的文章，老师的评论让我在工作的道路上受益匪浅。韩愈的《师说》曰：师者，所以传道授业解惑也。李老师在传授我们知识的同时也告诉我们只有恪守职业道德，才能走好金融人生。这次听到李老师要出书的消息，我表示衷心的祝贺。人类的知识是不断积累的，我们也是在前人的基础上不断前进，书籍让知识得以传人、传世，育人成才，希望李老师以后能多出书、出好书。最后希望老师百忙中也要注意身体，多多休息。

西安市第四医院副主任医师 ——孙宇红

  追随李骏老师学习外汇与黄金理财知识已两年余。两年以来，从陌生到熟知，从熟知到怀疑，再从怀疑到坚定跟从，无论李骏老师的人品还是外汇黄金方面的知识水平都是我们学习的楷模。特别是 2016 年黄金从 1046 美元一路涨至 1375 美元，而我们手持 1157 美元的空单，在我们绝望之时，李骏老师坚定地认为黄金一定能跌至 1150 美元，让我们的空单盈利出局，结果黄金真的如老师所料，跌至 1122 美元。

  《博骏点金》是李骏老师在百忙之中为热爱外汇黄金交易的人们写的一本通俗易懂的教材，凝聚了老师近 30 年的实战经验，为从事外汇黄金交易者们提供了一本绝好的实战教材，值得大家认真研读。感谢李骏老师为我们大家提供了这么好的教材。

交通银行西安南二环支行国际金融理财师
——郭长铭

初次和李骏老师相识是在 2013 年夏天，交通银行邀请李骏老师为贵宾客户讲解黄金 TD 交易投资，本人有幸带领客户前去听讲。当时本人刚刚接触实物黄金投资，被李骏老师精彩的讲解所吸引，自此开始接触黄金交易，了解黄金交易的来龙去脉。为了探究黄金涨跌的原因，一边关注李骏老师微博的评论和参加李骏老师的黄埔培训，一边加以领会，由黄金扩展到对外汇、全球经济的关注，在给客户做资产配置中增加了外汇和黄金，丰富了客户投资品种，也完善了自己的专业知识。

黄金作为自古以来流通的硬通货，无论在国际上还是国内，均有举足轻重的地位。在全球任何国家均作为最后支付的救命稻草；作为居民个人的财富象征，黄金在平民百姓中随着近年来人民生活水平的提高、财富的增长，黄金配置也越来越受到大众的喜爱。我国作为世界上黄金消费的第一大国，每个有经济头脑的人都有必要对黄金投资有一个全面的了解。

《博骏点金》是李骏老师总结自身经验的呕心沥血之作！李骏老师作为一名拥有从业 20 多年经验的老前辈，在黄金、外汇领域拥有丰富的实战经验和理论知识，这本《博骏点金》值得我们共同期待！

汇拓投资有限公司总经理　　　——潘兆泓

在金融投资界里，很多人认识巴菲特、罗杰斯，但我也不能不提一个投资牛人，那就是李骏；李骏老师精通各种外汇、股票、贵金属的分析，而我最欣赏就是老师对外汇黄金的投资方法。

在 21 世纪里，黄金仍将在抵御经济风险、维护国家金融安全方面发挥更加重要的作用。特别是未来货币战争很可能愈演愈烈，这就要求各国更加重视黄金的独特作用，防止金融风险的发生。尽管当前国际形势总体上是和平的，但也不排除个别时候、局部地区发生冲突，一旦面临封锁和局部战争的危险，唯一的支付手段很可能只有黄金。

《博骏点金》是我一直期待的书籍，现在市场上介绍外汇黄金的书是越来越多了，但能体现出外汇黄金的投资价值，这本书又是一种突破。

鹏泰金融副总经理 ——Andy Fung

在国际投资市场，这个行业已经发展了很多年，数以亿计的投资者蜂拥而至，在这个市场纷纷赚取属于自己的那份盈利，不过投资是有风险的，但是它却有着自己的优势。

李骏老师是在这个行业最值得敬佩的老师，也是行业正能量很足的一个导师，对黄金与外汇市场有着二十多年的经验，他用大量精力投身于黄金外汇事业，他坚持的精神是值得我们每一位去学习的。

《博骏点金》是李骏老师近期出版的一本大作，富含了李骏老师多年的经验之谈，是一部投资者们必读的大作。

上海西岸（集团）开发有限公司项目经理 ——汪洪波

李骏老师是已经有近30年实战经验的外汇评论专家及实战老猎手了。在充满博弈的资本市场里能屹立不倒坚持30年足以说明李骏老师的一切。资本市场胜者为王，留下来的必定是精英。李骏老师多年来每周坚持黄金实战公开课，日复一日，年复一年，雷打不动。这不是常人能够坚持住的，如果不是具有超出常人的忍者斗士做不到。用李骏老师自己的话说，哪怕自己到生命的最后一刻，也一定是战斗在外汇与黄金投资评论这块阵地上。正是因为李骏老师对外汇黄金投资市场的执着、真诚，有多年的经验，所以李骏老师是永远值得大家追随的老师。

在中国外汇与黄金投资市场这么一块新开发的土地上，能遇见李骏老师这样一位对外汇投资事业这么执着真诚，有这么深的知识底蕴的优秀老师，我们相当幸运。正如久旱逢甘霖。

上海隆麦集团财务主管　　　——张佳

随着中国金融市场不断对外开放和与国际接轨、人民币加入 SDR 汇率逐步市场化、国际外汇与黄金交易成为倍受瞩目的投资市场。我们投资者怎样才能在外汇市场立于不败之地，很重要的一条就是从书本到实践、从实践到书本的不断学习。

李骏老师是业内著名金融评论员，也是上海砺钰投资创始人，具有二十余年丰富的交易经验，对外汇黄金交易的研究颇有心得。本人作为李骏老师多年忠实粉丝，追随李骏老师交易股票、黄金都受益匪浅、收获颇丰，见证了李骏老师作为投资高手的过人之处。

本书几乎涵盖黄金交易的所有重要内容，包括基础知识、基本分析方法、交易策略、资金管理等，李骏老师将自己的交易宝典倾囊而出，系统、详尽地向广大投资者阐述黄金交易实战策略。无论对于交易初学者，还是有些经验的投资者，研读本书都将会有不同的收获。

合利汇业（香港）有限公司首席风控师／董事　　　——唐资鉴

李骏老师是中国第一批见证并参与金融衍生品行业的崛起和发展的有识之士，有着超过 20 年黄金与外汇买卖业务市场操盘经验和黄金与外汇行情研究工作经验，对外汇市场有着独到的见解。

作为一名金融撰稿人，李骏老师的文章观点鲜明、文笔犀利、语言幽默、逻辑清晰，绝少传统分析师的模棱两可似是而非的言论；作为一个金融分析员，他在专业方面治学严谨、知识渊博、判断力强，其实力受到业内人士广泛的好评。

《博骏点金》是李骏老师呕心沥血之作。外汇业务越来越受到大家的欢迎，如何学习掌握行之有效的方法，降低甚至规避一些不必要的风险，这本书里都做出了正确的指导。这是一本令人受益匪浅的好书，不管是对于专业人士、学者或投资者来说，都非常值得一读！

南京创肯教育科技有限公司技术总监

——尹鹤琨

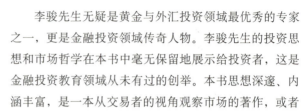

李骏先生无疑是黄金与外汇投资领域最优秀的专家之一，更是金融投资领域传奇人物。李骏先生的投资思想和市场哲学在本书中毫无保留地展示给投资者，这是金融投资教育领域从未有过的创举。本书思想深邃、内涵丰富，是一本从交易者的视角观察市场的著作，或者说，这是一部真正意义上为投资者而写的书。其对启迪投资者的智慧和实战交易都具有重大的指导意义。本书的出版是广大投资者的福音。我建议所有的投资者，不管是老手还是新手，都认真阅读一下本书，然后完善自己的投资策略和投资哲学，每一次重读都会有新的收获！

上海邦升教育科技有限公司联合创始人

——徐伟伟

初识李骏老师便感叹他在投资分析领域的造诣之深，在得知李骏老师要出书之际，我也很荣幸受邀写下这短短的书荐，言语不多难以说出书中之精华，却饱含我的赏识和肯定。

该书通过精准的技术分析、细致的行情解剖、宏观的基本面洞察以及严密的风控布局等，形成28篇具有典型代表意义的投资学习方面的著作。在我看来，该书不同于市场普遍的学习著作泛泛而谈，而是在实际案例中教学，图文结合，将基本面、技术面、资金面的理论、方法、技巧，生动形象地展现给每一位热爱交易技术的朋友。对于这一点，不是一朝一夕可以促成之事，须得大量时间、精力以及过硬的技术分析水准。

为人师者，必先正其身，方能教书育人，此乃师德之本也。这也是我和李俊老师不谋而合的一个思想观点之一。他的技术功底和思想交流在该书的每一篇评论中完美体现，是一部值得仔细揣摩回味的好书！

深圳中金万足珠宝首饰有限公司总经理
——秦明祥

中金万足·福满缘满——文化黄金、概念珠宝的倡导者。以黄金述说文化，表达情感，传递价值。中金万足以扎根深圳珠宝首饰产业聚集基地的优势逐步发展国内市场。中金万足加盟店遍及东北三省、内蒙古、北京、江苏、浙江、山西、陕西、江西、河南、广东等地。

欣闻李骏先生《博骏点金》论著一书即将出版，欣然命笔写来贺信——祝贺李骏老师的论著出版成功。

北京五岳联盟经济信息服务有限公司
执行董事
——薛晓庆

在国内投资黄金盛行的今天，掌握黄金走势的分析方法和投资技巧，可以使投资者少走弯路，得到事半功倍的效果。李骏老师的这本《博骏点金》以亲身经历的大量案例向投资者介绍了自己分析黄金走势的论点、论据、论证，书中给大家详细展示了多角度共振分析和逻辑推理的知识。

"受"人以鱼，不如"受"人以渔。大家在学习过程中不妨像看电视剧《神探狄仁杰》中的每个破案情节一样与李骏老师一同分析假设、推理验证。你会发现，不仅酣畅淋漓，而且获益匪浅。

坚决看空黄金价格

（2016 年 7 月 4 日至 8 日评论）

2016 年 7 月 8 日（周五）美国公布的非农就业人数达到了 2016 年以来次高位 28.7 万人，但国际现货黄金价格仅下探至 1336 后立马重新走高，并且纽约收盘仍收至两年以来的高位区 1366 一线（见图 1-1）。2016 年 7 月 8 日（周五）纽约交易所收盘后，市场看多黄金的情绪再次急剧升温。但在这个时刻，笔者要给这些升温的情绪泼点冷水，提出个人对未来国际现货黄金价格的判断。虽然不排除短线黄金价格可能会在最近高位区震荡，但笔者还是坚决看空未来一个阶段黄金价格的走势。笔者"泼冷水"主要有以下原因：

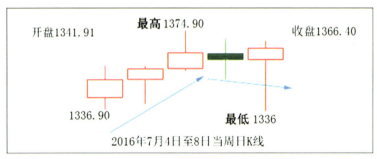

图 1-1

第一，2016 年 7 月 8 日（周五）公布的非农报告 28.7 万应该说是 2016 年以来非常靓丽的一次，与 2016 年 6 月 3 日（周五）公布的 3.8 万人相比简直是天差地别。2016 年 6 月 3 日（周五）3.8 万人非农数据公布后，很多美联储官员发表了几乎打消未来加息预期的讲话或者表明对未来加息非常谨慎的态度。那么这次如此靓丽的非农数据，美联储官员难道会视而不见吗？笔者相信一定会有美联储的官员，甚至有分量的美联储官员借助此次靓丽的非农数据发表其在 2016 年内支持加息的态度。甚至不排除未来美联储主席耶伦来个出其不意的可能。因为美国往往会给市场出其不意的举动。比如，2016 年 6 月 3 日（周五）公布的 3.8 万人的非农数据不就是一次出其不意吗？那么为什么以后就不会再来一次出其不意呢？所以一旦未来美联储加息预期升温，笔者认为黄金价格绝对会面临巨大的下行压力。预计如果 2016 年内美联储加息一次，黄金价格将可能会在当前点位 1366 跌 100 美元 / 盎司左右。而如果有二次的话，则不排除在目前点位 1366 基础上有跌 200 美元 / 盎司的可能性。

第二，市场对英国脱欧避险情绪有逐渐下降的迹象。2016 年 6 月 24 日（周五）脱欧当天，具有较大避险属性的商品、相关指数和货币，比如黄金、美元指数、日元大涨，纷纷创出 2016 年内高点或次高点；英镑则创出了 1985 年以来的新低；在 2016 年 7 月 6 日（周三）因市场担心英国央行可能会下降利率，令脱欧第二波避险情绪再次凸显，尽管黄金价格继续创新高，英镑继续创新低，日元和美元指数却没有再突破脱欧当日第一波避险情绪时所创出的高点。这反映出市场当前对脱欧的避险情绪已经没有脱欧当天那么高涨了。一旦在英国脱欧后出现第三次避险情绪时，是否还会有更多的货币或黄金价格无法创出新高或英镑无法再创出新低的现象。一旦真有的话，那第三次避险出现时，避险情绪可能还会降温更多。

第三，俗话说，"星星之火，可以燎原"。但凡看看当下市场上大部分机构、投行、专家、学者都纷纷发表看好黄金后市的观点。有的认为，黄金价格马上会看 1500 美元 / 盎司，有的甚至提出看 2000 或 3000 美元 / 盎司的观点。回想一下在 2015 年 12 月，黄金价格最低跌至 1050 美元 / 盎司上下时，也有很多分机构、投行、专家、学者都纷纷发出极度看空后市黄金的观点，有的认为黄金价格马上要跌破 1000 美元 / 盎司，甚至有人提出看 800 或 500 美元 / 盎司的观点，当时只有极为个别、少数的机构、专家提出 1050 美元 / 盎司附近就是黄金底部价，并预期未来黄金价格将回升 200—300 美元 / 盎司的观点和态度。结果印证了"星星之火，可以燎原"。当前黄金价格运行在 1360—1370 美元 / 盎司时，也有极为个别的机构、学者提出了看空黄金，甚至看空未来黄金价格要跌200—300 美元 / 盎司的态度（见图 1-2）。

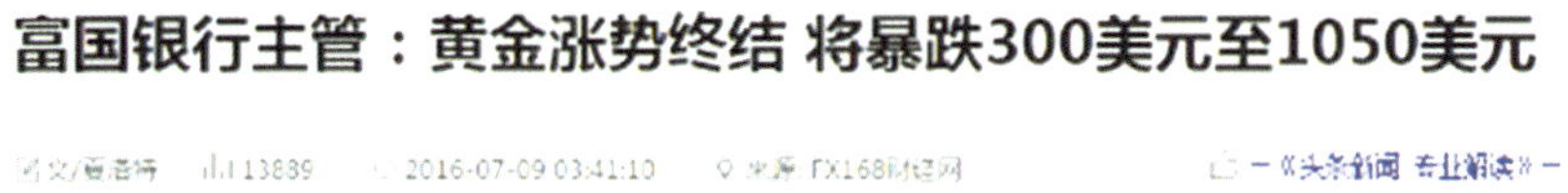
富国银行主管：黄金涨势终结 将暴跌300美元至1050美元

13889 2016-07-09 03:41:10 FX168财经网 —《头条新闻 专业解读》—

图 1-2

这次能否再次重演“星星之火，可以燎原”呢？同时进一步证明：“真理往往掌握在少数人手里”。

第四，现在马上要进入黄金交投的淡季，不排除之前大量的多头获利盘获利了结，特别是市场交易员可以赚完钱，去轻松度假。因为每年 7—8 月是国外度假的高峰期。同时，在当前市场较为震荡，特别是在 2016 年 7 月 8 日（周五）非农数据公布后，黄金价格大幅震荡尤为显著，黄金价格盘中一度被打压至 1336 一线。试想一下如若当时被打压得更多，甚至跌破 1300 整数关，那些拿着黄金多单的交易员还能安心地去度假吗？俗话说“无官一身轻”，只有把多单，特别是盈利的多单平仓，才会玩得更安心！

另外，根据以往历史数据显示：通常每年 7—8 月会出现黄金价格年内次低点的可能性较大。从时间周期上看，自 2016 年 1 月黄金价格最低点 1060 美元 / 盎司涨起，到 2016 年 7 月 6 日（周三）涨了 300 美元 / 盎司，已经远离其 200 天均线（近 200 美元 / 盎司），这已孕育了短线黄金价格高风险的意思。因此，涨了六个月也该歇歇了吧！

关于这点可以用 2015 年中国股市来作对比。2014 年 12 月上证指数从 3000 点涨起，到了 2015 年 6 月上旬上证指数涨到 5000 点之上，这时也是远离其 200 天均线近 2000 点，孕育了短线价格高风险，时间上也持续涨了半年，确实也应该歇歇了。结果 2015 年 6 月中旬后中国股市大幅跳水，第一步下跌，上证指数就跌回到了 200 天均线。当时上证指数 200 天均线在 3400 点附近。

如果这次黄金价格也能参照 2015 年中国 A 股，涨了半年后，出现大幅下跌的走势，那么黄金价格也真有可能会很快跌至其 200 天均线。目前，黄金价格最新的 200 天均线在 1187 附近。

第五，从技术特点上分析。

（1）2016 年 7 月 8 日（周五），黄金日 K 线图收出了"吊颈线"（见图 1-3）。

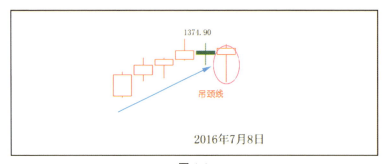

图 1-3

关于"吊颈线"教科书上定义为：价格经过一轮涨升后，在高位出现一条长下影线、小实体的图线（阴阳不分）称为"吊颈线"。"吊颈线"是强烈的卖出信号。

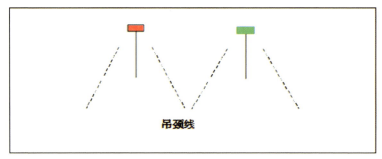

图 1-4

吊颈线是空头 K 线形态之一。如当价格是平开盘或小幅跳高、跳低开盘，其后大幅下跌，但尾盘又大幅收高，留下长长的下影线，而 K 线实体无论是阳线或阴线都相当小，仅为影线的三分之一或四分之一，这样的 K 线即是市场中人们所称的"吊颈线"（见图 1-4）。

2016 年 7 月 8 日（周五）黄金日 K 线收盘后。当日 K 线实体为 1366.40 - 1359.30 = 7.1 美元 / 盎司。

下影线长度为：1359.30 - 1335.60 = 23.7 美元 / 盎司。23.7/7.1 = 3.34 得到结论：2016 年 7 月 8 日（周五）黄金日 K 实体为当日下影线 1/3.34。这符合"K 线实体无论是阳线或阴线都相当小，仅为影线的三分之一或四分之一"这样吊颈线的要求。

（2）短线黄金 10 根日 K 线组合中，明显阳线数量过多。这一现象就意味着：一旦未来黄金继续走高后，出现大阴线的概率极高（见图 1-5）。

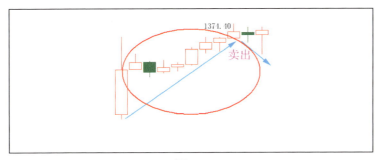

图 1-5

之前已经发生过的黄金 10 根日 K 线组合中，阳线过多后会出现大幅下挫并连续开出阴线的走势（见图 1-6）。

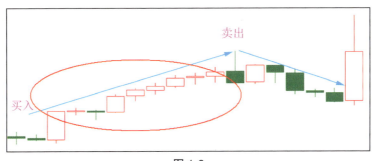

图 1-6

反之，连续阴线太多，特别是黄金 10 根日 K 线组合中阴线太多，那么日后出现大阳线或连续上升的概率增大（见图 1-7）。

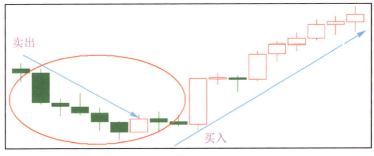

图 1-7

连起来完整地看一下（见图1-8），来证明：阴线过多会出现阳线，而阳线过多会出现阴线。

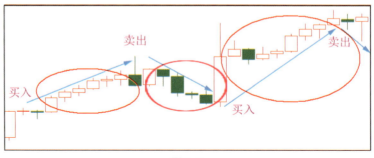

图 1-8

（3）在所有技术指标中，最慢的 KDJ 中 D 线在 2016 年 7 月 8 日（周五）纽约收盘后，其数值也达到了高位区 80。作为最慢的技术指标都达到了高位区，这就意味着之前所有的技术指标基本都处在高位区，所以未来黄金价格无论走多高，随时都面临着较大下跌的行情出现。也就是说，当所有指标指向高位区时，这代表着黄金价格是"无限风光在险峰"。这点大家要时刻谨防。当前黄金价格日线级别的 KDJ 指标（见图1-9）。

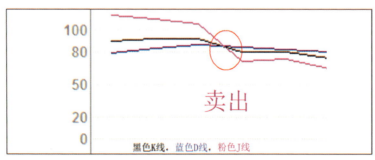

图 1-9

上述为笔者从美联储加息、英国脱欧、市场特性、交易周期和技术方面这五个层面来解析未来坚决看空黄金的观点和态度。

如果未来黄金价格真的头部形成，出现下跌行情，那么其价格走势会如何演化呢？根据波浪理论下跌行情一般分为三浪，即 A 浪下跌、B 浪反弹、C 浪继续下跌。如果再结合未来美联储 2016 年内加息次数预期，则有以下判断：

第一，如果美联储 2016 年只加息一次，那么 A 浪低点预期在 1300 附近，B 浪反弹在 1350，而 C 浪可能就在 1250。再后面走势要看日后美联储货币政策动向。

第二，如果 2016 年美联储有加息两次的可能性，那么 A 浪低点预期在 1250 附近，B 浪反弹在 1300，而 C 浪可能就在 200 天均线 1187 上下。再后面走势仍要继续看日后美联储货币政策动向。

第三，如果 2016 年美联储真的不加息，那么黄金价格下跌的空间可能会受到一定的限制，一般不会轻易跌破 1300 整数关。

根据上述三方面，笔者认为 2016 年内美联储加息一次还是非常有可能的，所以还是依然坚持坚决看空黄金观点和态度。

同时考虑到市场预期性、前瞻性，加上每年 7—8 月是黄金交易的淡季。所以，未来黄金价格下跌至目标位 1250 或 200 天均线 1187 附近，最有可能出现在 2016 年 8 月末或 9 月初。市场往往会提前炒预期，并不要求真正去兑现美联储加息。而美联储真的兑现一次或两次加息，则行情也有可能会被逆转。比如，2015 年 12 月美联储兑现加息后，黄金价格几乎没有跌破过前期最低点 1046 一线，反而在一个月之后，黄金价格行情被逆转。

笔者于 2016 年 7 月 10 日（周日）凌晨

包青天火眼金睛判定黄金价格下跌

本篇文章中需要在黄金投资方面掌握的交易知识点和相关技巧内容有：

第一部分：技术面。

1. "吊颈线"。这是 2016 年 7 月上旬，黄金价格最高达到 1374.90，日后出现大幅下跌行情最为主要的技术原因。

"吊颈线"的涵义：价格经过一轮涨升后，在高位出现一条长下影线、小实体的图线（阴阳不分）称为吊颈。吊颈是强烈的卖出信号。吊颈线是空头 K 线形态之一。如当价格是平开盘或小幅跳高、跳低开盘，其后大幅下跌，但尾盘又大幅收高，留下长长的下影线，而 K 线实体无论是阳线或阴线都相当小，仅为影线的三分之一或四分之一，这样的 K 线即是市场中人们所称的"吊颈线"。所以，以后在交易中出现这样的 K 线形态，一般倾向于看空未来走势为主。（图形见图 1-4）

2. 根据连续 10 根 K 线组合中阴阳线比例对未来黄金价格走势进行判断。

一般情况下，在连续 10 根 K 线组合中阴阳线比例正常情况下是 4:6；5:5；6:4。但是，一旦出现 3:7；2:8；7:3；8:2，甚至出现 1:9；0:10；9:1；10:0，这样非正常的比例，就可以根据这样的特点做出未来黄金价格走势的预判。阴线过多后会出现阳线，而阳线过多后会出现阴线（见图 1-10）。

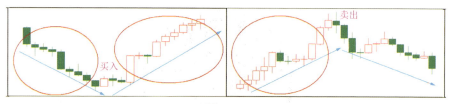

图 1-10

在当阳线过多的情况下，未来黄金开出阴线、连续阴线或大阴线的概率极大。我们倾向于逢高卖出黄金为主。

在当阴线过多的情况下，未来黄金开出阳线、连续阳线或大阳线的概率极大。我们倾向于逢低买入黄金为主。

如果在连续 10 根 K 线组合中阴阳线比例出现 1:9；0:10 或 9:1；10:0。这样的比例根据上述交易方法进行操作成功概率会更大。

3. KDJ——随机指标。

（1）KDJ，随机指标。这是乔治·蓝恩博士独创的技术分析工具。它既融合了平均移动线的理论，又有相对强弱指数供求平衡理论，具有敏感度高、可靠性强、新颖实用等特点，较为适合于短线操作。

（2）基本参数。一般以 9 日周期的 KDJ 线为研究对象。其中，K、D 平滑参数设为 3 天。K 线为快速线，D 线为慢速线，J 比 K、D 更快速、更敏感。

（3）具体实战有效运用。

第一种：KDJ 全部同时在 80 以上为卖出信号，全部同时在 20 以下为买入信号（见图 1-11）。

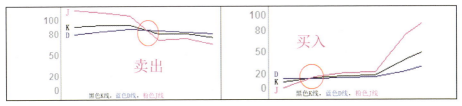

图 1-11

第二种：一般情况下，黄金价格日线级别 KDJ 中 D 数值达到 80 以上高位区，我们倾向于逢高卖出黄金为主；而黄金价格日线级别 KDJ 中 D 数值跌至 20 以下低位区，我们倾向于逢低买入黄金为主。

掌握要领：KDJ 中 D 线不仅是 K、D、J 中最慢的指标，还是所有技术指标中最慢的指标。

作为最慢的技术指标都达到了高位区，这就意味着之前所有的技术指标基本都处在高位区，这就更意味着未来随时随刻，黄金价格将面临较大下跌的走势出现。

作为最慢的技术指标都达到了低位区，这就意味着之前所有的技术指标基本都处在低位区，这就更意味着未来随时随刻，黄金价格将面临较大上升的走势出现。

第三种：KDJ 指标上出现了 K 线跌破 D 线，即出现死叉的现象。一般情况下，日线级别的 KDJ 中，K 线跌破 D 线，出现死叉后，黄金价格可能会有 30—50 美元 / 盎司左右下跌空间。

KDJ 指标上出现了 K 线上穿 D 线，即出现金叉的现象。一般情况下，日线级别的 KDJ 中，K 线上穿 D 线，出现金叉后，黄金价格可能会有 30—50 美元 / 盎司左右上升空间（见图 1-12）。

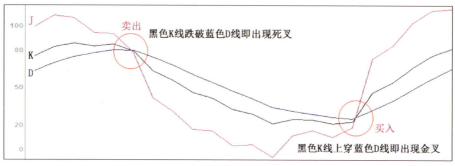

图 1-12

第四种：黄金价格创新高，指标不创新高，特别是 D 线，称为顶背离，倾向于逢高卖出黄金为主（见图 1-13）。

在2016年7月6日黄金价格盘中最高升至1374.90时，D线数值为75.94，低于2016年6月15日；黄金价格盘中最高升至1296.36时，D线数值86.44，出现了黄金价格创高，而D线不见新高，出现了顶背离。

图 1-13

黄金价格创新低，指标不创新低，特别是 D 线，称为底背离，倾向于逢低买入黄金为主（见图 1-14）。

在2015年12月3日黄金价格盘中最低跌至1046.26时，D线数值为27.20，高于2015年11月11日；黄金价格盘中最低跌至1063.90时，D线数值6.13，出现了黄金价格创新低而D线不见新低，出现了底背离。

图 1-14

4. 波浪理论。

波浪理论全称是艾略特波浪理论，是美国证券分析家拉尔夫·纳尔逊·艾略特（R.N.Elliott）提出的，于1938年首次发表，是最古老的技术理论之一。该理论通常用于发现市场走势的转折点，即对将出现的顶部或者底部发出提前的信号。

基本原理：

一个完整的波浪理论包含5个上升浪和3个下跌浪；

5个上升浪中：1浪、3浪、5浪为推进浪，2浪、4浪为调整浪；

3个下跌浪中：A浪、C浪为推进浪，B浪为调整浪（见图1-15）。

上述单个浪里可能也包含了上升和下跌浪的互换。

上升行情中：

在每个推进浪中包含了5个阶段：即1浪、3浪、5浪为推进浪，2浪、4浪为调整浪。

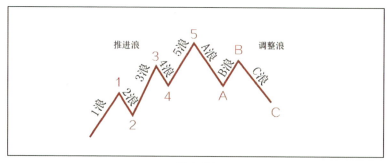

图 1-15

在每个调整浪中包含了 3 个阶段：即 1 浪、3 浪为推进浪，2 浪为调整浪（见图 1-16）。

上升行情

图 1-16

下跌行情中：

在每个推进浪中包含了 5 个阶段：即 1 浪、3 浪、5 浪为推进浪，2 浪、4 浪为调整浪。

在每个调整浪中包含了 3 个阶段：即 1 浪、3 浪为推进浪，2 浪为调整浪（见图 1-17）。

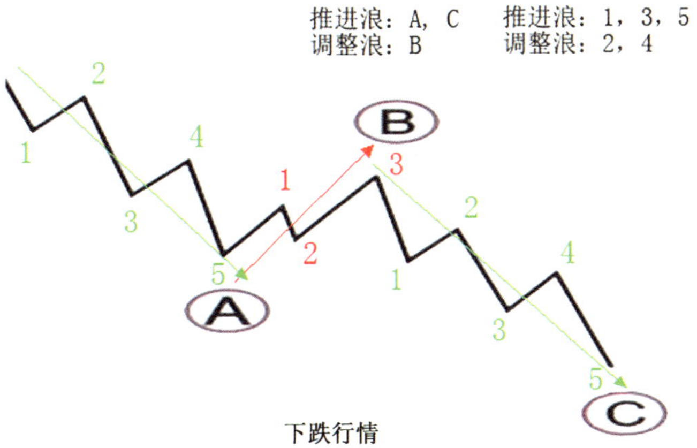

推进浪：A, C   推进浪：1, 3, 5
调整浪：B   调整浪：2, 4

下跌行情
图 1-17

上述这 8 浪构成了波浪理论的基本周期。价格经历"上升—下跌—上升"，循环往复，周而复始。

波浪理论一般以月 K 线或者周 K 线作分析，准确率较高。用波浪理论分析中长期走势的准确率要明显高于短期或者超短线走势。

波浪理论基本运行规则：

（1）第 2 浪的调整幅度不会超过 1 水平的 100%。

（2）第 3 浪的长度不是 3 个推进浪中最短。

（3）第 4 浪不会进入第 1 浪的价格范围。

（4）如果第 2 浪急剧回调，那么第 4 浪可能平缓回调；如果第 2 浪平缓回调，那么第 4 浪有可能急剧回调。

（5）C 浪结束位置基本与第 4 浪最低价格平行。（如果出现差异，应该属于不在同一周期走势之中。）

第二部分：基本面。

1. 非农就业报告。

每个月第一个星期五北京时间晚间公布。其中包含了三个较为重要的数据，即非农就业人数、失业率和薪资增长。美联储主席耶伦较为看重非农就业人数和薪资增长。非农就业报告也是美联储未来实施宽松或紧缩货币政策的重要依据之一。

通常情况下，非农就业报告出色，则黄金价格倾向于下跌。其中逻辑：非农报告出色，则美联储货币政策偏向于紧缩，美元汇率容易上升，黄金价格容易下跌。

通常情况下，非农就业报告疲软，则黄金价格倾向于上升。其中逻辑：非农报告疲软，则美联储货币政策偏向于宽松，美元汇率容易下跌，黄金价格容易上升。

案例：

（1）2016年6月3日（周五）北京时间晚上20时30分公布非农就业人数为3.8万人，远低于前值16万人，为2011年以来最差表现。所以，这也是之后黄金价格出现较大上升，创出2016年全年最高点1374.90的主要基本面原因之一。

（2）2016年7月8日（周五）北京时间晚上20时30分公布的非农就业人数为28.7万人，高于前值3.8万人，为2016年以来最好表现，而与此同时公布的薪资月率增长0.3%，高于前值月率增长0.1%。所以，这也是之后黄金价格出现较大下跌的主要基本面原因之一。

（3）2017年4月7日（周五）北京时间晚上20时30分公布非农就业人数为9.8万人，远低于前值23.5万人，为10个月以来最差表现，在2017年4月17日（周一）黄金价格最高攀升至1295.42，这是创出2016年11月9日以来最高的主要基本面原因之一。

当然，最终在非农报告公布后，真正意义上的黄金价格具体走势还将根据当时市场氛围、环境、美元汇率、黄金价格具体点位而定。

2. 避险因素。

第一，当市场上发生一些不确定性、不稳定性事件可能会导致市场避险情绪，令黄金价格在短期内迅速上升。其中原因是黄金具有避险功能的特点，即对不确定性、不稳定性事件的避险。

第二，一般避险因素分为以下三个主要方面：

（1）地缘政治因素避险。其表现为：爆炸、暗杀、恐怖袭击、战争。主要案例：2001年"9·11"事件。

（2）对经济金融危机避险。其表现为：爆发金融危机、主要评级公司下调主要经济体主要评级。

（3）突发金融事件。其表现为所谓的"黑天鹅事件"。

比如，2015年1月15日（周四）下午瑞士央行突然宣布取消欧元/瑞郎1.2000下限。该消息直接导致欧洲金融市场一片紧张。这样导致市场避险情绪急剧升温，黄金价格当日最高升幅达到40美元/盎司左右。这样的事件属于金融市场上的"黑天鹅事件"（见图1-18）。

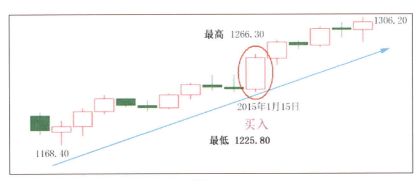

图 1-18

比如，2017年4月7日（周五）北京时间上午，美国发射导弹袭击叙利亚。该消息导致市场避险情绪急剧升温，黄金价格当日盘中从最低点1250.30，最高上升至1270.46，当日黄金价格最大涨幅达到20.16美元/盎司（见图1-19）。

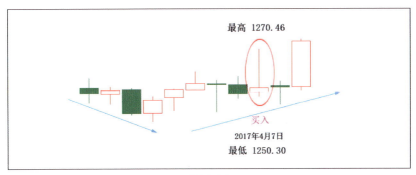

图 1-19

第三，当前具有较大避险功能的货币、相关指数和商品分别为日元、瑞士法郎、美元指数、黄金。而英镑、白银不属于避险货币和商品。近几年来，日元充当避险货币角色的主要原因是日本经济远远稳定于欧洲经济。所以，近几年以来，日元在避险事件期间保持十分高的活跃性，而且在避险货币中往往具有一定领先功能。

第四，对于避险情绪影响黄金价格，应注意以下几个方面：

（1）一般像中东等经常出现地缘政治因素的地方，对黄金、美元指数、日元、瑞士法郎等避险作用提升有限。

（2）一般在主要经济体、大的经济体发生地缘政治因素对黄金、美元指数、日元、瑞士法郎利好作用较大。

（3）地缘政治因素的避险对黄金价格利好作用远低于金融经济危机对黄金的利好作用。

（4）避险因素是影响黄金价格的短期因素，而不是长期因素、核心因素或起主导作用。"黄金价格最终上升是靠避险因素是靠不住的。"这也符合当今世界主题：和平与发展。

2000年以来最大级别的避险事件主要是两起。2001年9月11日（周二）美国"9·11"事件和2016年6月24日（周五）英国脱欧事件。

2001年9月11日（周二）发生"9·11"事件（属于恐怖袭击）后，黄金价格从2001年9月11日（周二）最低点271.30，经过17天，于2001年9月28日（周五）最高升至294.15，其间黄金价格最大涨幅为8.42%。

不过，我们发现：2001年9月11日之后黄金价格涨幅有限，黄金价格最大涨幅在7.15美元/盎司。（见图1-20）

图 1-20

2016 年 6 月 24 日（周五）英国意外脱欧（属于黑天鹅事件）后，黄金价格从 2016 年 6 月 24 日（周五）最低点 1251.10，经过 12 天，于 2016 年 7 月 6 日（周三）最高升至 1374.90，其间黄金价格最大涨幅为 9.89%。

不过我们发现，英国脱欧当日，黄金价格上升 100 美元 / 盎司后，其后上升空间有限，黄金价格最大涨幅 17.60 美元 / 盎司。所以，这也是英国脱欧后，黄金价格始终无法突破 1400 整数关的主要原因。（见图 1-21）

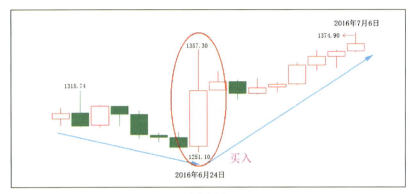

图 1-21

所以，一般遇到再大的避险因素，黄金价格在短期内最大涨幅一般也就在 100 美元 / 盎司左右或 10% 之内。应该说，未来避险因素给黄金价格带来的影响很难再超越 "9 · 11" 事件和英国脱欧事件。

我们在避险情绪发生后黄金价格波动得到一个初步结论，供大家在实战交易中参考（见表 1-1）。

表 1-1

避险情绪级别	预期黄金价格阶段性最大的上涨幅度（美元 / 盎司）
一般级别（类似 2017 年美国向叙利亚发射导弹）	10—20
中等级别（类似 2015 年瑞士法郎与欧元脱钩）	30—50
重要级别（类似 2001 年 9 · 11；2016 年英国脱欧）	100 左右或 10% 左右涨幅

3. 黄金价格波动具有一定的周期性。

（1）每年年末或年初黄金价格一般是偏低的，因为圣诞节、元旦，国际炒家、交易员基本休息放假为主。

（2）每年 3—6 月黄金价格偏向于上行。其主要原因是此时正值印度结婚高峰期。5 月 16 日是印度人传统购买黄金的节日。

（3）一般 7 月（夏季）开始黄金价格偏向于下行。其原因是夏季是国际交易员、投机商度假高峰期。

（4）在过去 20 年中，其中每年 9 月，有 16 次出现了黄金价格上涨的走势。这 20 年平均 9 月黄金价格上涨幅度为 5.0% 左右。

（5）在每年 12 月前后黄金价格可能会见高点，但一般到年底前，即 12 月中下旬后，黄金价格总体依旧偏向于下行（见图 1-22）。

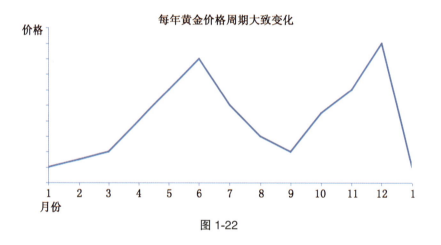

图 1-22

2001—2016 年黄金价格每年最高点和最低点出现时间和具体价格见表 1-2。

表 1-2

年份	出现最低点时间和价格	出现最高点时间和价格	年内最大振幅（%）
2001	02 月 20 日（253.55）	05 月 21 日（298.50）	17.73
2002	01 月 29 日（275.75）	12 月 19 日（354.00）	28.37
2003	04 月 07 日（318.75）	12 月 30 日（417.45）	30.96
2004	05 月 10 日（371.00）	12 月 02 日（456.75）	23.11
2005	02 月 08 日（410.00）	12 月 12 日（541.00）	31.95
2006	01 月 03 日（516.75）	05 月 12 日（730.00）	41.27

年份	出现最低点时间和价格	出现最高点时间和价格	年内最大振幅（%）
2007	01 月 05 日（601.50）	11 月 08 日（845.00）	40.48
2008	10 月 24 日（680.80）	03 月 07 日（1032.09）	51.60
2009	01 月 15 日（801.65）	12 月 03 日（1226.65）	53.02
2010	02 月 05 日（1044.20）	12 月 07 日（1430.55）	37.00
2011	01 月 28 日（1308.14）	09 月 06 日（1920.50）	46.81
2012	05 月 16 日（1527.30）	10 月 05 日（1795.70）	17.57
2013	06 月 28 日（1180.20）	01 月 22 日（1695.76）	43.68
2014	11 月 07 日（1131.96）	03 月 17 日（1391.70）	22.95
2015	12 月 3 日（1046.26）	01 月 22 日（1306.20）	24.85
2016	01 月 04 日（1061.70）	07 月 06 日（1374.90）	29.50

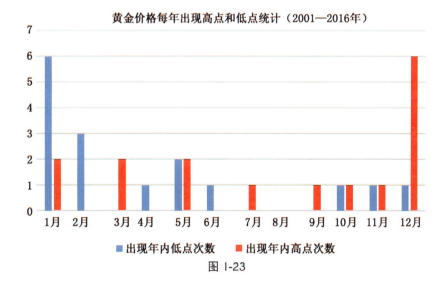

图 1-23

根据表 1-2 和图 1-23 内容显示：

（1）在过去的 16 年中，黄金价格全年最低点有 9 次出现在 1—2 月。每年 1—2 月黄金价格出现全年最低点的概率为 56.25%。

（2）在过去的 16 年中，黄金价格全年最高点有 6 次出现在 12 月。每年

12 月黄金价格出现全年最高点的概率为 37.50%；黄金价格全年最高点出现在 3 月有 2 次，每年 3 月黄金价格出现全年最高点的概率 12.50%；黄金价格全年最高点出现在 5 月有 2 次，每年 5 月黄金价格出现全年最高点的概率 12.50%。上述累加即：在每年 3 月、5 月和 12 月，黄金价格出现全年最高的概率达到 62.50%。

（3）在过去的 16 年中，黄金价格在 5 月出现过全年的最低点有 2 次，而最高点也有 2 次；同时，在 1 月黄金价格也出现过 2 次全年的最高点。这表明每年的 1 月和 5 月通常是一个黄金价格震荡较大的月份。这也就是说，通常每年 1 月和 5 月黄金价格出现最高点后，一旦黄金价格出现较快下跌的话，则容易创出较低水平，甚至新低。

（4）在过去的 16 年中，没有发现在 3 月、7 月、8 月、9 月里，黄金价格出现过全年的最低点；没有发现在 2 月、4 月、6 月、8 月里，黄金价格出现过全年的最高点。

（5）在过去的 16 年中，黄金价格全年最小振幅出现在 2012 年为 17.57%；黄金价格全年最大振幅出现在 2009 年为 53.02%。过去的 16 年中，黄金价格全年平均振幅为 33.80%。

（6）在美联储加息预期或周期中，每年第一季度至第二季度黄金价格出现最高点的概率增加。（说明：美联储 2015 年开始进入加息周期，但 2016 年黄金价格全年最高点出现在第三季度即 7 月，其中主要是因为 2016 年 6 月底与英国脱欧有一定关联。）

《坚决看空黄金价格》后续评论

（2016 年 7 月 11 日至 15 日评论）

本周（即 2016 年 7 月 11 日—2016 年 7 月 15 日这一周，以下简称本周）国际现货黄金价格的表现如《坚决看空黄金价格》一文中所预期那样出现了高位回落。本周国际现货黄金价格从周初的最高点 1374.70，在 2016 年 7 月 14 日（周四）最低跌至 1320.10。本周国际现货黄金价格最大的跌幅为接近 55 美元 / 盎司。本周 5 根黄金日 K 线，也出现了 3 根实体偏大的阴线（见图 2-1）。

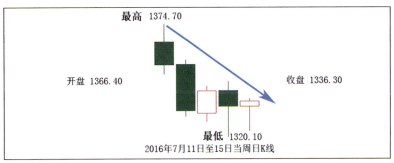

图 2-1

回顾一下上周（即 2016 年 7 月 4 日—2016 年 7 月 8 日这一周）笔者坚决看空黄金价格的部分理由，在本周盘面上已有所体现，而特别体现在以下三个方面。

第一，市场对英国脱欧的避险情绪明显缓和。

之前期待在英国脱欧后会出现第三次冲击波推动市场避险情绪。之前第一波是脱欧当日避险情绪爆棚，第二波是脱欧后，英国央行行长卡尼宣布要下降英镑利率。但 2016 年 7 月 14 日（周四）英国央行却意外地保持利率不变，令脱欧避险情绪遭受重创。当日英镑最大反弹近 300 点，而黄金价格更是在当日跌出了本周最低点 1320.10。

而本周在这次避险行情中，日元充当"叛徒"角色的事实被夯实。因为本周日元已把脱欧当日所有的涨幅回调完了。实际上，笔者在《坚决看空黄金价格》一文中已经明确表示：英国脱欧当日避险情绪浓重，导致英镑大幅下跌，日元、黄金、美元指数暴涨。而当英国央行行长卡尼宣布要下降英镑利率，导致了脱欧后第二次避险情绪上升，但这次避险情绪中，在英镑继续创出新低、黄金价格继续创出新高的同时，日元却没有再创新高。此时已暴露出在第二次脱欧避险情绪出现时日元和主要的避险角色明显地不搭调。

第二，通过本周全球黄金最大的 ETF 连续大幅减持黄金基本证实了当前黄金炒家、机构、投行、交易员等有获利了结的迹象。特别是 2016 年 7 月 13 日（周三）有数据显示：全球最大黄金 ETF——SPDR GOLD TRUST 持仓较前日减少 16.04 吨。上一次单日全球黄金最大的 ETF 减持超过 16.04 吨数量，要追溯到 2013 年 4 月 15 日（周一）。就算在 2015 年年底美联储兑现加息之前，全球黄金最大的 ETF 持续大幅减持黄金的过程中，也未发现单日减持超过 16 吨的情况（见表 2-1）。可见这次高位派发，减持黄金力度之大。这为日后黄金走势实际上也埋下了一个隐患。

表 2-1

日　　期	增减变化（吨）	目前持有量（吨）
15.11.02	-2.98	689.28
15.11.03	-2.98	686.30
15.11.04	-6.19	680.11
15.11.05	-8.34	671.77
15.11.06	-2.68	669.09
15.11.09	-2.98	666.11
15.11.10	-2.68	663.43
15.11.12	-1.49	661.94
15.11.20	-1.19	660.75
15.11.23	-5.06	655.69
15.11.27	-0.89	654.80
15.12.02	-15.78	639.02
15.12.03	-0.22	638.80
15.12.07	-4.17	634.63
15.12.17	-4.46	630.17
15.12.18	18.74	648.91

2015 年在美联储加息预期下，全球黄金最大的 ETF 单日最大减持为 12 月 2 日的 15.78 吨

同时，这也再次证实了每年7—8月是海外度假的高峰期，这些炒家也好，交易员也好，拿着盈利的头寸去度假是不会安心的。

第三，从技术形态上看，2016年7月10日（周日）笔者预言：已经有一些技术指标发出了看空黄金价格的信号，这在本周得到了充分的证实。

特别是2016年7月8日（周五）黄金日K线出现吊颈线和阴阳线均衡理论尤为明显。对此，大家可以把2016年7月10日（周日）《坚决看空黄金价格》一文中提到的有关技术方面的分析再做体会。

既然本周国际现货黄金价格最大下跌幅度已达到了近55美元/盎司，那么未来一阶段，黄金价格走势是会重新反弹，创新高还是沿着上周（即2016年7月4日—2016年7月8日这一周）的轨迹继续下行呢？

笔者结合2016年7月16日（周六）纽约收盘后的市场面，以及消息面、资金面、技术面、综合分析，得出结论是：不排除下周（即2016年7月18日—2016年7月22日）黄金价格会有一定的向上反弹能力，但反弹之后，笔者依然认为未来黄金价格继续下行的概率会偏大一些。

其中主要原因，有以下几个方面。

第一，根据美联储目前的最新状态。

英国脱欧，非农数据公布后，美联储众多官员发表讲话，其中有鸽派的，也有鹰派的。他们分别是：梅斯特（鹰派）、乔治（鹰派）、布拉德（鸽派）、洛克哈特（鹰派）、哈克（鹰派）、卡什卡利（鸽派）。再之前是：鲍威尔（鸽派）、费希尔（鸽派）、杜德利（鸽派）、塔鲁洛（鸽派）。在这么多美联储官员中，无论是鹰派还是鸽派，他们有一个共同特点：就是虽然不明确未来加息次数和具体加息的时间，但就继续保持循序渐进加息，不实施负利率或更多宽松货币政策的观点是高度一致的。从这样的货币政策态度来看，还是偏向于利多美元的。笔者认为：在美联储不彻底打消加息预期的前提下，就算黄金价格大幅上升，也称不上真正意义上的黄金的牛市开启。上波黄金牛市从2008年最低点680，到2011年涨到1920，与美联储不仅下降利率，并实施QE政策有直接关系。

第二，根据现行市场资金状态（除了全球黄金最大的ETF在逐步减持之外）。

2016年7月15日（周五）纽约交易所收盘后，美国商品期货交易委员会

（CFTC）有关数据显示：黄金净多头持仓六周以来首遭减持。根据以往经验，得出以下结论：

如果美国商品期货交易委员会（CFTC）数据显示：近期期货市场首次减持了 Comex 黄金等商品期货及期权、货币净多头头寸。这意味着短线黄金等商品、货币价格下跌可能性增加，操作上以卖出黄金等贵金属商品、货币为主。

美国商品期货交易委员会（CFTC）数据显示：一般期货多头头寸云集，会产生对冲，未来伴随黄金等商品、货币下跌的可能性增加。操作上以卖出黄金等贵金属商品、货币为主。（那之前黄金价格为什么在1374.70会下跌？就是因为之前美国商品期货交易委员会（CFTC）数据显示：黄金多头头寸已经创出了多年以来最高位，多头高度云集就意味着未来下跌可能性增加。）

反之，如果美国商品期货交易委员会（CFTC）数据显示：出现近期期货市场首次增持了 Comex 黄金等商品期货及期权、货币净多头头寸，则意味着短线黄金等商品、货币价格上升可能性增加，一般操作上以买入黄金等贵金属商品、货币为主。

美国商品期货交易委员会（CFTC）数据显示：一般期货空头头寸云集，会产生对冲，未来伴随黄金等商品、货币上升的可能性增加，操作上以买入黄金等贵金属商品、货币为主。

第三，根据当前市场看待黄金的情绪分析。

上周（即2016年7月4日—2016年7月8日）纽约交易所收盘后，市场看多黄金情绪极度高涨，有的认为1400拿下就在眼下，而1500也很快会到。然而，实际上黄金价格本周走势与市场之前预期的情况并非如此，本周黄金价格不仅没有看到1400，反而最低跌至了1320。而上周（即2016年7月4日—2016年7月8日）看空黄金的言论寥寥无几，当时富国银行和笔者还是比较坚决看空。所以，有时"星星之火真，可以燎原"；有时"真理就往往掌握在少数人手里"。

本周纽约交易所收盘后，市场对未来黄金走势的多空观点出现严重的分歧。笔者还是倾向于空方，因为市场意志高度集于同一方向时，行情往往会发生逆转，在市场对于一个刚出现的方向产生疑问时，行情往往会按照此方向继续运行，直至市场再度出现集中意志，才会再次发生逆转。

投资市场往往有这样的话语：行情是在绝望中产生的，在犹豫中发展，在欢呼中灭亡！所以按照上述分析，笔者认为：在当前市场较为犹豫的时候，依然坚持刚出现的下降趋势方向的观点。只有等到绝大部分投资者看空或空头高度云集时，笔者才会转向。

第四，根据技术形态分析。

（1）目前黄金价格日 K 线图出现了平顶的特点。

平顶：由 2 根 K 线组成，形成于涨势之中，当某根 K 线的最高位（包括上影线）与后一根或者若干根邻近的 K 线中最高价相近时就构成了平顶。平顶在技术上是逆转信号，它预示着价格见顶回落的可能性较大（见图 2-2 和图 2-3）。

图 2-2

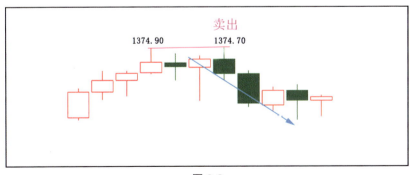

图 2-3

（2）通过日线级别的黄金价格 MACD 指标可以发现两个月以来首次出现死叉。而之前 2016 年 5 月 12 日（周四）黄金价格 MACD 日线图出现死叉后，黄金价格下跌 80 多美元／盎司，要不是 2016 年 6 月 3 日（周五）美国公布极度差劲的非农，可能当时这个死叉给黄金价格会带来更多的跌幅。所以，这次再次出现黄金价格 MACD 指标日线图死叉，是不是意味着未来黄金价格会下跌 80 美元／盎司或更多呢？这次黄金价格 MACD 指标日线图出现死叉时，黄金价格运行在 1340 附近（见图 2-4）。

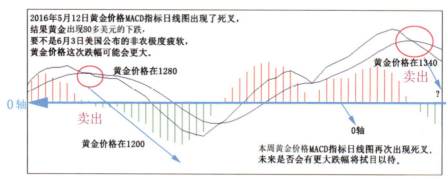

图 2-4

注意：目前黄金价格 MACD 指标日线图中两条线均在 0 轴之上。但一旦未来黄金价格跌不下去，再继续反弹上升，而黄金价格 MACD 指标日线图两条线在 0 轴之上形成金叉，那么黄金价格突破前期最高点 1375 的可能性大大提升。当然，如果黄金价格 MACD 指标日线图上，这两条线继续下行，且两条线同时跌破 0 轴，那么，即使在 0 轴之下再度出现金叉，黄金价格创新高的概率也大大下降。

（3）再从黄金价格日线级别的 PSY 心理线分析，在本书中研究分析中，把该指标参数设置为 12 日线。

当 PSY 达到或超过 75 时，说明在 N 天内，上涨的天数远大于下跌的天数，多方的力量很强大而且持久。但从另外一个方面来看，由于上涨天数多，累计的获利盘也多，市场显示出超买的迹象，特别是在涨幅较大的情况下，价格上升的压力就会变大，价格可能很快回落调整，投资者应多加注意。

结合当下的盘面发现之前黄金价格运行在 1375 时，PSY 数值达到 75，这就是一个非常明确卖出信号，同样在英国脱欧之前 PSY 也达到了 75，当时黄金价格在 1315 附近，在脱欧之前一度最低回落至 1250 一线（见图 2-5）。

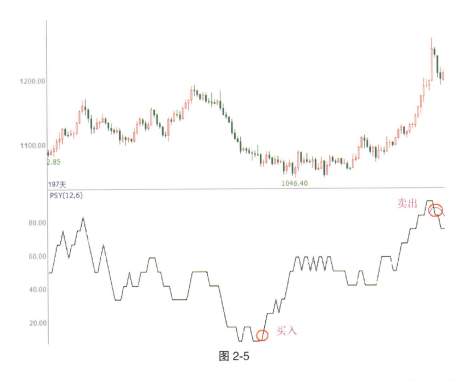

图 2-5

同时，请大家注意：PSY 值从 50 以上开始向下回落跌破 50 并继续向下滑落，表明空方力量过于强大，价格还会继续下跌。所以，请投资者一定要关注 PSY 能否跌破 50，一旦确认跌破 50，则黄金价格继续下行的概率继续增加。之前黄金价格从 1315 跌到 1250，从基本面上讲，英国脱欧导致避险情绪，令黄金价格大幅反弹，而从 PSY 来看，其数值确实没有跌破 50，这也是从技术上支持当时黄金价格向上的关键。所以，PSY 是持续在数值 50 之上还是之下，这也是预测黄金价格向上向下的重要参考之一。

（4）从黄金周线级别来分析。从黄金周 K 线发现：经过之前连续六周上扬，即周 K 线上出现了六连阳，本周纽约收盘后，黄金周 K 线在高位出现了一根较大实体的阴线。根据技术特点观察，这根周 K 线称为墓碑线。

墓碑线是 K 线形态的一种（与其类似的还有乌云盖顶的 K 线形态），价格在相对高位以大幅度跳空高开，开盘就是最高价，随后价格大幅下跌，收出一根高开大阴线。这样的 K 线。叫墓碑线。

墓碑线是在价格相对高位时价格出现高开后，价格一路下跌，最后收跌，在 K 线上形成一个巨大的阴线，表明主力出逃，越快离场越轻松（见图 2-6 和图 2-7）。

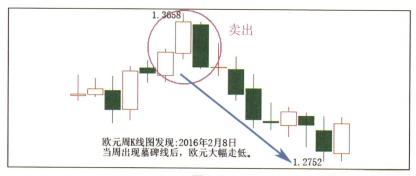

图 2-6

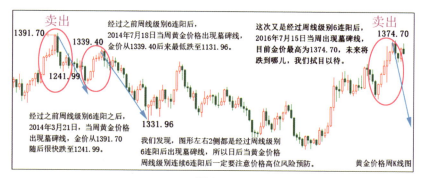

图 2-7

这里可能有人会问：这次黄金价格周线级别的墓碑线会不会是主力洗盘？

首先，根据价格的整体位置。如果价格已经大幅拉高，墓碑线则很可能是主力开始大肆出逃的标志，后市继续下跌是大概率事件。如果价格已经大幅下跌，墓碑线则可能是黎明前的黑暗，后市可能很快反转向上。

其次，如果从资金上看，出现墓碑线，是主力资金流入的话，那么这就可能是假的墓碑线，而如果主力资金是外流的，那么这根墓碑线应该可以得到确认。从本周黄金最大的 ETF 和 CFTC 表现看，都表明有资金出逃。所以，判定本周 K 线为墓碑线的可能性较大。

如果未来 1—2 周，黄金价格继续下跌，ETF 继续减持黄金，则周线级别的墓碑线将会得到进一步确认。

再接下来一个问题：如果黄金价格确实面临继续下行的压力，那么其未来目标位如何测算，投资策略又该如何？笔者想通过以下四个方面进行分析。

第一，如果美联储 2016 年内不加息，日后全球黄金最大的 ETF 不持续减持，那么这次黄金下跌目标位可能就在 1300 整数关上下止步。特别要关注未来 ETF 的动向，是继续持续减持还是重新持续增持，这点特别重要。

表 2-2 显示：2016 年 5 月黄金价格从 1303 跌起，在 2016 年 5 月底，最低跌至 1199。但全球黄金最大的 ETF 在黄金价格下跌的期间持续增持黄金而并非是减持。所以，这导致了黄金价格随后一个月再次创出新高。

表 2-2

日 期	增减变化（吨）	目前持有量（吨）
05.04	+0.60	825.54
05.05	+3.90	829.44
05.06	+4.57	834.19
05.09	+2.68	836.87
05.10	+2.38	839.25
05.11	+2.67	841.92
05.12	+3.27	845.19
05.13	+5.94	851.13
05.17	+4.76	855.89
05.19	+4.45	860.34
05.20	+8.92	869.26
05.23	+3.26	872.52
05.24	+3.86	868.66

所以本次黄金价格下跌，全球黄金最大的 ETF 如果是持续减持黄金，那么继续看空的空间会加大；反之，如果这次全球黄金最大的 ETF 也跟上次一样在黄金价格下跌过程中持续增持，那么日后黄金价格，非但 1300 整数关难以失守，而且重新向上突破 1400 整数关将指日可待。

如果这样情况得到确认或证实的话，手上有空单的朋友们要做好重大战略调整，极有可能要空翻多了。

第二，如果 2016 年年内美联储有一次加息机会。那么黄金价格还是有机会跌至英国脱欧时的最低点 1250 一线。

从目前情况看，日元因其货币政策，极可能会实施新一轮宽松货币政策，日元已经跌回到了英国脱欧时 106—107 一线。因此黄金价格一旦符合美联储 2016 年内加息一次的条件，也应该完全有可能跌回脱欧时水平。那么，手持成本价在 1200 附近黄金空单的朋友，就基本可以小幅亏损出局。

第三，如果 2016 年内美联储加息超过一次以上，那么黄金价格跌至其 200 天均线 1190—1200 一线完全是有可能的。

毕竟美联储持续加息对黄金价格的杀伤力是最大的，甚至超过了避险情绪的降温。因为黄金持有者是没有利息的，而美元利息回升，提升了持有美元资产投资者的利润，这将引发市场大肆抛售黄金。

第四，如果 2016 年内美联储加息次数超过一次，全球黄金最大的 ETF 持续大幅减持黄金，如果两个条件均满足。按照正常情况下，主力出逃，要再次买回来的话至少要留出 20% 的空间，那么按之前黄金最高价格 1375 计算，下跌 20% 的话，黄金价格至少跌至接近 1100 整数关上下，甚至也有跌破 1100 整数关的可能性。因为主力炒黄金所产生的融资成本、交易员佣金、老板的利润、炒盘公司日常办公开销，如果没有 20% 的空间，如何能够盈利呢？当然如果黄金价格未来真的能跌至 1100 或更低，那么也不要过分看空黄金，因为这样的价格已经触及黄金生产商和黄金企业的成本。这样的价格，黄金应该有一定的投资价值了。就像 2015 年 12 月黄金价格运行在 1100 整数关下方，极其具有投资价值是一样的。

如果上述情况得到证实，那么均价在 1200 成本上下黄金的空单，应该有盈利 100 美元 / 盎司的可能性。

那么上述四种可能性，哪种可能性最大？最终会如何呢？就当前的盘面，让笔者来直接做出选择（即四选一），确实也蛮难的。但笔者作为当前空方来说，当然希望未来黄金价格越低越好了。因此，从客观的角度来讲，走势最终如何落地，还将取决于未来美联储加息次数，未来全球黄金最大 ETF 是否持续减持，以及从技术角度分析 MACD 指标日线级别两条线能否跌破 0 轴，PSY 心理线能否跌破数值 50。

综合所述：两个基本面（美联储、ETF），两个技术面（MACD、PSY）作为日后一阶段观察黄金价格趋向变化的重点对象。

笔者于 2016 年 7 月 17 日（周日）凌晨

包青天不愧是包青天，眼光犀利，黄金价格继续下跌

本篇文章中需要在黄金投资方面掌握的交易知识点和相关技巧内容有：

第一部分：技术面。

1. 平顶和平底的技术特点概念。

平顶：由 2 根 K 线组成，形成于涨势之中，当某根 K 线的最高位（包括上阴线）与后一根或者若干根邻近的 K 线中最高价相近时就构成了平顶。平顶在技术上是逆转信号，它预示着价格见顶回落的可能性较大（见图 2-8）。

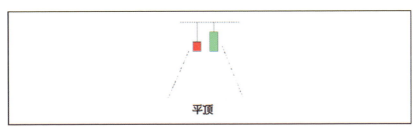

图 2-8

2016 年 7 月上旬黄金价格上涨出现见顶回落行情除了之前出现"吊颈线"看空信号外，"平顶"也是一个看空黄金价格的信号。

平底：由 2 根 K 线组成，形成于跌势之中，当某根 K 线的最低价（包括下阴线）与后一根或者若干根邻近的 K 线中最低价相近时就构成了平底。平底在技术上是逆转信号，它预示着价格止跌反弹的可能性较大（见图 2-9）。

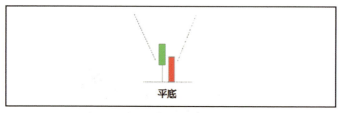

图 2-9

案例：在 2017 年 3 月 10 日黄金价格盘中最低跌至 1194.55，与之相邻的 3 月 14 日黄金价格盘中最低跌至 1196.79 形成平底后，黄金价格在 2017 年 4 月 13 日最高攀升至 1288.64，其间黄金价格最大涨幅达到了 90 多美元 / 盎司。

2. 墓碑线或乌云盖顶。

墓碑线是 K 线形态的一种（与其类似的还有乌云盖顶的 K 线形态），价格在相对高位以大幅度跳空高开，开盘就是最高价，随后价格大幅下跌，收出一根高开大阴线。这样的 k 线，叫墓碑线（见图 2-10）。

墓碑线是在价格相对高位时价格出现高开后，价格一路下跌，最后收跌，在 K 线上形成一个巨大的阴线，表明主力出逃，越快离场越轻松。

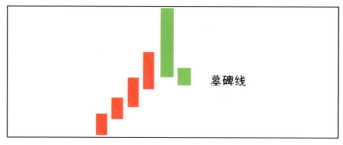

图 2-10

如何鉴别是墓碑线是否为主力洗盘？首先，分析价格的整体位置。如果价格已经大幅拉高，墓碑线则很可能是主力开始大肆出逃的标志，后市继续下跌是大概率事件。如果价格已经大幅下跌，墓碑线则可能是黎明前的黑暗，后市可能很快反转向上。其次，要从资金面变化分析，如果出现墓碑线这周，主力是资金流入的话，那么这就是可能假的墓碑线，而如果主力资金是外流的，那么这根墓碑线应该可以得到确认。一般在黄金交易方面值得关注的资金面有：全球黄金最大的 ETF 动向，美国商品期货交易委员会（CFTC）等。

3. MACD——指数平滑异同平均线。

（1）MACD 名称为指数平滑异同平均线，是属于趋势性指标的一种。一般趋势性指标通常属于慢速指标。

（2）常用参数是 12 日和 26 日平均线。

（3）具体实战有效运用。

第一种：

12 日、26 日，即 2 条平均线持续在 0 轴之上运行，则表明价格处在多头市场，即为牛市（见图 2-11）。

图 2-11

12 日、26 日，即 2 条平均线持续在 0 轴之下运行，则表明价格处在空头市场，即为熊市（见图 2-12）。

第二种：

当 12 日线上穿 26 日线，即快速线上穿慢速线，称为黄金交叉，则为买入信号（见图 2-13）。

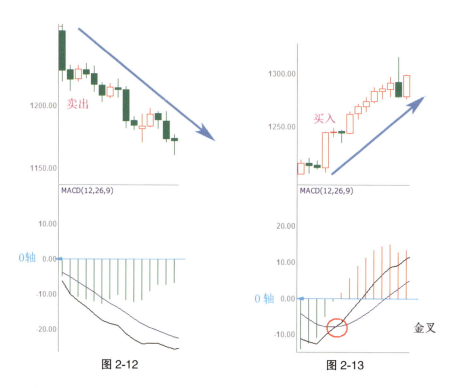

图 2-12　　　　　　　　　　图 2-13

当 12 日线跌穿 26 日线，即快速线跌穿慢速线，称为死亡交叉，则为卖出信号（见图 2-14）。

第三种：

一旦两条线同时跌破 0 轴之下，则止损多单，继续做空为主（见图 2-15）。

一旦两条线同时上穿 0 轴之上，则止损空单，继续做多为主（见图 2-16）。

上述操作符合交易时是根据技术价格买卖，而不是绝对价格的买卖。

第四种：

在 0 轴上方形成黄金交叉价格上升的力度，相对来说比较大，可能往往是

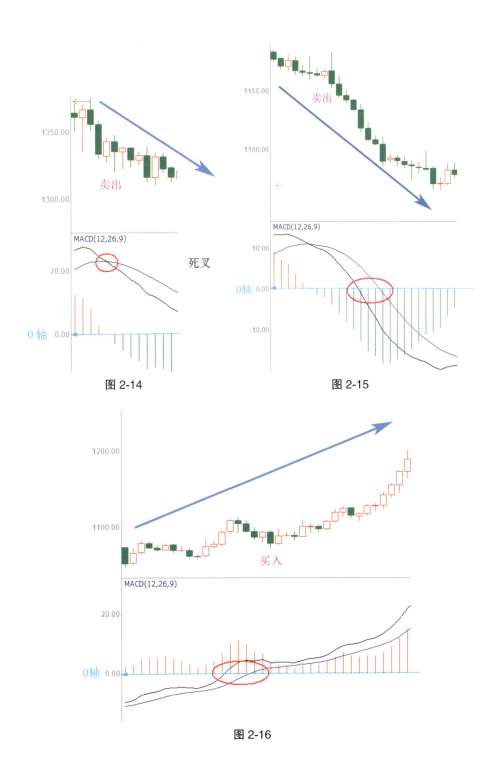

图 2-14

图 2-15

图 2-16

一波主升浪，容易创新高。

在 0 轴下方形成死亡交叉价格下跌的力度，相对来说比较大，可能引发一波大下跌浪，容易创新低。

（4）通常金叉后将出现死叉，而死叉后将出现金叉。这样循环往复（见图 2-17）。

图 2-17

（5）考虑到该指标属于一种慢速指标，所以如果喜欢做短线投资者也可以参照 180 分钟或 240 分钟 MACD 指标。当然，注意其准确率肯定不如日线的 MACD 指标。

（6）该指标缺陷。MACD 指标存在一定的滞后性外，判断有些行情还是存在较大的事后性判断。

（7）其他相关的趋势指标，有 DMI 趋向指标和 TOWER 宝塔线。

4. PSY 心理线。

（1）心理线指标是研究投资者对股市涨跌产生心理波动的情绪指标。它对股市短期走势的研判具有一定的参考意义。

（2）一般常用参数是 12 日 PYS 心理线。

（3）具体应用：

PSY= 50，为多空分界点。由计算式可知，$0 \leq PSY \leq 100$，而 PSY = 50，

则表示 N 日内有一半时间市势是上涨的，另一半是下跌的，是多空的分界点，将心理域划为上下两个分区。投资者通过观察心理线在上或下区域的动态，可对多空形势有个基本的判断。

第一种：一般 PSY 数值从 50 下方站上 50，则转为继续看涨信号，继续买入黄金为主；而从数值 50 上方跌破 50，则转为继续看跌信号，继续做空黄金为主。

第二种：PSY 数值 25—75 区间是心理预期正常理性变动范围，一般以观望为主。

第三种：PSY 数值 75 以上属超买区，操作上应该以做空黄金价格为主；PSY 数值 83 以上属于极度超买区，操作上应该以坚决做空黄金价格为主。PSY 值 25 以下属超卖区，操作上应该以买入黄金价格为主。 PSY 数值 17 以下属于极度超卖区，操作上应该以坚决买入黄金价格为主。

第四种：PSY 数值 90 以上或 10 以下，黄金价格见顶或见底的技术可信度极高。

上述四中情况描述可以通过图 2-18 进一步体会。

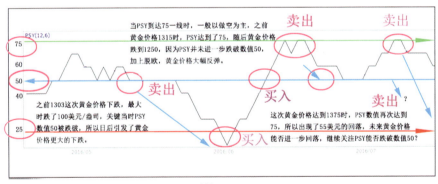

图 2-18

第二部分：基本面。

重点谈一下美联储货币政策对黄金价格影响。这也是本书的核心所在，影响黄金价格最终走势或中长期趋势的核心因素就是美联储货币政策。

1. 判断黄金价格趋势性变化的最核心依据，请牢记下面两段话：

美联储实行宽松货币政策，美元容易下跌，非美货币和大宗商品容易上升。操作上以买入贵金属（黄金、白银）、非美货币为主。

美联储实行紧缩货币政策，美元容易上升，非美货币和大宗商品容易下跌。操作上以做空贵金属（黄金、白银）、非美货币为主。

美联储货币政策的变化是影响贵金属价格，特别是黄金价格波动的最重要的因素之一。牢记华尔街的名言：美联储的话要听，美联储主席的话更要听。

2. 解释一下宽松货币政策和紧缩货币政策以及其具体表现。

紧缩性货币政策就是和扩张型货币政策相反，扩张性货币政策是通过增加货币供应量达到扩张经济的作用，是货币政策运用的一种。

一般情况下，油价走高，美国相关通胀数据回升，比如薪资、个人核心PEC、消费者物价指数等上升，这些都可能会引发美联储采取紧缩货币政策。

在当下，美联储处在耶伦的时代，美联储是否加息将取决于非农就业报告，特别是非农就业人数增长和薪资增长。

紧缩政策具体表现为：停止 / 退出宽松货币政策 ➝ 缩减购买债券 ➝ 收紧银根 ➝ 加息。

需要注意的是，停止或退出宽松货币政策是紧缩政策的起始，而加息是紧缩货币政策最为明显的标志。

宽松货币政策总的来说是增加市场货币供应量，比如直接发行货币，在公开市场上买债券，降低准备金率和贷款利率等，货币量多了需要贷款的企业和个人就更容易贷到款，一般能使经济更快发展，是促进繁荣或者是抵抗衰退的措施，比如中央放出的大量信贷就是宽松货币政策的表现。

宽松政策具体表现为：降息 ➝ 刺激方案 ➝ 购买债券 ➝ 资产购买计划 ➝ 投放货币，QE 等。

需要注意的是，降息是宽松政策的起始，而投放货币或 QE 是宽松货币政策最为明显的标志。

3. 重点关注美联储五个方面内容。

（1）每年八次美联储会后声明。

（2）每年八次美联储会后声明的会议纪要。

（3）美联储主席耶伦（包括其每年在国会上下半年两次讲话），副主席费希尔（第2号人物）和纽约联储主席杜德利（第3号人物）的讲话。

（4）美联储成员中，有投票权成员讲话力度要高于没有投票权成员讲话力度。

（5）影响美联储货币政策变化的重要经济数据：

一是每个月第一个星期五北京时间晚上21时30分或20时30分公布的非农就业人数、失业率和薪资增长；

二是美国通胀数据，即每个月中旬公布的PPI、CPI、核心PCE消费支出指数。

举例：2017年美联储（FOMC）议息会议日程安排（见表2-3）。

表 2-3

次数	召开会议日期北京时间	公布会议纪要日期北京时间
1	2017年2月2日（周四）凌晨3时	2017年2月23日（周四）凌晨3时
2	2017年3月16日（周四）凌晨2时、凌晨2时30分，耶伦讲话	2017年4月6日（周四）凌晨2时
3	2017年5月4日（周四）凌晨2时	2017年5月25日（周四）凌晨2时
4	2017年6月15日（周四）凌晨2时、凌晨2时30分，耶伦讲话	2017年7月6日（周四）凌晨2时
5	2017年7月27日（周四）凌晨2时	2017年8月17日（周四）凌晨2时
6	2017年9月21日（周四）凌晨2时、凌晨2时30分，耶伦讲话	2017年10月12日（周四）凌晨2时
7	2017年11月2日（周四）凌晨2时	2017年11月23日（周四）凌晨3时
8	2017年12月14日（周四）凌晨3时、凌晨3时30分，耶伦讲话	2018年1月4日（周四）凌晨3时

注：当前美联储拥有投票权：10位；主席+副主席+3个理事+纽约联储主席+4个地方联储主席（每年更换一次）。

举例：2017年美联储有投票权和非投票权委员具体分布（见表2-4和图2-19）。

表2-4

名　　字	职　　务	货币政策态度	2017年是否有投票权
耶伦（女）	美联储主席（1号人物）	鸽派	有
费希尔	美联储副主席（2号人物）	鸽派	有
塔鲁洛	美联储理事	鸽派	有（2017年4月5日周三离职）暂时空缺
布雷纳德（女）	美联储理事（耶伦的闺蜜）	鸽派	有
鲍威尔	美联储理事	中间派	有
杜德利	纽约联储主席（3号人物）	鸽派	有
卡什卡利	明尼阿波利斯联储主席	鸽派（强硬）	有
卡普兰	达拉斯联储主席	鹰派	有
哈　克	费城联储主席	鹰派	有
埃文斯	芝加哥联储主席	鹰派	有
罗森格伦	波士顿联储主席	鹰派	无
梅斯特（女）	克利夫兰联储主席	鹰派	无
布拉德	圣路易斯联储主席	鸽派	无
乔治（女）	堪萨斯联储主席	鹰派（强硬）	无
拉斐尔	亚特兰大联储主席	鸽派	无
穆里尼克斯（代理）	里奇蒙德联储主席	鹰派	无
威廉姆斯	旧金山联储主席（接替耶伦出任旧金山联储主席）	鹰派	无

4. 根据美联储态度进行交易具体细节方面。

法则一：只要提到宽松就买入黄金；只要提到紧缩就卖出黄金。

法则二：如果先提到宽松，买入黄金被套牢，则耐心等待，应该未来还是有一次修正机会，即上升；如果先提到紧缩，做空黄金被套牢，则耐心等待，应该未来还是有一次修正机会，即下跌。

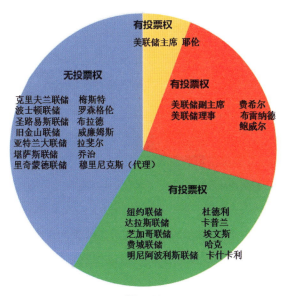

图 2-19

注：图中投票权和非投票权以 2017 年为主。

法则三：只要美联储提到的，都应该有机会。所以，符合有时做多、做空都是对的，就看投资者如何选择了。

注意：尽管美联储模棱两可多空都可以做，但是若真如此还是尽量以观望为主。

第三部分：资金面。

1. 近几年来全球黄金最大的 ETF 增减持的变化对未来黄金价格走势有重要的影响。如果全球黄金最大的 ETF 增持，则有利于黄金价格。如果全球黄金最大的 ETF 减持，则不利于黄金价格。全球黄金最大的 ETF 单日出现增持或减持数量达到 10 吨后，黄金价格往往会出现阶段性高点或低点。当然，后续文中还会对 ETF 等资金面背离现象以及相关黄金价格走势判断做进一步描述。

2. 美国商品期货交易委员会（CFTC）报告。美国商品期货交易委员会是美国的金融监管机构之一。CFTC 是美国政府的一个独立机构，负责监管商品期货期权和金融期货期权市场。CFTC 的任务在于保护市场参与者和公众不受与商品和金融期货期权有关的诈骗、市场操纵和不正当经营等活动的侵害，保障期货和期权市场的开放性、竞争性的和财务上的可靠性。

CFTC 报告中仓位分为：

非商业头寸。一般认为非商业头寸是基金持仓。在当今国际商品期货市场上，基金可以说是推动行情的主力，对于黄金也不例外。除了资金规模巨大以外，基金对市场趋势的把握能力极强，善于利用各种题材进行炒作，并且它们的操作手法十分凶狠果断，往往能够明显加剧市场的波动幅度，这部分资金称为"傻钱"，对短线黄金价格影响较大。

商业头寸。一般认为商业头寸与金矿、现货商有关，有套期保值倾向，这部分钱称为"聪明钱"，当商业头寸在不断逢低买入或逢高卖出时，市场未来总体方向会朝它们的方向运行。这部分资金动态影响偏向于中长期趋势。

所以，相对来说，影响黄金价格短线波动因素更倾向于关注非商业头寸的仓位变化。

正常情况下，如果美国商品期货交易委员会（CFTC）报告显示：当周黄金持仓净仓位为正值，则下周倾向于看涨黄金价格；如果美国商品期货交易委员会（CFTC）报告显示：当周黄金持仓净仓位为负值，则下周倾向于看跌黄金价格。

特殊情况下，如果美国商品期货交易委员会（CFTC）数据显示：对冲基金和基金经理首次减持了 COMEX 黄金等商品期货及期权、货币净多头头寸，则意味着短线黄金等商品、货币下跌可能性增加，一般操作上，以卖出黄金等贵金属商品、货币为主。如果美国商品期货交易委员会（CFTC）数据显示：一般期货多头头寸云集，会产生对冲，未来伴随黄金等商品、货币下跌的可能性增加，一般操作上，以卖出黄金等贵金属商品、货币为主。

反之，如果美国商品期货交易委员会（CFTC）数据显示：对冲基金和基金经理首次增持了 COMEX 黄金等商品期货及期权、货币净多头头寸，则意味着短线黄金等商品、货币上升可能性增加，一般操作上，以买入黄金等贵金属商品、货币为主。如果美国商品期货交易委员会（CFTC）数据显示：一般期货空头头寸云集，会产生对冲，未来伴随黄金等商品、货币上升的可能性增加，一般操作上，以买入黄金等贵金属商品、货币为主。

上述期货或期权的买卖交易也是属于美国商品期货交易委员会（CFTC）报告中重要内容。这对短线黄金价格波动也有重要影响，值得关注。

黄金价格能守住 1300 整数关吗?

（2016 年 7 月 18 日至 22 日评论）

从现在盘面情况看，2016 年 7 月 10 日《坚决看空黄金价格》一文应该基本得到了市场的证实。国际现货黄金价格从两周前的最高点 1374.90，在本周（即 2016 年 7 月 18 日—2016 年 7 月 22 日）盘中最低跌至 1310.74（见图 3-1）。这期间黄金价格最大下跌了 64.16 美元 / 盎司，最大跌幅为 4.89%。

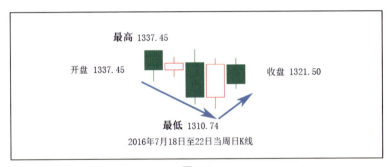

图 3-1

笔者先简要回顾一下两周以来国际现货黄金价格下跌 64.16 美元 / 盎司的原因。

第一，避险情绪降温。最近，英国脱欧所带来的避险情绪明显降温。这主要表现为：作为当时具有很强避险功能的日元，本周跌幅已经把脱欧时的涨幅全部抵消；英国新首相出任；英国央行暂时不降息也稳定了英国资本市场。

第二，预计美联储加息情绪再度回升。因 2016 年 7 月 8 日（周五）美国公布的非农数据极为靓丽，随之美国公布众多经济数据也表现的特别出色，主要体现在：房屋方面、制造业方面、零售销售、当周申请失业金人数等。

第三，从资金面看，全球黄金最大的 ETF 和美国商品期货交易委员会（CFTC）的 CFTC 数据都显示有资金在减持黄金。

第四，每年 7—8 月份是海外度假的高峰期。在这段时间内，外汇、黄金、大宗商品的交易员一般都会以平仓获利头寸为主（注意：如果之前行情是下跌的，交易员做空为主，那么交易员会把获利的空头头寸平掉）。

第五，多种技术分析均显示黄金价格有下跌的需要。在笔者之前的文章中已经明确表示过了。比如，在高位出现吊颈线、平顶，周线级别的墓碑线；黄金价格 MACD 指标日线图出现死叉，黄金价格 PSY 心理线达到 75 数值高位区，等等（见图 3-2）。

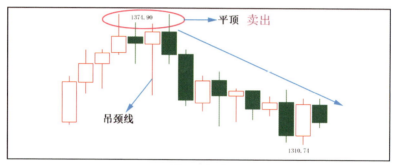

图 3-2（a）

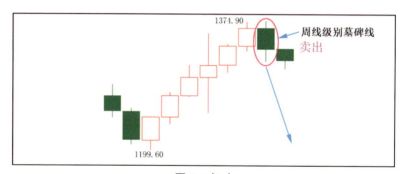

图 3-2（b）

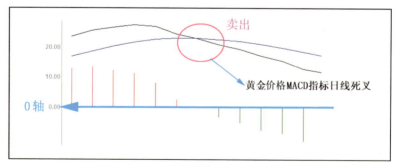

图 3-2（c）

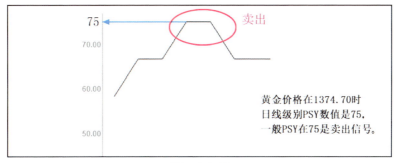

图 3-2（d）

当黄金价格已经下跌了64.16美元/盎司之后，市场对未来黄金走势看多、看空分歧进一步加大。有的认为，未来黄金价格还需要继续下跌，应该要跌破1300整数关或更低水平；而有的则认为，本周黄金盘中最低点1310.74就是这次黄金价格高位回落的最低点，未来黄金应该重新上升，目标看向1400或1500。

对于近期黄金价格走势，笔者观点更偏向于前者。即倾向于黄金有较大可能性会跌破1300整数关，其中有以下几个方面原因。

第一，美元强势预计还会延续。

大家发现，在英国脱欧当日美元指数、日元和黄金走势都非常强劲，都纷纷创出近期或2016年内新高，而当英国央行宣布暂时不降息，加上市场预期日本央行将实施更多宽松货币政策后，日元已经把脱欧时所有涨幅全部抵消掉了，在美元指数、日元、黄金这个铁三角中日元率先退出，从另一个侧面也反映出当前美元的强势（见图3-3）。

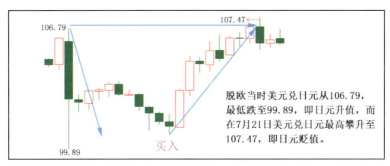

图 3-3

笔者发现，不管近期市场上有什么样的避险情绪出现，比如，来自地缘政治因素的避险土耳其、法国尼斯、德国慕尼黑的突发事件等，还是英国脱欧众多评级公司下调英国评级的经济避险，黄金价格都无法再创出新高，相反的是本周黄金价格是逐步走低。这也表明在近期黄金和美元之间的 PK 中，黄金已经明显处在下风了。在 2016 年 7 月 22 日（周五），美元指数更是最高攀升至 97.55 点，创出了 2016 年 3 月 10 日（周四）以来最高。

目前市场上有些专家认为，在当前对全球经济较为担忧的氛围下，避险因素会导致美元和黄金走势变为同步，可能会同涨，笔者对此不敢苟同。俗话说得好："一山难容二虎。"这个道理大家应该能够懂得，所以笔者认为当前市场王者应该属于美元。另外，笔者认为，美元和黄金同涨或同跌的走势在特定的金融经济环境中才会出现，并非常态化。而美元和黄金最终仍会回归到"跷跷板式"的常态化。因此，美元一旦真正意义上走强，黄金跌势是迟早会出现的。

第二，未来美联储加息的预期在不断升温。

2016 年 7 月 22 日（周五）美国劳工部表示：2016 年 6 月美国 18 个州的非农就业人数增加，2016 年 6 月美国大部分州的失业率持稳。这让市场联想到 2016 年 8 月美国公布非农就业报告应该也是相当不错的。非农就业报告一向是美联储是否兑现加息的重点参照经济数据。

而 2016 年 7 月以来，大部分美国公布的重量级经济数据都十分出色，美联储货币政策决策者也不能视而不见吧！

目前市场把关注美联储的焦点集中在 2016 年 7 月 28 日（周四）北京时间凌晨 2 时，美联储 2016 年第五次会议上。尽管目前市场预期美联储很难在 2016 年 7 月会议上兑现加息，但市场对美联储 2016 年内加息的预期在急剧升温。

2016 年 7 月 22 日（周五）CME 美联储观察表示：美国联邦基金利率期货显示交易员预期美联储 2016 年 12 月加息概率为 62%，在 2016 年 7 月 21 日（周四）预计加息概率为 59%。

笔者认为，美联储兑现加息对黄金价格来说是最为致命的打击。过去几年，黄金价格从 1900 高位跌下来，就是因为美联储货币政策从宽松变为退出宽松而进一步实施紧缩所导致的。而当前笔者始终认为美联储此次加息周期尚未结束。

笔者在《坚决看空黄金价格后续评论》一文中已经明确表态：在美联储加息周期没有完全结束的前提下，去谈黄金的牛市显得有些"海市蜃楼"了。

第三，在资金面上仍显示抛售黄金偏多的迹象。笔者发现，从7月美国公布28.7万人这份靓丽的非农报告后，全球黄金最大的ETF一改2016年年初以来总体增持黄金的做法，其间其减持黄金数量超过了其增持黄金的数量。有关数据显示：全球黄金最大的ETF在最近4次增减持中，净减持黄金18.12吨（见表3-1）。

表 3-1

日　　期	增减变化（吨）	目前持有量（吨）
07.12	−16.04	965.22
07.14	−2.37	962.85
07.18	+2.37	965.22
07.21	−2.08	963.14

另外，2016年7月22日（周五）美国商品期货交易委员会（CFTC）数据显示：投机资金已连续2个月减持黄金多头头寸。

第四，从技术方面分析。

1.近期黄金价格多根日K线组合形成了"下跌不止形"特征。

"下跌不止形"是指在下跌过程中，众多阴线中夹着较少的小阳线，价格一路下跌。这预示着价格可能还会继续下跌，这是一个做空的信号（见图3-4）。

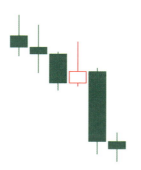

2016年3月17日至24日黄金日K线走势图

图 3-4

图 3-5 为近两周黄金价格 K 线图，可以和教科书上的"下跌不止形"形态做比较。

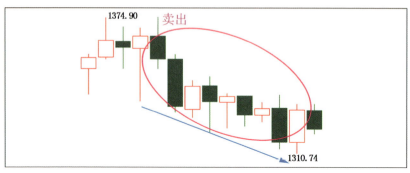

图 3-5

2. 黄金价格日线级别的 12 日 PSY 心理线，在本周盘中已跌破 50 数值。这一现象意味着未来黄金价格还是有继续下行的可能性（见图 3-6）。

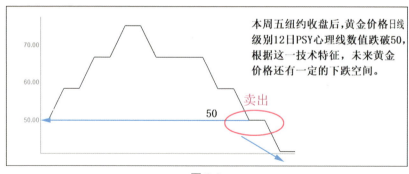

图 3-6

当然，在下周（即 2016 年 7 月 25 日—2016 年 7 月 29 日）或未来黄金价格要真正有效跌破 1300 整数关，还需要以下几个方面配合，否则黄金价格会在 1300 整数关附近获得较大的支持。

第一，不管 2016 年 7 月 28 日（周四）北京时间凌晨 2 时，美联储会议怎样，但需要美联储坚持 2016 年内加息的态度，否则未来黄金价格很难跌破 1300 整数关。

第二，全球黄金最大的 ETF 至少在未来一段时间内保持减持黄金的数量大于增持的数量；美国商品期货交易委员会（CFTC）显示稳步减持黄金，而不是一蹴而就地出现空头云集的现象。因为一旦当空头云集的时候也就是发生转折的时候，黄金价格将止跌回升。

第三，从技术上看，笔者希望有更多看空技术特点、现象出现。

1. 笔者从本周黄金日 K 线图上发现，周末这根阴线实体偏小。下周（即 2016 年 7 月 25 日—2016 年 7 月 29 日）如果能继续扩大跌幅或跌破本周黄金价格最低点 1310.74，这一不足可以被弥补；反之，如果下周不能继续开出更多的阴线跌破 1310.74，则可能会导致黄金价格再次出现反弹（见图 3-7）。

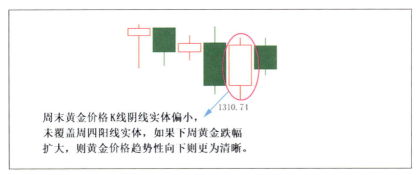

图 3-7

2. 黄金价格 MACD 指标日线图两条线能否跌破 0 轴。

笔者认为，如果黄金价格 MACD 指标日线图两条线跌破 0 轴，那么未来黄金价格肯定会跌破 1300 整数关；反之，未来黄金价格 MACD 指标日线图两条线无法有效跌破 0 轴，反而在 0 轴之上出现金叉，则未来黄金价格挑战 1400 整数关的可能性大增（见图 3-8）。

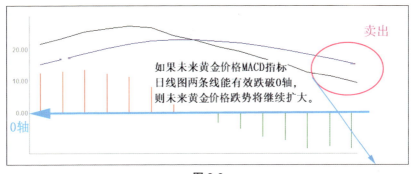

图 3-8

3. 重点关注未来黄金价格 MACD 指标周线级别能否形成高位死叉。

笔者认为，如果未来黄金价格 MACD 指标周线级别出现高位死叉，则未来黄金跌势更为明确，未来黄金价格下跌幅度远远不限于跌破 1300 整数关（见图 3-9）。

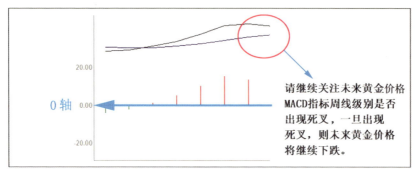

请继续关注未来黄金价格 MACD 指标周线级别是否出现死叉，一旦出现死叉，则未来黄金价格将继续下跌。

图 3-9

综上所述，只要美联储 2016 年内加息，只要全球黄金最大的 ETF 持续减持，只要黄金价格 MACD 指标日线级别两条线跌破 0 轴，只要黄金价格 MACD 指标周线级别出现死叉，那么黄金价格跌破 1300 整数关或跌至更低的价格是完全可以期待的。

再加一句话："谋事在人，成事在天！"

笔者于 2016 年 7 月 23 日（周六）晚间

1300 重要防线能守住吗？守城的都出汗，有点累啊！

本篇文章中需要我们在黄金投资方面掌握的交易知识点和相关技巧内容主要在于技术面："下跌不止形"和"稳步上升形"。

　　"下跌不止形"是指在下跌过程中，众多阴线中夹着较少的小阳线，价格一路下跌。这预示着价格可能还会继续下跌，这是一个做空的信号（见图3-10）。

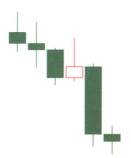

2016年3月17日至24日黄金日K线走势图
图 3-10

　　"稳步上涨形"是指在上涨过程中，众多阳线中夹着较少的小阴线，价格一路上扬。这预示着价格可能还会继续上升，这是一个做多的信号（见图3-11）。

2015年10月2日至14日黄金日K线走势图
图 3-11

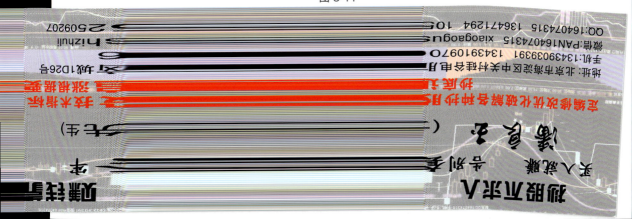

黄金价格 1300 关口获支持且上升后未来会怎样呢？

（2016 年 7 月 25 日至 29 日评论）

从本周（即 2016 年 7 月 25 日—2016 年 7 月 29 日）黄金走势看，1300 整数关获得了支持。而笔者在《黄金价格能守住 1300 整数关吗？》一文中提到了金价失守 1300 的观点没有获得实现。

那么黄金价格因何原因固守 1300 整数关并于 2016 年 7 月 29 日（周五）盘中创出 2016 年 7 月 12 日（周二）以来新高 1355.10 呢（见图 4-1）？

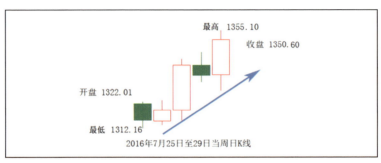

图 4-1

笔者认为原因有以下几个方面的原因。

第一，从技术上看，2016 年 7 月 25 日（周一）黄金价格日 K 线中显示黄金价格最低为 1312.16，并没有跌破之前最低点 1310.74。笔者在《黄金价格能守住 1300 整数关吗？》一文中曾经描述过：如果下周不能继续开出更多的阴线扩大跌幅跌破 1310.74，则可能会导致黄金价格再次出现反弹。所以，关键问题在于，2016 年 7 月 25 日（周一）黄金价格日 K 线中的阴线实体依然太小，且没有跌穿最低点 1310.74，让多头找到了反扑的机会（见图 4-2）。

第二，2016 年 7 月 28 日（周四）北京时间凌晨 2 时，美联储 2016 年第五次会议声明中对未来美联储加息没有太多的明示，令黄金多头获得极大的信心。

笔者之前多次表示过，美联储的态度对未来黄金价格走势有至关重要的影

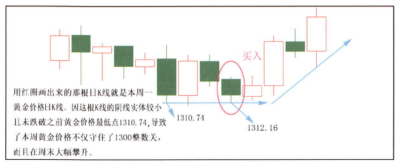

图 4-2

响，而本周美联储对未来加息不作声，确实给黄金带来短期重大利好。

而此次美联储会后声明中几个要点也成为市场重新做多黄金的主要动力。其分别是：美联储此次按兵不动；美联储并未对未来加息举动有任何提及；美联储表示近期通胀未达标。另外，这与市场预期美联储 2016 年 9 月加息概率上升出现了极大的反差。

第三，2016 年 7 月 29 日（周五）两件事情再次把黄金价格推高至 1350 之上。

第一件事情是在 2016 年 7 月 29 日（周五）北京时间中午日本央行宣布维持利率在 -0.1% 不变，同时继续以每年 80 万亿日元的速度扩大基础货币。这个决定与市场预期日本央行会额外采取更多宽松货币政策完全不一样。这样导致了日元大幅回升，美元兑日元下跌。近日发现：日元走势与黄金之间存在一定关联，即日元升值、美元兑日元下跌，而黄金价格容易上涨（见图 4-3）。

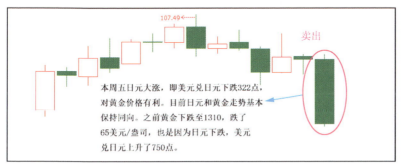

图 4-3

第二件事情是 2016 年 7 月 29 日（周五）北京时间晚间美国公布的 2016 年第二季度实际 GDP 年化季率初值 1.2%，虽然好于前值季率增长 1.1%，但不如

预期季率增长 2.6%。该数据疲软令市场对 2016 年内美联储加息预期再次降温。这也令美元指数在 2016 年 7 月 29 日（周五）盘中最低跌至 95.39 点，为 2016 年 7 月 5 日（周二）以来最低（见图 4-4）。

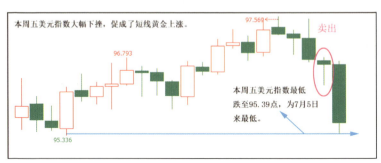

图 4-4

那么未来一阶段黄金价格将如何波动，是继续上升再创新高还是再次冲高回落呢？下面笔者分别从个人主观角度和客观角度分析判断黄金下一阶段的走势。

首先，从笔者个人观点角度来分析。笔者目前还是倾向于在下周（即 2016 年 8 月 1 日—8 月 5 日）黄金价格有 10—20 美元 / 盎司上涨后冲高回落的可能性。其主要有以下几个方面的原因。

1. 2016 年 7 月 28 日（周四）北京时间凌晨 2 时，美联储 2016 年第五次会议会后声明中有一些偏多于美元，偏空于黄金方面的话语，当前被市场所忽略。比如，美联储会后声明中对未来美国经济前景还是持乐观情绪，有票委支持加息，美国利率期货市场仍预期美联储 2016 年 9 月有加息概率。当前市场对美联储偏空黄金的言论视而不见，一旦日后当市场对美联储加息预期回升之时，那时黄金价格就不好说了。

同时，在 2016 年 7 月 29 日（周五）美国公布 GDP 数据不如预期后，部分美联储官员对未来加息仍持积极态度，比如，2016 年 7 月 29 日（周五）美联储官员威廉姆斯表示：即使美国第二季经济只增长 1.2% 并不理想，但美国经济仍有足够能力承受联邦储备局 2016 年作出两次加息的决定。美联储官员卡普兰表示：淡化意外疲弱的第二季 GDP 数据，不应对 GDP 数据反应过度，数据会被修正的。而 2016 年 7 月 29 日（周五）高盛则表示：将美国第二季度 GDP 预期从 2.0% 上调至 2.3%。

2. 从本周市场资金流向看，并不是十分支持黄金价格上升，相反有拉高黄金价格、减持黄金头寸之嫌疑。这主要体现在全球黄金最大的 ETF 和美国商品期货交易委员会（CFTC）的变化。全球黄金最大 ETF 方面，还是以减持黄金为主（见表 4-1）。

表 4-1

日　期	增减变化（吨）	目前持有量（吨）
07.21	-2.08	963.14
07.25	-4.45	958.69
07.26	-4.46	954.23

同时，2016 年 7 月 30 日（周六）北京时间凌晨，美国商品期货交易委员会（CFTC）公布的周度报告显示黄金多头头寸连续三周遭到减持，净多仓至少降至一个月以来最低水平。

所以，目前市场主流资金仍在高位减持黄金，并没有发现增持黄金方面的数据和消息。

3. 根据著名波浪理论，如果从 1375 到 1310 算 A 浪下跌话，那么从 1310 到 2016 年 7 月 29 日（周五）最高 1355 或再次出现不高于 1374.90 的高点都算是 B 浪反弹。B 浪反弹后，未来还有出现 C 浪下跌可能性。一般正常情况下，C 浪下跌幅度要明显大于 A 浪，一般 C 浪下跌的度量是 A 浪 1—2 倍，可能会出现 100—150 美元 / 盎司的下跌。也就是说，黄金价格无法有效突破之前最高点 1374.90 后，出现 C 浪下跌的话，那么未来黄金价格下跌目标区间在 1200—1250 一线（见图 4-5）。

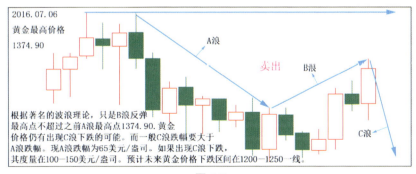

图 4-5

其次，从客观角度来分析。

1. 我们将近期黄金日 K 线图与 2014 年 7 月 10 日（周四）至 8 月黄金日 K 线图做一些比较。

2014 年 7 月 10 日（周四）黄金价格出现阶段性高点 1345 后，黄金价格一度在 2014 年 7 月 18 日（周五）最高反弹至 1324.40，2014 年 8 月 8 日（周五）最高反弹至 1322.60。但是因 2014 年 8 月 8 日（周五）反弹最高点无法突破 1324.40，黄金价格重新下跌，且跌破了之前最低点后，出现了一波较大级别的下跌（见图 4-6）。

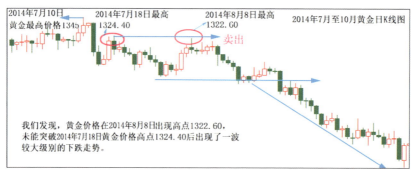

图 4-6

所以，这次黄金价格在 2016 年 7 月 6 日（周三）创出 1374.90 新高后下跌，黄金价格一度在 2016 年 7 月 12 日（周二）最高反弹至 1357.60，在 2016 年 7 月 29 日（周五）反弹至 1355.10（见图 4-7）。

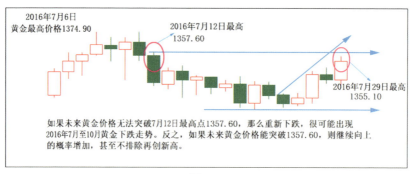

图 4-7

笔者认为，如果下周（即 2016 年 8 月 1 日—2016 年 8 月 5 日这一周）黄金价格无法突破 1357.60，相反，再跌破 1310.74，则很可能重演 2014 年 7—10 月下跌行情；反之，下周（即 2016 年 8 月 1 日—2016 年 8 月 5 日这一周）黄金价格突破 1357.60，则未来黄金价格继续上升，甚至再创新高的可能性将大大提升。

2. 从黄金价格 MACD 指标日线图来客观的分析判断。如果下周（即 2016 年 8 月 1 日—2016 年 8 月 5 日）黄金价格 MACD 指标日线图上出现 0 轴之上金叉，则未来黄金价格继续上升，甚至再创新高可能性大大提升。反之，如果未来黄金价格 MACD 指标日线图上的两条线在 0 轴之上不能形成金叉，或者两条线跌破 0 轴，则未来黄金价格会继续下行，甚至跌破 1300 整数关（见图 4-8）。

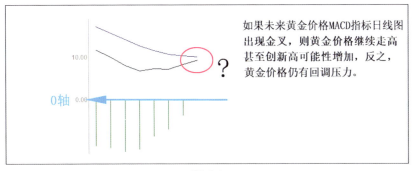

图 4-8

3. 对于未来影响黄金价格波动主要资金流向，即全球黄金最大的 ETF 和美国商品期货交易委员会（CFTC）显示增减持都会对未来黄金价格波动有较大的影响。

2016 年 7 月 26 日（周二）以来，全球黄金最大的 ETF 始终按兵不动，所以下个动作是增持黄金还是减持黄金对未来黄金走势尤为关键。如果全球黄金最大的 ETF 下个动作是增持黄金，那么黄金价格继续走高，甚至创出新高能力大大提升；反之，下个动作是减持黄金，那么黄金价格就容易出现冲高回落。

4. 就是下周（即 2016 年 8 月 1 日—2016 年 8 月 5 日）的重中之重即 2016 年 8 月 5 日（周五）北京时间晚间美国公布的非农就业报告。主要需要关注非农就业人数增长和每小时薪资增长。

上期美国非农就业报告极为靓丽，非农就业人数为 28.7 万人，目前市场预期 2016 年 8 月 5 日（周五）非农就业人数为 17.8 万人。笔者认为，如果下周（即 2016 年 8 月 1 日—2016 年 8 月 5 日）非农就业人数能达到接近 20 万或高于预期 17.8 万人，那么黄金价格下跌概率较大；反之，低于 17.8 万人，则黄金直接创出新高概率大。

上期美国公布的每小时薪资增长为月率上升 0.1%，而目前市场对 2016 年 8 月 5 日（周五）美国公布的每小时薪资增长预期为 0.2%。如果高于或与预期一样，则黄金下跌；反之，低于预期或上期，则黄金创出新高概率较大。

那么，未来一阶段黄金价格将如何波动呢？是继续上升，再创新高还是再次冲高回落呢？请看表 4-2。

表 4-2

判断依据	主要表现	能否继续上升或创新高
价格	突破 1357.60	✓
	不能突破 1357.60	✗
MACD 日线图	金叉	✓
	不能金叉	✗
ETF	增持	✓
	减持	✗
非农	≤ 17.8 万人	✓
	> 17.8 万人，或 20 万人或更多	✗
薪资	< 0.2	✓
	≥ 0.2	✗

上述四大点五个方面，如果有三个或三个以上条件符合，则黄金价格继续上升，甚至有极大可能性创出新高；反之，如果有三个或三个以上条件不符合，则黄金价格冲高回落可能性大。

笔者于 2016 年 7 月 30 日（周六）晚间

黄金价格1300整数关暂时获得支持，未来路在何方？就像西天取经之路一样艰难啊！

本篇文章中需要我们在黄金投资方面掌握的交易知识点和相关技巧内容主要在于经济基本面：对黄金价格走势有影响的美国主要经济数据（见表4-3）。

表4-3

类别	具体数据	公布日期	公布时间（北京时间）	公布部门	数据星级
就业方面	非农就业人数	每个月第一个星期五	20时30分	劳工部	5
	失业率	每个月第一个星期五	20时30分	劳工部	4
	ADP就业数据 小非农，私营就业	每个月非农就业人数公布前两个交易日	20时15分	非官方调查	4
	就业市场指数 LMCI	非农就业人数公布后次周星期一	22时	美联储	3
	当周申请失业金人数	每周四一次	20时30分	劳工部	3
	JOLTS职位空缺数	每个月中旬	22时	劳工部	2
	挑战者企业裁员人数	每个月第一个周四	19时30分	美国就业咨询公司	2

类别	具体数据	公布日期	公布时间（北京时间）	公布部门	数据星级
通胀方面	薪资增长	每个月第一个星期五	20时30分	劳工部	5
	个人核心PCE消费支出物价指数	每个月中旬	20时30分	商务部	4
	消费者物价指数CPI	每个月中旬	20时30分	劳工部	5
	生产者物价指数PPI	每个月中旬	20时30分	劳工部	3
消费方面	零售销售	每个月中旬	20时30分	商务部	4
	密歇根大学消费者信心指数	每个月上旬公布一次 每个月下旬公布一次	22时 22时	密歇根大学	3
	批发库存	每个月上旬	22时	商务部	2
	商业库存	每个月中旬	22时	商务部	2
	消费者信心指数	每个月最后一个星期二	22时	谘商会	4
贸易方面	贸易数据	每个月上旬	20时30分	商务部	3
工业方面	采购经理人指数	初值每个月下旬 修正值次月第一个交易日	21时45分 22时	ISM	3
	非采购经理人指数	初值每个月下旬 修正值次月第三个交易日	21时45分 22时	ISM	3
	工厂订单	每个月第一周	22时	商务部	3
	工业产出	每个月中旬	21时15分	美联储	3
	耐用品订单	每个月第一周公布终值 每个月下旬公布初值	22时 20时30分	商务部	3
	芝加哥采购经理人指数	每个月底	22时	ISM	4

类别	具体数据	公布日期	公布时间（北京时间）	公布部门	数据星级
房屋方面	营建支出	每个月第一个交易日	22时	商务部	2
	营建许可	每个月中旬	20时30分	商务部	2
	新屋开工	每个月中旬	20时30分	商务部	3
	成屋销售	每个月下旬	22时	地产经纪商协会	3
	新屋销售	每个月下旬	22时	商务部	3
综合方面	经济领先指标	每个月中旬	22时	谘商会	3
	中国持有美国债券	每个月中旬	凌晨4时	财政部	3
	国内生产总值（GDP）	每季度公布三次，分别在这季度每个月底公布一次，分别是初值、修正值、最终值	20时30分	商务部	5

说明：（1）如果美国采用冬令时，公布数据时间在原有基础上后移1小时。

比如，美国公布的非农就业人数是北京时间晚上20时30分，到了美国采用冬令时，该数据公布的时间为北京时间晚上21时30分，其他数据依此类推。

（2）美国冬令时从每年11月第二周开始至次年3月第一个周结束。

（3）上述表格中用红色标注的美国经济数据对黄金价格走势影响较大；用绿色标注的美国经济数据对黄金价格走势影响其次；用黑色颜色标注的美国经济数据对黄金价格走势影响一般。

非农出色、加息在即，黄金价格难逃一劫
（2016年8月1日至5日评论）

2016年8月5日（周五）美国公布的非农就业报告极为出色，国际黄金价格随之应声而落，从盘中的最高点1364.80，最低跌至1334.80，当日黄金价格最大跌幅达到30美元/盎司（见图5-1）。

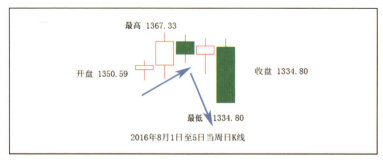

图 5-1

记得在《黄金价格1300关口获支持且上升后未来会怎样呢?》一文中笔者明确表示：表格中所提及的判断依据有三个或者三个以上条件符合，则黄金价格继续上升，甚至有极大可能性创出新高；反之，如果有三个或者三个以上不符合，则黄金回落可能性较大。在此回顾一下这五个方面在本周（即2016年8月1日—2016年8月5日）的表现（见表5-1）。

表 5-1

判断依据	主要表现	能否继续上升或创新高
价格	突破1357.60	✓
MACD日线图	金叉	✓
ETF	增持	✓
非农	>17.8万人，或20万人或更多	✕
薪资	≥0.2	✕

在上述五个方面中，确实出现了大于三个"√"；本周黄金价格也获得了一定的上涨，盘中最高一度上升至 1367.33，这与 2016 年 7 月 6 日（周三）黄金创出两年以来的最高价格 1374.90 仅差 7.57 美元／盎司。所以，通过《黄金价格 1300 关口获支持且上升后未来会怎样呢?》一文中提到的这个表格来判断黄金价格走势还是有一定的参考作用。

那么，在符合三个条件的情况下，为什么黄金价格虽上升但未进一步上涨未创出 1374.90 后的新高。笔者认为，有以下两个方面的原因。

第一方面，笔者一直认为美联储的货币政策是真正影响黄金价格走势波动的第一要素，而非农就业报告（其中非农就业人数增长和薪资）一向是美联储采取何种货币政策的主要依据和参照。所以，在 2016 年 8 月 5 日（周五）美国公布极为靓丽的非农就业报告后，市场对未来美联储加息的预期急剧升温。比如，"美联储通讯社"Hilsenrath 表示：如果美国劳工部公布的 2016 年 7 月非农就业数据超过 20 万人，那么美联储将有可能在 2016 年 9 月的货币政策会议上加息；最新的联邦利率期货合约显示，美联储 2016 年 9 月加息概率从 18% 上升至 24%，2016 年 12 月为 46.3%，2017 年 3 月为 51.7%。通常情况下，美联储一旦确定加息或兑现加息，黄金价格将面临较大的下跌。2015 年 12 月，美联储实施第一次加息，而在之前后黄金价格从 1190 最低跌至 1046，跌幅达到 150 美元／盎司。

第二方面，政治因素可能会超越资金面、基本面和技术面对黄金价格走势产生影响。美国在 2016 年 11 月将选举出新一届总统。目前两位总统候选人希拉里和特朗普支持率相差也不是很悬殊。之前，特朗普曾多次表示过，一旦其当选美国总统的话，第一件事情就是要换美联储主席。所以在这样的情况下，美联储只有用当下更多出色的经济数据来证明奥巴马执政的民主党和未来同样来自民主党的希拉里是能搞好美国经济的，从而达到让更多选民支持民主党。最近几次非农就业报告就包含了这些政治色彩。如果美联储借助出色的经济数据，特别是非农报告来给未来美联储加息铺垫，而进一步向美国民众证明当前美国经济良好的一面，在美国大选上支持希拉里当选，于公于私对耶伦来说加息可能是一个不错的选项。

所以，就上述笔者的分析，再次坚定看空未来黄金价格的走势。特别是在美联储有加息预期和兑现加息前后。

同时，在技术层面分析，黄金价格仍有继续走低的可能。

第一，黄金价格 MACD 指标日线图。我们发现，在 2016 年 8 月 5 日（周五）收盘后黄金价格 MACD 指标日线图再次出现死叉。一般情况下，MACD 指标出现死叉，则黄金价格容易下跌（见图 5-2）。

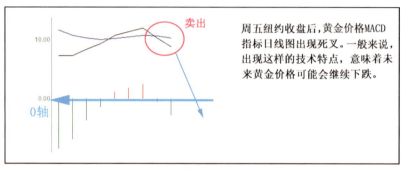

图 5-2

第二，笔者认为，2016 年 8 月 5 日（周五）这根黄金价格日 K 线的大阴线有可能寓意着在 2016 年的剩余时间里黄金价格开启下跌模式。

大阴线：由一根 K 线组成，阴线实体较大，一般对黄金价格而言在 20—30 美元 / 盎司左右，未来趋势总体向下。

大阴线有四种情况（见图 5-3）：

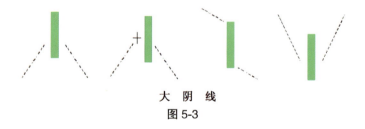

大 阴 线
图 5-3

（1）在价格上升了一段以后出现了大阴线，则未来价格就容易下跌。

（2）在高位出现十字星（不分阴阳、不分高低）后再出现大阴线，这证明价格下跌才刚刚开始。

（3）下跌途中出现大阴线，表明价格还有一定的下跌空间。

（4）在价格连续大幅下跌后，出现大阴线，表明该价格可能会止跌回稳。

我们发现 2016 年 8 月 5 日（周五）黄金价格日 K 线这根大阴线实体为 26 美元 / 盎司，符合教科书上关于大阴线实体需要达到 20—30 美元 / 盎司的条件，而这根大阴线的左侧是一根阳十字星，则符合四种情况中的第二种，**即在高位出现十字星（不分阴阳）后再出现大阴线，这证明价格下跌才刚刚开始（见图 5-4）。**

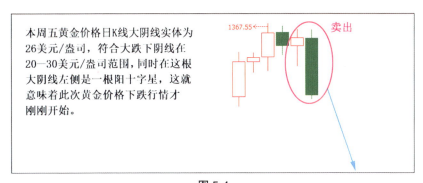

图 5-4

第三，我们可以参照过去非农就业报告不好后黄金价格上升，用反向的走势来预期这次非农出色后黄金价格下跌的目标区间。

我们先分析 2016 年 6 月 3 日（周五）公布的美国非农就业人数仅为 3.8 万人，黄金价格从最低点 1206.90，最高攀升至 1374.90，这期间黄金价格涨了 168 美元 / 盎司，假定这次非农出色黄金价格从 1364.80 下跌 168 美元 / 盎司的反向预判，则黄金价格未来下跌目标位在 1196.80（见图 5-5）。

图 5-5

我们再分析 2015 年 10 月 2 日（周五）公布的美国非农就业人数为 14.2 万人不如预期，黄金价格从最低点 1104.12，最高攀升至 1190.70，这期间黄金价格涨了 86.58 美元／盎司，假定这次非农出色黄金价格从 1364.80 下跌 86.58 美元／盎司的反向预判，则黄金价格未来下跌目标位在 1278.22（见图 5-6）。

图 5-6

通过上述两个价格预判，笔者认为，如果 2016 年内美联储加息一次，则倾向于未来黄金价格下跌目标位在 1278.22，而 2016 年内如果有两次加息的机会，则黄金价格有可能会跌至 1196.80 一线。

根据 2016 年 8 月 5 日（周五）公布的极为出色的非农就业报告，根据上述分析，从主观上还是倾向于看空未来黄金价格，且期待未来黄金价格下跌目标位在 1278.22 或 1196.80；但从客观方面看，未来仍会有对黄金价格下跌后形成支持的因素，或有一些不确定、不明朗的因素存在。其主要体现在以下几个方面。

第一，从资金面看，短期依然有因素支持黄金价格。比如，近期全球黄金最大的 ETF 又重新大幅增持。关注未来全球黄金最大的 ETF 持仓量能否超过之前最大持仓量 982.72 吨，一旦超过将会限制黄金的跌势或出现较大的反弹（见表 5-2）。

表 5-2

日 期	增减变化（吨）	目前持有量（吨）
07.05	+28.81	982.72
07.06	-0.28	982.44
07.07	-4.15	978.29
07.08	+2.97	981.26
07.12	-16.04	965.22
07.14	-2.37	962.85

日　期	增减变化（吨）	目前持有量（吨）
07.18	+2.37	965.22
07.21	−2.08	963.14
07.25	−4.45	958.69
07.26	−4.46	954.23
07.30	+3.86	958.09
08.0l	+5.94	964.03
08.02	+5.94	969.97
08.03	−0.32	969.65
08.04	+3.56	973.21
08.05	+7.13	980.34

注：关注未来 ETF 持有数量能否超过 7 月 5 日 982.72 吨，如果能超过，则对黄金有利，反之不能超过，则倾向于看跌黄金走势。

而本周末美国商品期货交易委员会（CFTC）数据显示：投机客四周以来首次增持黄金净多头头寸。这显然也对短线黄金价格有积极一面。

第二，未来需要关注重大事件和数据（如有变动以实时公布为准），其中标注五颗星尤为重要（见表 5-3）。

表 5-3

具体关注北京时间	关注内容	关注星级
2016 年 8 月 12 日（周五）20 时 30 分	美国公布零售销售	☆☆☆
2016 年 8 月 16 日（周二）04 时 00 分	美国公布中国最新持有美国债券	☆☆
2016 年 8 月 16 日（周二）20 时 30 分	美国公布的消费者物价指数	☆☆☆☆
2016 年 8 月 18 日（周四）02 时 00 分	美联储 2016 年第 5 次会议纪要	☆☆☆☆
2016 年 8 月 26 日（周五）20 时 30 分	美国 2016 年第二季度 GDP 修正值	☆☆☆☆
2016 年 8 月 26 日（周五）待定	美联储主席耶伦在杰克逊霍尔全球央行会议上讲话	☆☆☆☆☆
2016 年 8 月 30 日（周二）22 时 00 分	美国公布的消费者信心指数	☆☆☆
2016 年 9 月 2 日（周五）20 时 30 分	美国非农就业报告（非农人数和薪资）	☆☆☆☆☆
2016 年 9 月 22 日（周四）02 时 00 分02 时 30 分	美联储 2016 年第 6 次会议美联储主席耶伦讲话	☆☆☆☆☆

综上所述，我们从主观上还是倾向于因美联储有加息预期而看空黄金价格，但综合起来还是需要市场多方面配合，比如 ETF、CFTC、美国主要经济数据、技术特点等。从黄金价格上看，则需要真正意义上有效跌破 1300 整数关。

笔者于 2016 年 8 月 7 日（周日）凌晨

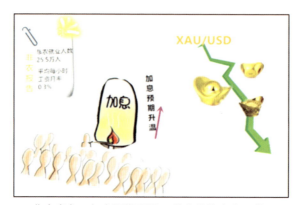

非农出色，加息预期重燃，黄金价格应声而落，
再次证实美联储货币政策对黄金价格走势有重要且核心影响

本篇文章中需要我们在黄金投资方面掌握的交易知识点和相关技巧内容主要在于技术面：大阴线和大阳线。

大阴线：由一根 K 线组成，阴线实体较大，一般对黄金价格而言在 20—30 美元／盎司左右，未来价格总体是向下。

大阴线有四种情况（见图 5-7）：

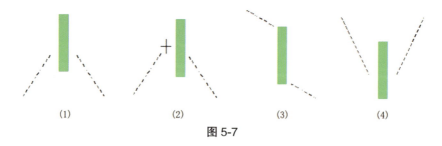

图 5-7

（1）在价格上升了一段以后出现了大阴线，则未来价格就容易下跌。

（2）在高位出现十字星（不分阴阳，不分高低）后再出现大阴线，这证明价格下跌才刚刚开始。

（3）下跌途中出现大阴线，表明价格还有一定的下跌空间。

（4）在价格连续大幅下跌后，出现大阴线，表明该价格可能会止跌回稳。

大阳线：由一根 K 线组成，阳线实体较大，一般对黄金价格而言在 20—30 美元 / 盎司左右，未来价格总体将是向下。

大阳线有四种情况（见图 5-8）：

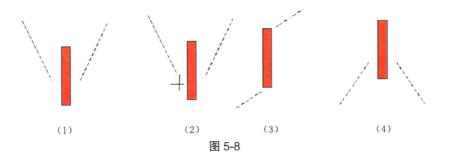

（1）　　　　　　（2）　　　　　（3）　　　　　　（4）

图 5-8

（1）在价格下降了一段以后出现了大阳线，则未来价格就容易反弹。

（2）在低位出现十字星（不分阴阳，不分高低）后再出现大阳线，这证明价格上升才刚刚开始。

（3）上升途中出现大阳线，表明价格还有一定的上升空间。

（4）在价格连续大幅上升后，出现大阳线，表明该价格可能会高位回落。

当前黄金价格屡现诱多

（2016 年 8 月 8 日至 12 日评论）

本周（即 2016 年 8 月 8 日—2016 年 8 月 12 日）国际现货黄金价格基本围绕 1350 整数关上下拉锯。本周国际现货黄金价格最低为 1329.55，最高为 1357.06，2016 年 8 月 12 日（周五）黄金价格纽约交易所收盘在 1335（见图 6-1）。

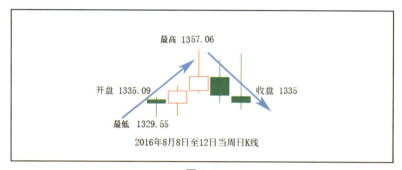

图 6-1

首先，我们先从技术图上看一下。

我们发现，虽然本周黄金价格盘中多次突破 1350 整数关，但黄金价格纽约收盘却始终无法站稳在 1350 整数关之上（见图 6-2）。我们认为，黄金价格上冲 1350 有诱多嫌疑。

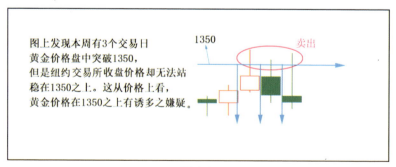

图 6-2

图6-3显示：2016年8月8日（周一）黄金价格最低点为1329.55，跌破了2016年7月29日（周五）当时黄金价格反弹前的最低点1329.76。这一现象，根据著名的道氏理论，未来黄金价格应该是继续下跌。因此，我们可以推测：未来反弹至1329.55之上的现象是不是都有诱多嫌疑？

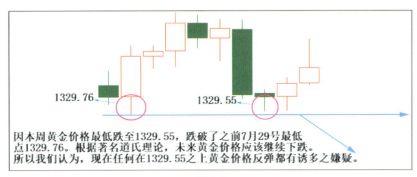

图6-3

其次，从资金方面看，我们发现，在黄金价格走高时，资金走向还是在以卖出黄金为主。特别是本周全球黄金最大的ETF表现的尤为明显（见表6-1）。

表6-1

08.08	-6.54	973.80（+336.78）
08.10	-1.18	972.62（+335.60）
08.11	-0.30	972.32（+335.30）
08.12	-11.87	960.45（+323.43）

本周，五个交易日中，有四个交易日，全球黄金最大的ETF是减持黄金为主，所以这容易让人们觉得在盘中黄金价格走高时，有资金拉高黄金价格，特别是拉到1350整数关之上时，而出逃。

同时，本周五全球黄金最大的ETF单日减持数量达到11.87吨，我们认为：一般全球黄金最大的ETF单日减持超过10吨，未来黄金价格容易下跌。

另外，2016年8月13日（周六）北京时间凌晨，有数据显示：12月纽约商品交易所COMEX最活跃黄金期货合约在北京时间2016年8月13日（周六）凌晨00：48一分钟内成交量达6244手，大笔卖单砸盘令现货金价重挫跌破 1340 美元 / 盎司。这一消息再次证实了，有资金在出逃。再次体现了黄金价格在 1329.55 之上有诱多嫌疑。

最后，再从美联储方面看，继上周（即 2016 年 8 月 1 日—2016 年 8 月 5 日）公布强劲非农报告后，本周新增了一些消息支持美联储 2016 年内加息，甚至会在 2016 年 9 月加息的可能性。这主要集中在以下两个方面。

第一个方面，本周国际原油价格大幅攀升，全球通胀回升，令美联储加息预期再次升温。所以，在油价反弹环境下，黄金价格走高，也有诱多嫌疑。

在 2016 年 7 月 29 日（周五）美联储第五次会议上曾提到"暂时不加息其中一个主要原因是因当前通胀未达标，而一旦通胀达标，美联储加息可能性大大增加"。当日国际原油价格仅在 40 美元附近徘徊。

2016 年 8 月 5 日（周五）国际原油期货价格盘中最高为 44.78，为 2016 年 7 月 22 日（周五）以来最高，这与之前最低点 39.19 相比，反弹幅度为 14.26%。与 2016 年 7 月 29 日（周五）40 美元 / 桶油价相比，反弹幅度达到了 11.20%（见图 6-4）。

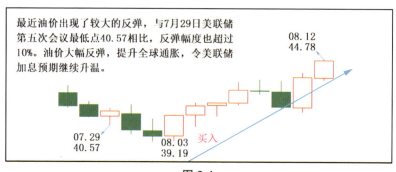

图 6-4

第二个方面，本周美联储官员讲话中再次提及支持在 2016 年内加息。

2016 年 8 月 11 日（周四）旧金山联储主席威廉姆斯表示：仍然预期美联储将在 2016 年加息。市场认为，2016 年威廉姆斯在美联储的政策制定委员会没有投票权，但仍需要投资者密切关注其言论，因他的观点基本被认为与美联储主席耶伦的观点一致。因为上一任旧金山联储主席就是现任美联储主席耶伦，而威廉姆斯是耶伦接任者。所以，在当前较为重要的美联储官员讲话中有加息预期，也证明了黄金价格继续上升存在诱多嫌疑。

将 2016 年威廉姆与耶伦的言论做出对比，见表 6-2：

表 6-2

人物	时间内容	时间内容	时间内容	时间内容
威廉姆斯	2016 年 1 月 8 日（周五）加息将会是缓慢且温和的。	2016 年 2 月 26 日（周五）应该遵循逐步收紧政策的策略。	2016 年 5 月 23 日（周一）如果长期的低利率将对金融稳定性造成威胁，美联储将缓慢加息。	2016 年 8 月 11 日（周四）仍然预期美联储将在 2016 年加息。
耶伦	2016 年 2 月 11 日（周四）未来经济有可能会出现衰退，考虑实施负利率时耶伦称，不会排除这一可能性。	2016 年 3 月 17 日（周四）综合数据中仍没有令人信服的证据显示薪资增长加快，核心通胀没有出现持续大幅上升。	2016 年 6 月 16 日（周四）重申 FOMC 预计会循序渐进加息	2016 年 8 月 26 日（周五）美联储主席耶伦在杰克逊霍尔全球央行会议上讲话内容拭目以待。
共同意思	加息缓慢，黄金上升。	加息缓慢，黄金上升。	加息缓慢，黄金上升。	是否会形成共同意思；要加息？黄金跌？

除了上述内容体现本周国际黄金价格走势有诱多嫌疑外，从多种技术层面分析也预示着未来黄金价格将有继续下跌的可能性。

第一，我们发现上周末，黄金价格日线级别的 KDJ 指标上出现了 K 线跌破 D 线，即出现死叉的现象。一般情况下，日线级别的 KDJ 中，K 线跌破 D 线，出现死叉后，黄金价格一般将会有 50 美元／盎司左右下跌空间（见图 6-5）。

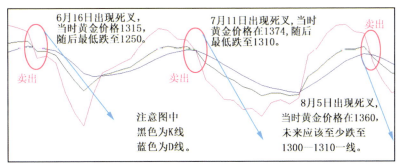

图 6-5

第二，从黄金价格MACD指标周线级别看，极其有可能在未来出现死叉，周线级别的MACD一旦出现死叉，则黄金价格下跌的空间会进一步扩大（见图6-6）。

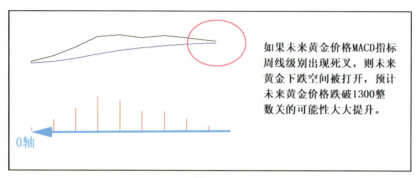

如果未来黄金价格MACD指标周线级别出现死叉，则未来黄金下跌空间被打开，预计未来黄金价格跌破1300整数关的可能性大大提升。

图 6-6

第三，当前黄金价格走势与2009年末中国A股走势出现极为相似的现象。从2009年末上证指数日K线图上发现：3个高点逐步下移，随后跌破了关键的颈线位3100点整数关，导致了日后上证指数暴跌（见图6-7）。

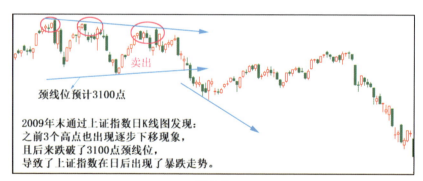

卖出

颈线位预计3100点

2009年末通过上证指数日K线图发现：
之前3个高点也出现逐步下移现象，
且后来跌破了3100点颈线位，
导致了上证指数在日后出现了暴跌走势。

图 6-7

而近期黄金日K线图上也发现出现了3个高点逐步下移，一旦未来黄金价格跌破关键颈线位1300—1310，则不排除未来黄金价格有更大的下跌空间（见图6-8）。

笔者从主观上看空黄金始终未变，但黄金价格如何演化还要服从于更多的客观因素。

第一，从客观上看。下周（即2016年8月15日—2016年8月19日）公布的重要经济数据仍然需要重点关注。特别是星级越大，可关注度越高（见表6-3）。

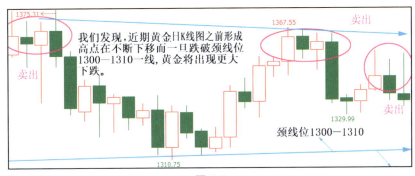

图 6-8

表 6-3

具体关注北京时间	关注内容	关注星级
2016 年 8 月 16 日（周二）04 时 00 分	美国公布中国最新持有 美国债券	☆☆
2016 年 8 月 16 日（周二）20 时 30 分	美国公布的消费者物价指数	☆☆☆☆
2016 年 8 月 18 日（周四）02 时 00 分	美联储 2016 年第 5 次 会议纪要	☆☆☆☆
2016 年 8 月 26 日（周五）20 时 30 分	美国 2016 年第二季度 GDP 修正值	☆☆☆☆
2016 年 8 月 26 日（周五）待定	美联储主席耶伦在杰克逊霍尔 全球央行会议上讲话	☆☆☆☆☆
2016 年 8 月 30 日（周二）22 时 00 分	美国公布的消费者信心指数	☆☆☆
2016 年 9 月 2 日（周五）20 时 30 分	美国非农就业报告 （非农人数和薪资）	☆☆☆☆☆
2016 年 9 月 22 日（周四）02 时 00 分 02 时 30 分	美联储 2016 年第 6 次会议 美联储主席耶伦讲话	☆☆☆☆☆

第二，从价格上看。如果未来黄金价格纽约交易所收盘价格跌破 1300 整数关，则继续看空，至少目标在 1250 或 200 天均线附近，目前黄金价格 200 天均线在 1210 附近。反之，黄金价格有效突破 1375，则有机会挑战 1400 整数关一线。

综上所述，未来黄金价格命运还是掌握在美联储手里，而从黄金价格上看，有效跌破 1300，则看空；而有效突破 1375，则看 1400 概率大大提升。

笔者于 2016 年 8 月 13 日（周六）晚间

市场充满着诱惑，要小心哦！

本篇文章中需要读者在黄金投资方面掌握的交易知识点和相关技巧内容有：

第一部分：技术面。

通过价格来衡量各个市场走势变化也是很重要的，同时相关技术分析很多，我们这节就介绍一个通过价格衡量非常重要的技术理论——道氏理论。

道氏理论基本内容：道氏理论是投资市场中，最古老、最著名的技术分析工具之一。它起先的目的是研究道·琼斯工业股平均指数以及铁路股平均数的波动，而现在已经被广泛运用在各种投资市场上，比如股市、外汇、黄金、债市等。人们把道氏理论称为技术分析的"开山祖师爷"。在金融市场上，道氏理论对各种外汇汇率、黄金、股市的大势判断有重要的参考价值。

道氏理论基本原理见图 6-9。

上升趋势

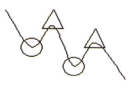

下跌趋势

图 6-9

上述道氏理论基本原理告诉大家：如果发现走势出现了低点上移，高点上移，即认为行情处在上升趋势中，未来还会进一步上升；而发现走势出现高点下移，低点下移，则认为行情处在下降趋势中，未来还会进一步下跌。

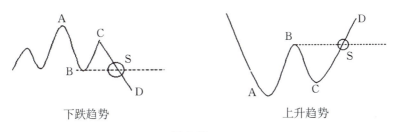

下跌趋势   上升趋势

图 6-10

图 6-10 告诉大家：

由 A 点下跌后至 B 点反弹到 C 点，在 C 点不能高于 A 的前提下，一旦之前 B 点，即后面 S 点再次跌破，则将继续下跌，目标位在 D 点。因此在实际操作上，一旦之前 B 点在后面的 S 点被跌破，应该继续卖出为主。

由 A 点上升反弹至 B 点，B 再次回落 C 点，而 C 点不能低于 A 点的前提下，一旦之前 B 点，即后面 S 点再次突破，则将继续上升，目标位在 D 点。因此，在实际操作上，一旦之前 B 点在后面的 S 点被突破，应该立马买入为主。

道氏理论在黄金交易中具体实战运作案例分析：

案例一：下图中黄金价格在时隔近 4 个月时间，在 2015 年 7 月 16 日盘中

图 6-11

跌破 2015 年 3 月 17 日最低点 1142.86，则根据道氏理论，果然日后黄金价格继续下跌，并在 2015 年 7 月 24 日创出新低 1077.24（见图 6-11）。

案例二：下图中黄金价格在时隔六个多月时间，在 2009 年 9 月 8 日盘中突破 2009 年 2 月 20 日最高点 1006.20，则根据道氏理论，果然日后黄金价格继续上升，并在 2009 年 12 月 3 日创出新高 1226.65（见图 6-12）。

图 6-12

其他还有：2015 年 11 月 12 日黄金价格跌破之前 2015 年 7 月 24 日的最低点 1177.24 后，在当年年底黄金价格最低跌至 1046.26。2017 年 2 月 23 日北京时间晚间黄金价格盘中突破 2 月 8 日盘中最高点 1244.67，结果次日黄金价格最高攀升至 1260 一线，也符合道氏理论。

道氏理论衍生应用：

（1）经过统计，高点或者低点被突破或跌破后，黄金价格基本都有一定的上升或者下跌行情，具体上升或下跌的空间，还需要看当时资金流向和基本面（这样的成功概率达到 70% 左右）。

（2）高点或者低点形成的周期最好是在三个月以上，最长不超过十二个月。不然不论行情上升或下降都会出现一定偏差（偏差率在 30%）；如果符合三个月以上，不超过十二个月，这样的成功概率达到 80%—90% 左右。

（3）其原因是，三个月以内成功概率不如三个月以上，因为属于同一波行情还没有结束；超过十二个月后，周期越长，成功率会随之降低。

（4）如果是短于三个月的短线交易的话，也可以应用，毕竟有 70% 成功概率在，但盈利设定目标要降低。

第二部分：资金面。

美国芝加哥商业交易所集团（CME Group）旗下：芝加哥商业交易所（CME）、芝加哥期货交易所（CBOT）、纽约商业交易所（NYMEX）、纽约商品交易所（COMEX）（见图6-13）

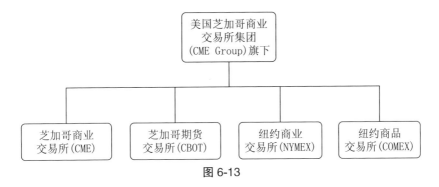

图 6-13

纽约商业交易所（NYMEX）和纽约商品交易所（COMEX）涉及能源和稀有金属两大类产品。交易所的交易方式主要是期货和期权交易。

COMEX 黄金是纽约商品交易所（美国芝加哥商业交易所集团）其中的一个交易品种，简称纽约金，属于美式黄金交易。

上述期货和期权交易也反映市场资金面的变化对短线黄金价格走势有较为重要的影响。

具体判断如下：

第一种情况：一般美国芝加哥商业交易所（CME）报告中显示：COMEX黄金期货或期权短时间内买入黄金，（或看涨和看跌轧差价为看涨）不排除短线黄金价格将会出现一定的上升。

一般美国芝加哥商业交易所（CME）报告中显示：COMEX 黄金期货或期权短时间内卖出黄金（或看涨和看跌轧差为看跌），不排除短线黄金价格将会出现一定的下跌。

第二种情况：一般美国芝加哥商业交易所（CME）下调 COMEX 黄金、白银期货等贵金属交易保证金，贵金属价格容易上升，操作上倾向以做多贵金属为主，即做多黄金白银为主。

这方面的代表性案例就是：2011 年 6 月底，美国芝加哥商业交易所

（CME）下调 COMEX 黄金、白银期货等贵金属交易保证金，令日后黄金，白银价格大涨，其中尤其是黄金价格出现大幅上扬。这为黄金价格从当时 1500 一线，在 2011 年 9 月初创出 1920.50 历史最高价格提供了资金面的支持。

一般美国芝加哥商业交易所（CME）上调 COMEX 黄金、白银期货等贵金属交易保证金，贵金属价格容易下跌，操作上倾向以做空贵金属为主，即做空黄金白银为主。

这方面的代表性案例：就是 2011 年 9 月中旬，美国芝加哥商业交易所（CME）上调 COMEX 黄金、白银期货等贵金属交易保证金，令日后黄金，白银价格下跌，其中尤其是黄金价格出现大幅下跌。当然出现这样的大幅下跌关键与之前与其涨幅过大有关，一旦出现利空，多头全线获利回吐，导致黄金价格大幅下跌。这也是黄金价格从 2011 年 9 月初的历史最高位 1920.50，在当月下旬跌回至接近 1500 一线的主要原因之一（见图 6-14）。

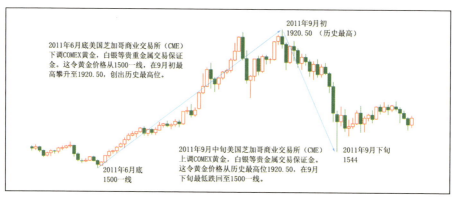

图 6-14

需要注意：目前国际上主流交易所交易制度变化对国际贵金属价格波动有较为直接的影响。

国外最具代表的交易所：纽约商品交易所（COMEX）、芝加哥商业交易所（CME）、伦敦金属交易所（LME）。

第三部分：基本面。

油价走势与黄金价格之间关系和影响需要把握以下三个方面。

（1）油价下跌，黄金价格一般总体容易下跌；油价上升，黄金价格一般总体容易上升。

（2）油价跌，而同时期黄金价格不跌，则未来黄金价格还是会跌，油价涨，而同时期黄金价格不涨，则未来黄金价格还是会涨。其中原因是，原油是所有大宗商品中最具有领先功能的交易品种。

（3）油价过分下跌，则黄金价格反而上升；油价过分上升，则黄金价格反而下跌。

上面前两点是属于趋势性判断，而最后一点属于物极必反，其逻辑是：油价过分下跌 —→ 美国等主要经济体的通胀下降 —→ 美联储货币政策倾向于宽松 —→ 有利黄金。

油价过分上升 —→ 美国等主要经济体的通胀上升 —→ 美联储货币政策倾向于紧缩 —→ 不利黄金。

本文中所提到的油价上升，会令黄金价格走低，也是因为这个原因。

所以，投资中不仅要知其一，而且要知其二，当然是否能知其三、其四，则看个人悟性了。

格老与"女王"的对决

（2016 年 8 月 15 日至 19 日评论）

本周（即 2016 年 8 月 15 日—2016 年 8 月 19 日）国际现货黄金价格继续围绕 1350 整数关上下震荡。本周国际现货黄金价格最低为 1335.55，最高为 1357.83。2016 年 8 月 19 日（周五）黄金价格纽约交易所收盘在 1340.60（见图 7-1）。

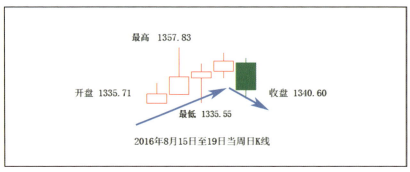

图 7-1

本周国际现货黄金价格走势扑朔迷离，震荡起伏，方向不定。这主要体现在以下几个方面。

第一，本周美联储内部官员之间对 2016 年内美联储对是否加息产生了极大的分歧。我们可以从表 7-1 中明显发现，而其中又包含几个显著的特点。

1. 本周美联储第 3 号人物纽约联储主席杜德利与其他联储主席之间就加息问题产生了较大的分歧。

2. 本周旧金山联储主席威廉姆斯（其原先上司就是现任美联储主席耶伦）发表的个人讲话中就加息问题出现了自相矛盾的怪象。

3. 本周前美联储主席格林斯潘发表急于加息的言论引起了市场广泛的关注。本周前美联储主席、德高望重的格老就美联储加息问题表达非常明确，这可能会引发后续与耶伦的对决。

表 7-1

时　间	加息激进的态度	加息缓慢的态度
2016 年 8 月 15 日 （周一）		旧金山联储主席威廉姆斯表示：敦促对低利率时代的货币政策进行重新评估，呼吁采取新的财政政策，考虑上调或者取代 2% 的物价目标（其讲话意思中暗示加息缓慢）。
2016 年 8 月 16 日 （周二）	纽约联储主席杜德利称："有可能"2016 年 9 月加息。 亚特兰大联储主席洛克哈特表示：2016 年加息两次也是可能的。 澳洲联储主席史蒂文斯接受华尔街日报专访时称全球为美联储第二次升息做好准备。	
2016 年 8 月 18 日 （周四）	纽约联储主席杜德利再次表示：2016 年 8 月 16 日（周二）以来我的观点没有发生变化。 旧金山联储主席威廉姆斯表示：美国经济足够强劲，使美联储有理由很快加息。 前美联储主席格林斯潘表示：美国利率将迅速上升，甚至可能迅猛上扬。	美联储会议纪要显示：多位委员不赞成短期内加息。 在美联储纪要发布后，联邦基金利率市场显示：9 月加息概率从 24% 下降至 18%;12 月加息概率从 58.4% 下降至 54.2%。 圣路易斯联储主席布拉德表示：在低增速和低通胀的环境下，预计可预见的未来将加息一次。
2016 年 8 月 19 日 （周五）		达拉斯联储主席卡普兰：美联储调整利率的空间不大。

　　通过上述表格内容，体现出美联储内部对 2016 年内加息极大的分歧，这令黄金价格在本周难以有方向性的改变，而是围绕 1350 上下震荡。

　　第二，从技术上看，依然有较多扑朔迷离的现象。

　　1. 本周再与上周（即 2016 年 8 月 8 日—2016 年 8 月 12 日）一样，每当黄金价格攀升至 1350 之上就会招来较大的抛压，令黄金价格很难站稳在 1350 整数关之上（见图 7-2）。

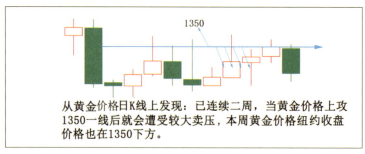

从黄金价格日K线上发现：已连续二周，当黄金价格上攻 1350一线后就会遭受较大卖压，本周黄金价格纽约收盘 价格也在1350下方。

图 7-2

2. 在之前文章中，笔者认为黄金纽约收盘价格一旦站稳在 1350 整数关之上，将有继续上升，甚至去挑战前期最高点 1374.90 的可能性。2016 年 8 月 18 日（周四）黄金的纽约交易所收盘价格确实站上了 1350，收 1352。但这明显是一个假的有效站稳 1350，因为刚刚已分析了每当黄金价格达到 1350 之上会招来较大的卖压，2016 年 8 月 19 日（周五）黄金价格纽约交易所收盘仍报收在 1350 之下。所以，可以认为本周黄金价格的走势在技术上有骗线的味道。

3. 从技术形态上看，之前黄金价格走势出现收敛三角形并形成向上突破的走势。但在本周后几个交易日中向上突破失败，收敛三角形由向上突破转为下跌，从技术上看又是另一个技术骗线（见图 7-3）。之前，国际原油期货价格在上升过程中也有一个技术骗线，就是出现了黄昏十字星，从技术特点上看是要下跌的，然而后市油价大涨（见图 7-4）。

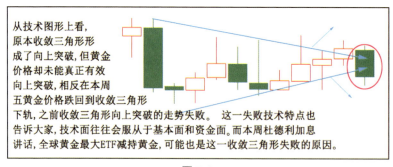

从技术图形上看，原本收敛三角形形成了向上突破，但黄金价格却未能真正有效向上突破，相反在本周五黄金价格跌回到收敛三角形下轨，之前收敛三角形向上突破的走势失败。这一失败技术特点也告诉大家，技术面往往会服从于基本面和资金面。而本周杜德利加息讲话，全球黄金最大ETF减持黄金，可能也是这一收敛三角形失败的原因。

图 7-3

如何发现是否为技术骗线？在分析技术的时候要结合当时资金面和基本面的变化是否对这个技术特点形成支持。如果能形成支持，那么这个技术特点可信度提升，反之，在资金面和基本面不是很支持的情况下，对出现的技术特点

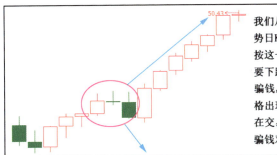

我们从图中圈的3根原油走势日K线出现了黄昏十字星。按这一技术特点是原油价格要下跌。但随后出现了技术骗钱，真实的走势是原油价格出现了巨大的上升，所以在交易中也要时刻防范技术骗钱对大家交易的影响。

图 7-4

还需要保持一定的谨慎态度，不宜轻易盲目根据这一技术特点进行操作交易。

连续两周黄金价格陷入围绕 1350 整数关上下震荡的盘局中，未来黄金价格走势会如何呢？笔者先从主观上表明自己的态度，还是坚持《坚决看空黄金》一文中的观点。也就是依然认为未来黄金价格将会出现较大的下跌。根据本周市场最新情况，有以下几个方面原因。（已在之前文章中描述过的在这里就不再重复）

第一，资金面对近期黄金价格走势极为不利。

通过本周相关数据发现，全球黄金最大的 ETF 继续在减持黄金，而本周美国商品期货交易委员会（CFTC）数据显示资金也在继续减持黄金多头头寸（见表 7-2）。

表 7-2

日　　期	增减变化（吨）	目前持有量（吨）
08.08	-6.54	973.80
08.10	-1.18	972.62
08.11	-0.30	972.32
08.12	-11.87	960.45
08.16	-1.78	962.23
08.17	-4.45	957.78
08.18	-1.79	955.99

我们发现，8 月 15 日美国公布两靓丽非农报告后，全球黄金最大的 ETF 基本以减持黄金为主，其中截止到本周末，在一共 7 次增减持中，减持为 6 次，增持仅为 1 次，累计减持数量为 24.35 吨，目前最新持仓量为 955.99 吨。

未来需要关注的是，如果黄金全球最大的 ETF 持仓量低于 7 月 26 日 954.23 吨，那么黄金价格继续下行的可能性大大提高。

另外，2016 年 8 月 20 日（周六）有数据显示：美国商品期货交易委员会（CFTC）2016 年 8 月 19 日（周五）公布的周度报告显示，截至 2016 年 8 月 16 日（周二）当周，对冲基金和基金经理减持 COMEX 黄金与白银净多头头寸。白银在连续六周刷新纪录高位之后连续三周遭到减持，黄金则连续两周遭到减持。

第二，当前黄金价格高企有让主力出货之嫌疑。

2016 年 8 月 18 日（周四）北京时间凌晨，美联储会议纪要依然保持鸽派，多数委员不赞成短期加息。市场主力借此认为未来美联储加息概率下降，并且覆盖了 2016 年 8 月 16 日（周二）纽约联储主席杜德利认为 2016 年 9 月有加息的意思，与此同时，黄金价格一度被市场主力推高至本周最高点 1357.83。

笔者认为，市场主力借助鸽派美联储会议纪要推高黄金价格而无视 2016 年 8 月 16 日（周二）杜德利的讲话，似乎有"皇帝新装"的味道。

2016 年 8 月 18 日（周四）北京时间凌晨，美联储公布的会议内容指的是 2016 年 7 月 28 日（周四）美联储第五次会议内容，而 2016 年 8 月 5 日（周五）美国公布如此出色非农就业报告以及 2016 年 8 月油价大涨 26%，这些都没有被纳入考虑范围。所以我们认为杜德利的讲话要比本周美联储会议纪要的内容更为靠谱一些，更为真实一些。

那么市场主力为什么对杜德利讲话（即真实，靠谱内容）视而不见，而刻意引导投资者去关注已过时的美联储会议纪要内容，唯一目的就是：拉高出货。毕竟目前市场主力手上还持有较多的黄金多头头寸，一时还难以大部分出逃。如果就目前点位直接砸盘，损失的是主力自己。所以，在这种情况下，市场主力借势强调美联储会议纪要鸽派的内容，而压制杜德利讲话内容，吸引更多的买盘，而让其能胜利出逃，这也正应验了，"明修栈道，暗渡陈仓"这句老话。这也能解释为什么近期黄金价格总是在 1350 之上总被一双无形的手压制。

因此，本周德高望重的美联储领袖级别的人物格老也按捺不住了，发表了急于加息直白言论。同样相反的事情发生在 2016 年年初的时候，市场主力为了达到低吸黄金目的，大肆鼓吹黄金价格要跌至 1000 或 800—900 美元 / 盎司，等主力吸筹达到一定水准后，大幅拉升黄金价格（见图 7-5）。因此，我们这次也要注意一旦主力在 1350 或更高位置出逃差不多后，未来黄金价格可能在很短时间内出现大幅跳水，甚至在很短时间内出现黄金价格下跌 100—200 美元 / 盎司的可能性。

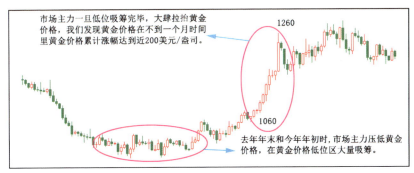

市场主力一旦低位吸筹完毕，大肆拉抬黄金价格，我们发现黄金价格在不到一个月时间里黄金价格累计涨幅达到近200美元/盎司。

1260

1060

去年年末和今年年初时，市场主力压低黄金价格，在黄金价格低位区大量吸筹。

图 7-5

第三，我们再回到格老身上。本周前美联储主席格林斯潘的讲话在上面文中已经描述过了，在这里依然要引起足够的重视。笔者认为，这很有可能成为未来黄金价格真正开启下跌的动力。

在 2016 年 8 月 3 日（周三）国际原油期货价格跌破 40 美元 / 桶，最低跌至 39.19 美元 / 桶时候，前美联储主席格林斯潘表示：油价或许已经在 40 美元 / 每桶附近见底。从 2016 年 8 月 3 日（周三）到 2016 年 8 月 20 日（周日），在格老暗示下，油价涨幅达到了 26%（见图 7-6）。

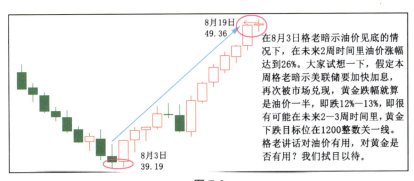

8月19日
49.36

8月3日
39.19

在8月3日格老暗示油价见底的情况下，在未来2周时间里油价涨幅达到26%。大家试想一下，假定本周格老暗示美联储要加快加息，再次被市场兑现，黄金跌幅就算是油价一半，即跌12%—13%，即很有可能在未来2—3周时间里，黄金下跌目标位在1200整数关一线。格老讲话对油价有用，对黄金是否有用？我们拭目以待。

图 7-6

我们重温一下上文提到的 2016 年 8 月 18 日（周四）前美联储主席格林斯潘表示：美国利率料将迅速上升，甚至可能迅猛上扬。如果这个也被市场所接收。就算黄金价格跌幅仅为油价一半，即跌 12%—13%。如果按 2016 年 8 月 18 日（周四）黄金价格均价 1350 开始跌起，则预计在未来 2—3 周时间里，黄金价格下跌目标位应该在1200整数关附近。

格老讲话在油价中灵验了，在黄金中是否也能灵验呢？这也成为本周格林斯潘讲话和下周（即2016年8月22日—2016年8月26日）耶伦讲话对决的一个重要方向。

上述观点仅是笔者的主观意志，未来黄金价格能否真正的出现较大的下跌，还是需要在客观方面得到进一步的配合和确认。这主要体现在以下两个方面。

技术层面：

第一，关注黄金价格MACD指标周线级别能否真正出现死叉？如果未来黄金价格MACD指标周线级别形成真正的死叉，那么黄金价格较大下跌概率将加大（见图7-7）。

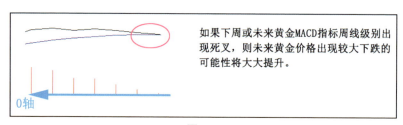

如果下周或未来黄金MACD指标周线级别出现死叉，则未来黄金价格出现较大下跌的可能性将大大提升。

0轴

图 7-7

第二，我们还是要等待黄金价格有效跌破之前的颈线位1300—1305。一旦未来黄金价格能真正有效跌破1300—1305一线，则未来黄金价格出现较大的下跌可能性大大提升，未来下跌目标位至少在1250或200天均线。此时黄金价格的200天均线在1216。反之，如果该颈线位始终不能有效跌破，则黄金价格强势特征依然保持（见图7-8）。

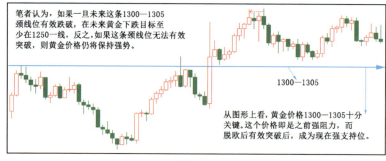

笔者认为，如果一旦未来这条1300—1305颈线位有效跌破，在未来黄金下跌目标至少在1250一线，反之，如果这条颈线位无法有效突破，则黄金价格仍将保持强势。

1300—1305

从图形上看，黄金价格1300—1305十分关键，这个价格即是之前强阻力，而脱欧后有效突破后，成为现在强支持位。

图 7-8

第三，从黄金价格心理线 PSY 日线级别（参数为 12 日）分析，目前黄金价格 PSY 心理线日线级别（参数为 12 日）始终未能跌破 50。如果未来该数值能跌破 50，则黄金价格大幅下跌的可能性大大提升，反之，不排除黄金价格依然保持强势（见图 7-9）。

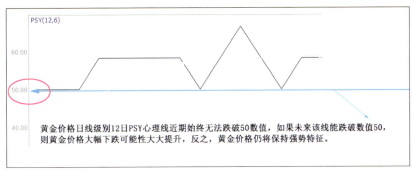

图 7-9

这要密切关注 2016 年 8 月 26 日（周五）美联储主席耶伦在杰克逊霍尔全球央行会议上的讲话。笔者在之前多次讲述过，美联储的态度或美联储主席的态度将对黄金价格走势有重要且直接的影响。关于 2016 年 8 月 26 日（周五）耶伦讲话是否有惊奇，还是依然乏味，是和格林斯潘保持一致，还是独善其身？下周（即 2016 年 8 月 22 日—2016 年 8 月 26 日）国际市场大戏即将上演，即格老与"女王"的对决，值得读者关注。

如果格老与"女王"的对决最终失败，即"女王"依然我行我素。笔者认

美联储两个重要级人物对话直接影响了国际资本市场，
再次证实华尔街的名言："美联储的要听，美联储主席的话更要听"

为，"女王"在利益方面太过于自私，希望"女王"能大度一些。

综上所述，未来黄金价格运行命运还是掌握在美联储手里，而从黄金价格上看，有效跌破 1300，则继续看空，目标位 1250 或 200 天均线，而有效突破 1375，则看 1400 概率大大提升。

笔者于 2016 年 8 月 20 日（周六）傍晚

本篇文章中需要我们在黄金投资方面掌握的交易知识点和相关技巧内容有：

第一部分：技术面。

1. 三角形。三角形分为上升三角形和下降三角形，又分为底部三角形、扩散三角形（喇叭形）、收敛三角形和菱形。

上升三角形：一般在涨势中出现，价格每次上升时，到了一定价位就遭受抛压，迫使价格回调；但是由于下档有一定的支撑，价格没有跌到前一低点后就开始反弹，使价格下探的低点逐一提高。我们把这一阶段差不多高点的价位连成一直线，再把这一阶段逐一抬高低点的价位连成一直线，这就构成了向上倾斜的三角形，一旦突破高点的价位连线（颈线位），价格将向上突破（见图 7-10）。

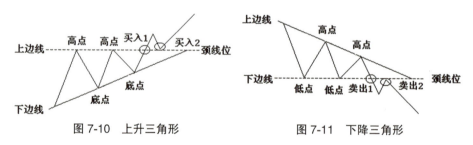

图 7-10　上升三角形　　　　图 7-11　下降三角形

下降三角形：一般在跌势中出现，价格每次下跌时，到了一定价位就受到支持，暂时价格反弹；但是由于该货币上档有较大的抛压，价格没有回到前一高点后又开始下跌，使价格反弹的高点逐一下移。我们把这一阶段差不多低点的价位连成一直线，再把这一阶段逐一下移高点的价位连成一直线，这就构成了向下倾斜的三角形，一旦突破低点的价位连线（颈线位），价格将向下突破（见图 7-11）。

底部三角形：一般在跌势中出现，价格经过下跌后，连续三次探底，几乎都在相同的价位上获得支持，而价格反弹的高度却逐步下移，但是当第三次探底反弹的力度非常强并突破了前期反弹高度的连线（颈线位），表明价格获得重新上升的机会。把高点之间连成一直线，再把低点之间连成一直线，就构成了底部三角形（见图 7-12）。

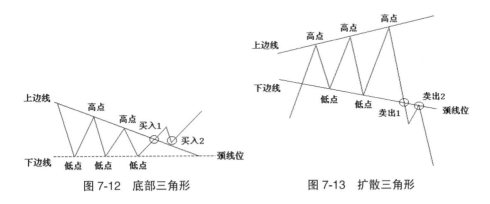

图 7-12　底部三角形　　　　　　图 7-13　扩散三角形

扩散三角形：一般在涨势中出现，高点连线和低点连线相交于左方，并呈现向右扩散，其形状象一个喇叭形。一般如果跌破下边线的话，则表明价格容易下跌（见图 7-13）。

收敛三角形：既可以出现在涨势中出现，也可以出现在跌势中，高点连线与低点连线相交于右方，呈现收敛状。在涨势中价格容易上升，而在跌势中价格容易下跌（见图 7-14）。

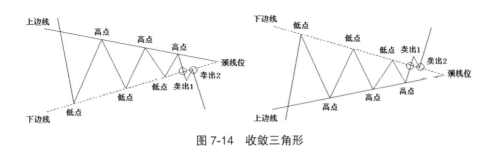

图 7-14　收敛三角形

类似于三角形的形态见表 7-3。

表 7-3

形态	底和顶		三角形		旗和楔	
走势	上 涨	下 跌	上 涨	下 跌	上 涨	下 跌
	双重底	双重顶	上升三角形	下降三角形	上升旗形	下降旗形
	头肩底	头肩顶	底部三角形	扩散三角形	下降楔形	上升楔形
	三重底	三重顶	收敛三角形	收敛三角形		
	圆弧底	圆弧顶	上升菱形	下降菱形		
	潜伏底	矩形				
	上升矩形	下降矩形				
	V 形	倒 V 形				
	塔形底（K 线）	塔形顶（K 线）				

2. 黄昏十字星和早晨十字星。

黄昏十字星，又称为黄昏之星，由三根 K 线组成，分别是一根阳线、一根十字星（或者是小阳线，或者是小阴线）和一根阴线组成，通常表明黄金价格即将下跌（见图 7-15）。

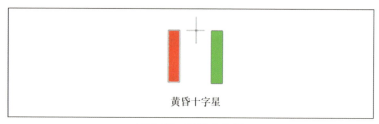

图 7-15 黄昏十字星

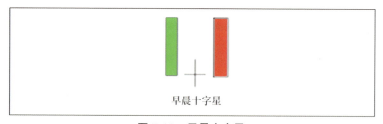

图 7-16 早晨十字星

早晨十字星，又称为早晨之星，由三根K线组成，分别是一根阴线、一根十字星（或者是小阳线，或者小阴线）和一根阳线组成，通常表明黄金价格即将上升（见图7-16）。

第二部分：综合分析。

本文中所提到的2个技术特点即"收敛三角形"和"黄昏十字星"都出现了失败的走势，并没有按其技术特点表现，我们认为这是技术上出现了"骗线"。

所谓"骗线"，就是主力利用投资者日常熟知的一些技术指标而进行反技术指标操作。现在市场中的技术指标最常用的分为K线、移动平均线、形态、技术理论、技术指标等，而这些技术指标也正是主力常用的骗线工具。

怎么预防和发现技术"骗线"呢？首先，在分析技术的时候还是要看看当时同一时间时资金面和基本面的变化是否对这个技术特点形成支持。如果能形成支持的话，那么这个技术特点可信度提升，反之，在资金面和基本面不是很支持的情况下，对技术特点还是需要保持一定的谨慎，不宜轻易盲目根据这一技术特点进行操作交易。

同时，在把握政治因素、资金面、基本面和技术面时的原则为：影响价格波动的政治因素决定资金面。资金面决定其基本面。基本面决定其技术面。

技术面、基本面、资金面，甚至政治因素，在同一时刻基本一致、不矛盾的情况下，则未来黄金价格波动的方向是基本可以确认的。反之，在相互矛盾时，就看级别了，级别高的对市场影响就偏大，黄金价格就可能会朝这个级别高的影响因素方向运行。

"女王"转弄地动仪

（2016 年 8 月 22 日至 26 日评论）

2016 年 8 月 26 日（周五）国际现货黄金价格出现了剧烈震荡。2016 年 8 月 26 日（周五）引人关注的美联储主席耶伦（"女王"）讲话一开始，黄金价格瞬间最低跌至 1319.60，随后快速反弹至日内高位 1341.40，2016 年 8 月 27 日（周六）凌晨黄金价格最低跌至 1318.41 为日内最低位。本周（即 2016 年 8 月 22 日—2016 年 8 月 26 日）国际现货黄金价格纽约收盘收在 1320.30（见图 8-1）。

图 8-1

2016 年 8 月 26 日（周五）国际现货黄金价格频繁震荡，"女王"似乎在转弄地动仪，测试全球抗震能力。当全世界都在期待"女王"能透露一些关于 2016 年内美联储加息信息时，她却避而不谈，而把注意力引向更宽范围的资产购买。这令市场主力抓到反扑拉升黄金价格的机会，黄金价格最高攀升至 1341.40，几乎接近全周的最高点 1344.53。随后因美联储副主席费希尔发表了较为明确加息讲话，令黄金价格出现大幅下挫，打回原形。

2016 年以来，"女王"多次讲话中有意避开市场关注的焦点。比如，之前她曾经表示：未来美联储加息要关注通胀，而当油价达到 50，全球通胀上升时，她又表示未来加息需要关注非农就业报告，而当 2016 年 7 月非农就业报告十分靓丽时，她转而表示现在不加息因通胀未达标。当时，通胀未达标的原因是因为 2016 年 7 月油价出现大幅下挫，全球通胀急剧下降。而当现在非农持续靓丽，油价大幅反弹，通胀大幅回升下，"女王"却开始谈资产购买。

笔者认为"女王"之所以频繁这样做，这可能因为考虑某些利益集团的收益。特别是 2016 年 8 月 26 日（周五）"女王"讲话内容中涉及资产购买特意给市场主力抓到一次反扑拉升黄金价格的机会。可能因为当前市场主力仍有部分黄金的多头头寸未能出清，给这部分主力再次提供了一次较好出逃价格的机会。当然，还有另一种可能：当前众多海外平台进入中国国内市场，国内投资者参与度显著上升，其中很多国内投资者所设置的黄金价格多空止损位，海外主要平台机构非常清楚，这些海外主力机构不会让我们国内投资者就这样轻易盈利，所以有必要利用这样的机会来清扫国内投资者交易的多空止损。因此，日后对女王的讲话还是要格外小心，免得在交易中被来回清扫止损，成为市场主力的牺牲品。

经过 2016 年 8 月 26 日（周五）这一番来回剧烈的折腾后，未来黄金价格选择是继续回升，还是酝酿一波大幅下跌行情开始呢？

笔者在这里再次表达一下自己的观点：根据最新市场各种情况，坚持未来黄金价格偏向于下行。这主要鉴于以下几个方面的原因考虑。

第一，2016 年内美联储加息的可能性依然偏大。

虽然 2016 年 8 月 26 日（周五）美联储主席耶伦对 2016 年内加息表达不是很清晰，但是近期美联储第 2 号人物副主席费希尔和第 3 号人物纽约联储主席杜德利都已经非常清晰表达了 2016 年内有加息的可能性。

特别是 2016 年 8 月 26 日（周五）在美联储副主席费希尔在 CNBC 就可能升息发表讲话后，美国利率期货走势显示：2016 年 12 月升息的概率为 58%，而之前为 52%。

第二，多个技术特征都指向未来黄金价格有继续下行的可能性。

1. 2016 年 8 月 26 日（周五）黄金日 K 线出现了倒 T 字线。

什么是倒 T 字线呢？

倒 T 字线的形态特征是开盘价、收盘价、最低价粘连在一起，成为"一"字，但最高价与之有相当距离，因而在 K 线上留下一根较长的上影线，构成倒 T 字状图形。

倒 T 字线的走势判断有以下几种：（1）在上涨途中出现，则继续看涨；（2）在上涨末期出现，为卖出信号；（3）在下跌途中出现，则继续看跌；（4）在下跌末期出现，为买入信号。

我们根据 2016 年 8 月 26 日（周五）黄金价格日 K 线以及结合之前黄金价格日 K 线发现：当前应该属于第 3 种，即在下跌途中出现，则继续看跌日后黄金价格（见图 8-2）。

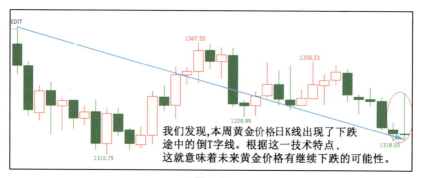

图 8-2

2. 黄金价格 MACD 指标周线级别已经很明确出现了死叉，且这一死叉是经过之前死叉后再次出现。也就是说，黄金价格 MACD 指标周线级别出现钝化后的死叉。这就意味着未来黄金价格下跌的空间偏大（见图 8-3）。根据以往观察，这样特点出现，未来黄金价格下跌的幅度应该在 100—200 美元／盎司，即按目前黄金价格 1350 起算，则未来黄金价格下跌目标位在 1150—1250 一线。

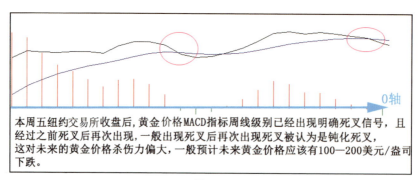

图 8-3

3. 我们发现，黄金日线级别的 12 日 PSY 心理线，在本周后半阶段，跌破了关键数值 50 位置。一般来说，12 日 PSY 心理线跌破 50，则看空未来黄金价格（见图 8-4）。

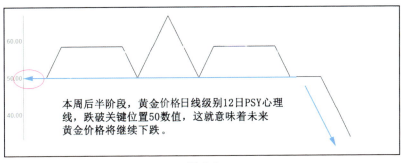

本周后半阶段，黄金价格日线级别12日PSY心理线，跌破关键位置50数值，这就意味着未来黄金价格将继续下跌。

图 8-4

当然，黄金价格要真正形成一波大级别下跌行情，还需要以下几个方面配合、进一步确认。

第一，重点关注 2016 年 9 月 2 日（周五）北京时间晚间 20 时 30 分，美国公布非农就业报告，即非农就业人数增长和每小时薪资。如果非农就业人数增长保持在 18—22 万人之间，每小时薪资不低于 0.2% 的增长，那么 2016 年 9 月美联储加息的可能性将急剧升温，到时黄金价格应该会跌破 1300 整数关，因为 2016 年 8 月 26 日（周五）美联储副主席费希尔已经非常明确表示过这点。

2016 年 8 月 26 日（周五）美联储副主席费希尔表示，最近的就业报告都非常强劲，2016 年 9 月 2 日（周五）的就业报告将对美联储的决定起重要影响。

第二，期待全球黄金最大的 ETF 有更多减持黄金的消息出现。

虽然 2016 年 8 月 26 日（周五）黄金价格经过剧烈震荡后最终选择了向下的走势，但我们在纽约收盘后，并未看到全球黄金最大的 ETF 减持黄金这方面的消息，所以期待下周（即 2016 年 8 月 29 日—2016 年 9 月 2 日）在这方面有更多的减持数据出现。反之，我们下周看到更多的是全球黄金最大的 ETF 增持黄金的消息，则表明近期全球黄金最大的 ETF 在目前 1320 附近继续买入了黄金，那么未来黄金价格可能会重新反弹。

也就是非常简单的一句话：下周全球黄金最大的 ETF 继续减持黄金，则未来黄金价格跌破 1300 整数关的可能性加大；反之，其非但不继续减持，反而是增持黄金，则未来黄金价格看 1330 或 1350 的概率增加。

第三，我们还是要看到黄金价格最终跌破当前技术上关键颈线位 1300—1310 防线。

笔者认为，如果 1300—1310 防线有效失守，则未来黄金价格继续扩大跌幅；反之，该防线始终不有效跌破，则不排除黄金价格仍有反弹的机会（见图 8-5）。

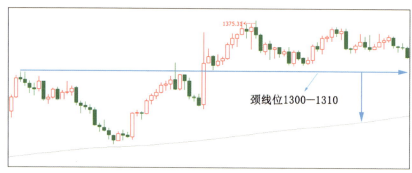

图 8-5

我们最后再来分析一下，如果上述因素都兑现且得到确认，黄金价格出现一波较大的下跌行情，其较为合理的下跌目标在哪里呢？笔者认为，如果未来美联储真的在 2016 年内加息，各项技术指标得以配合，则未来黄金价格较为合理的下跌的目标位应该在其 200 天均线附近。目前黄金价格最新的 200 天均线在 1222.22（见图 8-6）。

图 8-6

其中的原因是，运用 200 天均线进行分析行情符合著名的葛兰碧法则，而一旦黄金价格从高位确认下跌；根据葛兰碧法则特点，其价格的回归目标位就应该指向 200 天均线。所以，投资者一旦发现黄金价格真的有效形成破位下行，可耐心等待这一目标位的出现。

笔者于 2016 年 8 月 28 日（周日）凌晨

"女王"转弄地动仪，测试全球资本市场抗震能力，
投资者要经得起震荡，千万不要被来回清扫止损

本篇文章中需要我们在黄金投资方面掌握的交易知识点和相关技巧内容主要在于技术面。

1. 倒 T 字线。倒 T 字线的形态特征是，开盘价、收盘价、最低价粘连在一起，成为"一"字，但最高价与之有相当距离，因而在 K 线上留下一根较长的上影线，构成倒 T 字状图形（见图 8-7）。

倒 T 字线

图 8-7

倒 T 字线的走势判断有以下几种：

（1）在上涨途中出现，则继续看涨；

（2）在上涨末期出现，为卖出信号；

（3）在下跌途中出现，则继续看跌；

（4）在下跌末期出现，为买入信号。

与之类似的还有 T 字线，其判断黄金价格走势也较为类似（见图 8-8）。

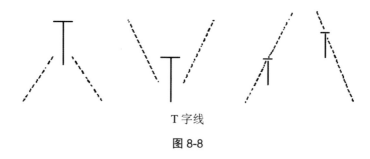

T 字线

图 8-8

2. 钝化。所谓技术上钝化的概念是指技术指标形态并没有按照之前预期方向运行，导致该指标失去指示意义。就是我们平时所说的指标失真，一般情况下只有短线指标会出现钝化，例如 RSI 指标、KDJ 指标、PSY 心理线等，一旦短线指标出现钝化就失去参考价值，投资者就没有必要继续运用它了。一般技术钝化经常出现在极端行情下，也可以把其作为参考中长线指标进行买卖。

3. 葛兰碧法则。我们又称为葛兰维尔法则，由美国专家葛兰维尔提出的，这一法则主要是用于 200 天移动平均线。基本原理：价格始终围绕价格移动平均线上下波动。如果远离的话或偏离太远的话，便会在平均线的吸引下发生回档，转而向平均线靠拢。

具体运用一共是八大法则，分为买入法则和卖出法则。

买入法则：

1. 当移动平均线从下降转到盘局或上升，价格从移动平均线的下方向上移动并突破平均线又再度向上。

2. 价格连续上升走在移动平均线之上或者远离移动平均线又突破下跌，但未跌破移动平均线又再度上升。

3. 价格一时跌破平均线，但是又立刻回升到平均线之上，此时平均线仍然持续上升。

4. 庄家恶搞突然暴跌，跌破并远离平均线，如果这时价格开始回升再趋向平均线。

卖出法则：

5. 当平均线由上升开始转向走平或逐渐下跌，价格从平均线上方向下跌破平均线时。

6. 价格在平均线以下移动，然后向平均线回升，未突破平均线又立即反转下跌。

7. 价格向上突破平均线后又立即跌回到平均线以下，此时平均线仍然继续下跌。

8. 价格急速上升或突破平均线并远离平均线上，上涨幅度相当可观，随时可能会反转回跌。

具体表现见图 8-9。

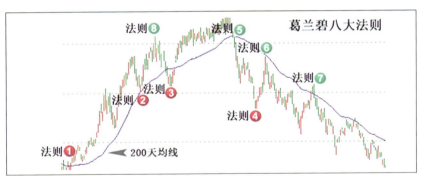

图 8-9

葛蓝碧法则的方向判断。

1. 如何判断黄金价格熊市或牛市？

一般黄金价格始终运行在 200 天均线下方，我们称为黄金熊市，而黄金价格始终运行在 200 天均线上方，我们称为黄金牛市。

2. 如何判断熊市或牛市的转换？

当黄金价格从 200 天均线下方有效站稳在 200 天均线上方运行时，即黄金价格熊市转牛市。

当黄金价格从 200 天均线上方有效跌破在 200 天均线下方运行时，即黄金价格牛市转熊市。

3. 如何判断黄金价格熊市底部和牛市顶部。

一般黄金实际价格高于 200 天均线 200 美元/盎司左右时，则我们认为偏向于黄金价格牛市顶部，而黄金实际价格高于 200 天均线 300—400 美元/盎司时，则我们基本较为肯定确认为黄金价格牛市顶部。一般黄金实际价格低于 200 天均线 200 美元/盎司左右时，则我们认为偏向于黄金价格熊市底部，而黄金实际价格低于 200 天均线 300—400 美元/盎司时，则我们基本较为肯定确认为黄金价格熊市底部（见表 8-1）。

表 8-1

日　期	（1）最高价或最低价	（2）200 天均线	（1）和（2）之间相差	牛顶或熊底
2016.07.06	1374.90	1184.37	+190.53	基本牛顶
2013.06.28	1180.20	1593.73	−413.53	肯定熊底
2011.09.06	1920.50	1499.64	+420.86	肯定牛顶
2011.08.23	1911.80	1476.38	+435.42	肯定牛顶
2011.05.02	1574.60	1356.81	+217.79	基本牛顶
2010.11.09	1424.20	1209.93	+214.27	基本牛顶
2009.12.03	1226.65	974.69	+251.96	基本牛顶
2008.10.24	680.80	891.12	−210.32	基本熊底

黄金价格还会破 1300 整数关吗?

(2016 年 8 月 29 日至 9 月 2 日评论)

2016 年 9 月 2 日（周五）引人关注的美国公布的非农就业报告为 15.1 万人，不如预期 18 万人和前值 25.5 万人；2016 年 8 月平均每小时工资月率公布值为 0.1%，不如预期 0.2% 和前值 0.3%。

这份非农报告公布后，国际现货黄金价格很快脱离了近期 1310 低位区，最高反弹至 1330 附近，最后 2016 年 9 月 2 日（周五）黄金价格纽约交易所收盘收至 1324.30（见图 9-1）。

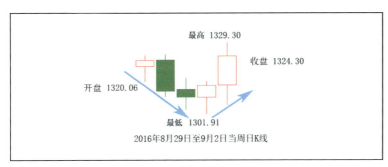

图 9-1

在市场都关注美联储是否加息时，这份非农就业报告再次导致市场对 2016 年内美联储加息产生了极大的疑惑。

2016 年 9 月 1 日（周四）国际现货黄金价格盘中一度最低跌至 1301.91，创出 2016 年 6 月 24 日（周五）英国脱欧以来最低点。当时市场对未来黄金价格跌破 1300 整数关的预期一度升温。然而在 2016 年 9 月 2 日（周五）美国公布的非农就业报告后，市场对未来黄金价格能否跌破 1300 整数关也产生了极大的分歧。

笔者对此表达一下个人观点：记得在英国脱欧后，黄金价格受避险情绪推动大幅上升。2016 年 7 月初，黄金价格最高攀升至接近 1375 一线。笔者在市场极度看好黄金价格走势时，发表了《坚决看空黄金价格》一文。本周（即2016年8月29日—2016年9月2日）黄金价格盘中最低跌至1301一线。笔者从2016年7月坚决看空黄金价格到现在两个月的时间里，黄金价格已经下跌了70多美元，这基本反映了当时笔者判断的准确性。所以，在目前市场对未来黄金价格分歧较大的氛围下，笔者在这里再次表达一下对未来黄金价格走势最新观点。

笔者依然倾向于认为黄金价格在下周（即2016年9月5日—2016年9月9日）或未来一段时间跌破1300整数关的可能性偏大，其中主要有以下几个方面的理由。

第一，笔者并不认为2016年9月2日（周五）美国公布的非农就业份报告较差；相反，笔者认为2016年9月2日（周五）美国公布的非农就业人数增长15.1万人还是不错的。其原因如下：

1. 最近几年美国公布的8月非农就业人数增长总是相对于预期要偏弱一些，其中主要原因是因8月休假，就业人数带有较大的不确定性。而2016年9月美国公布的非农就业人数增长比预期相差为2.9万人，这在最近几年中还算是与预期相差较少的，相差最多是在2011年9月，与预期相差10万人（见表9-1）。

表9-1

公布时间	实际公布非农就业人数（万人）	预期非农就业人数（万人）	与预期相差（万人）
2011 年 9 月	0	10	10（与预期相差最多）
2012 年 9 月	9.6	12.5	2.9（与预期相差较少）
2013 年 9 月	16.9	18	1.1（预期相差最少）
2014 年 9 月	14.2	22.5	8.3
2015 年 9 月	17.3	22	4.7
2016 年 9 月	15.1	18	2.9（与预期相差较少）

2. 最近三个月美国公布的非农就业人数增长分别为29.2万人（调整后）、27.5万人（调整后）、15.1万人，三个月平均为23.93万人。这已经符合且超过美联储加息标准所需要的平均20万人。

3. 2016 年 1—8 月非农就业人数增长分别为 15.1 万人、24.2 万人、21.5 万人、16.3 万人、3.8 万人、29.2 万人、27.5 万人、15.1 万人；2016 年八个月平均为 19.09 万人，这已经接近美联储加息标准所需要的平均 20 万人。

第二，未来市场对美联储加息的预期依然存在。

在 2016 年 9 月 2 日（周五）美国公布非农就业报告后，仍有对未来美联储加息声音出现。比如，高盛表示，仍将美联储 2016 年 9 月加息概率上调至 55%；"债王"格罗斯在接受彭博采访时称，"2016 年 8 月数据让美联储 2016 年 9 月加息的概率接近 100%"；美联储官员里奇蒙联储主席莱克表示，"对于上调通胀目标的可能性表示很怀疑，2016 年 8 月非农就业报告合理且强健仍倾向于加息一次，25 个基点是合适的增幅"。

第三，从近期各种资金流向看，抛售黄金偏多。

1. 全球黄金最大的 ETF 目前持有量已经降至接近英国脱欧以来最低持有量（见表 9-2）。

表 9-2

日　期	增减变化（吨）	目前持有量（吨）
06.24	+18.41	934.31
06.27	+13.07	947.38
06.29	+2.67	950.05
07.01	+3.86	953.91
07.05	+28.81	982.72
07.06	−0.28	982.44
07.07	−4.15	978.29
07.08	+2.97	981.26
07.12	16.04	965.22
07.14	−2.37	962.85
07.18	+2.37	965.22
07.21	−2.08	963.14
07.25	−4.45	958.69
07.26	−4.46	954.23

日　　期	增减变化（吨）	目前持有量（吨）
07.30	+3.86	958.09
08.01	+5.94	964.03
08.02	+5.94	969.97
08.03	−0.32	969.65
08.04	+3.56	973.21
08.05	+7.13	980.34
08.08	−6.54	973.80
08.10	−1.18	972.62
08.11	−0.30	972.32
08.12	−11.87	960.45
08.16	+1.78	962.23
08.17	−4.45	957.78
08.18	−1.79	955.99
08.22	+2.38	958.37
08.25	−1.78	956.59
08.30	−1.19	955.40
08.31	−12.17	943.23
09.01	−5.34	937.89

从表 9-2 中发现，2016 年 6 月 24 日（周五）英国脱欧时，全球黄金最大的 ETF 持仓量为 934.31 吨，而 2016 年 9 月 1 日（周四）全球黄金最大的 ETF 持仓量为 937.89 吨，这已经非常接近英国脱欧当日持仓量。2016 年 6 月 24 日（周五）英国脱欧当日黄金价格在 1300 整数关下方最低出现过 1250。

同时，2016 年 8 月 25 日（周四）以来，全球黄金最大的 ETF 连续 4 次减持黄金。2016 年 8 月 25 日（周四）以来，黄金价格最高为 1341.10，由此判断如果主力机构确实在近期以做空黄金为主的话，那么未来黄金价格可能很难越过 1340 一线。假如未来黄金价格能再次有效站稳 1340 之上，则表明新的一轮上升行情展开。

2. 2016 年 9 月 2 日（周五）纽约收盘后，美国商品期货交易委员会（CFTC）公布的周度报告显示，截至 2016 年 8 月 30 日（周二）当周，对冲基金和基金经理减持 COMEX 黄金净多头头寸至近三个月低位。

第四，市场避险情绪已经明显降温。

在英国脱欧时一度充当避险角色的日元大幅走高，而近期日元出现了较大的回调。2016 年 9 月 2 日（周五）美元兑日元已经攀升至 104.30，为 2016 年 7 月 29 日（周五）以来最高。美元兑日元走高，就意味着日元下跌（见图 9-2）。

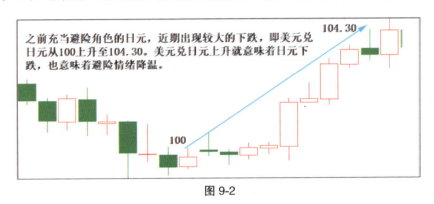

图 9-2

同时，一度成为重灾区的英镑，近期也随着脱欧负面影响淡化，出现了一定的回升。英镑回升也宣告市场对英国脱欧的避险情绪降温，这对黄金价格上涨不利（见图 9-3）。

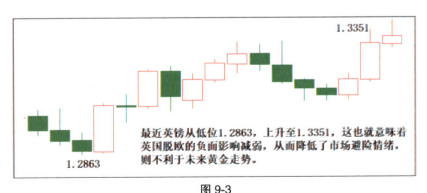

图 9-3

第五，技术层面，未来黄金价格跌破 1300 整数关可能性较大。

1. 从黄金价格 MACD 指标日线图上发现，其两条线在 2016 年 8 月 31 日

（周三）跌破 0 轴，即 2016 年 6 月以来首次跌破。一般来说，MACD 指标两条线在 0 轴之上运行，则黄金走势偏强；而两条线在 0 轴之下运行，则意味着黄金走势偏弱。因此，未来黄金价格有跌破 1300 整数关的可能性（见图 9-4）。

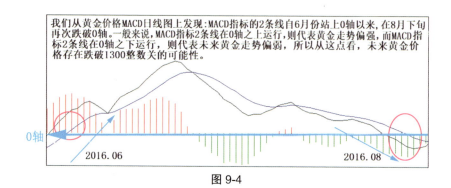

我们从黄金价格MACD日线图上发现：MACD指标的2条线自6月份站上0轴以来，在8月下旬再次跌破0轴。一般来说，MACD指标2条线在0轴之上运行，则代表黄金走势偏强，而MACD指标2条线在0轴之下运行，则代表未来黄金走势偏弱，所以从这点看，未来黄金价格存在跌破1300整数关的可能性。

0轴
2016.06
2016.08

图 9-4

2. 我们发现，黄金价格日线级别的 12 日 PSY 心理线数值在 2016 年 9 月 2 日（周五）纽约收盘后继续运行在 50 之下。我们认为，12 日 PSY 心理线持续运行在数值 50 之下，则代表黄金走势偏弱，也就意味着未来黄金价格跌破 1300 整数关存在可能（见图 9-5）。

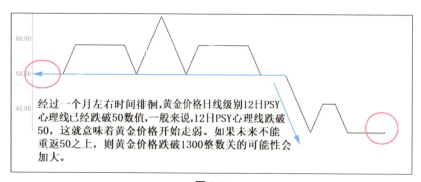

60.00

50.00

40.00

经过一个月左右时间徘徊，黄金价格日线级别12日PSY心理线已经跌破50数值，一般来说，12日PSY心理线跌破50，这就意味着黄金价格开始走弱。如果未来不能重返50之上，则黄金价格跌破1300整数关的可能性会加大。

图 9-5

3. 2016 年 9 月 1 日（周四）黄金价格盘中最低点 1301.91 已经跌破了 2016 年 6 月 28 日（周二）盘中最低点 1305.23。根据著名道氏理论，黄金价格未来应该有 30—50 美元 / 盎司下跌，即未来黄金价格下跌目标位在 1250—1270 一线（见图 9-6）。

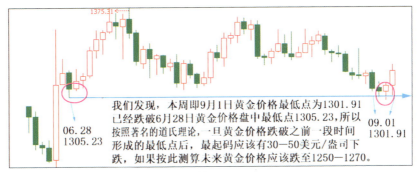

图 9-6

综上所述，从基本面、资金面和技术面判断了未来黄金价格会跌破 1300 整数关，但其中有一定的主观意识，未来黄金价格能否扩大跌势真正有效跌破 1300 整数关，则还是需要多方面配合，这可能有以下几个方面需要配合。

第一，需要有更重分量的加息消息配合。尽管 2016 年 9 月 2 日（周五）美国公布非农就业报告后，高盛、格罗斯、莱克都纷纷表示美联储仍会加息，但未来我们还是期待更有分量的声音出现。比如，之前一直主张加息的美联储第 2 号人物美联储副主席费希尔、美联储第 3 号人物纽约联储主席杜德利，他们如何理解这份最新的非农就业报告，他们看了这份非农就业报告后，是否还会坚持之前强硬的加息态度？如果坚持，黄金价格跌破 1300 整数关应该进入倒计时；反之，如果他们改变了之前强硬加息态度，则黄金价格几乎不太可能跌破 1300 整数关防线。最为重要的是美联储主席耶伦态度会如何呢？

第二，良好的经济数据支持。在 2016 年 9 月 21 日（周三）美联储 2016 年第六次会议之前，美国还有众多较为重要的经济数据有待于公布，这些数据的表现也会影响黄金价格走势。比如，2016 年 9 月 6 日（周二）美国公布的 8 月就业市场现状指数；2016 年 9 月 7 日（周三）美国 7 月 JOLTs 职位空缺指标；2016 年 9 月 8 日（周四）美国公布的 2016 年 9 月 3 日（周六）当周初请失业金人数以及在下周（即 2016 年 9 月 12 日—2016 年 9 月 16 日）美国公布的零售销售和美国公布的消费者物价指数。

如果上述经济数据总体偏好，那么黄金价格也就顺理成章跌破 1300 整数关；反之，则黄金价格可能无法有效跌破 1300 整数关。

第三，全球最大 ETF 减持黄金配合。未来仍需要进一步观察全球黄金最大的 ETF 动向。自 2016 年 8 月 25 日（周四）以来，全球黄金最大的 ETF 连续 4 次减持黄金，如果继续进一步减持，甚至持仓量下降至 900 吨下方，那么黄金价格跌破 1300 整数关，则没有任何悬念。反之，全球黄金最大的 ETF 重新大量增持黄金，则未来黄金价格将会出现一定反弹，如此测算，其反弹目标位应该在 1330—1340 一线。

第四，技术指标出现明显信号。从技术上看，我们发现黄金价格日线级别的 5 日 RSI 数值在 2016 年 9 月 2 日（周五）纽约交易所收盘后依然保持在 50 之上。如果未来 5 日 RSI 数值能跌破 50，则黄金价格将继续走低，甚至有可能跌破 1300 整数关。反之，则未来黄金价格不排除继续反弹，目标位应该在 1330—1340 一线（见图 9-7）。

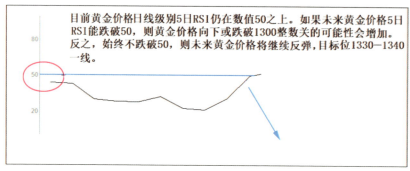

目前黄金价格日线级别5日RSI仍在数值50之上。如果未来黄金价格5日RSI能跌破50，则黄金价格向下或跌破1300整数关的可能性会增加。反之，始终不跌破50，则未来黄金价格将继续反弹，目标位1330—1340一线。

图 9-7

黄金价格 1300 整数关，能否有效跌破，暂缺东风？

最后，笔者所想表述的是，任何期待和期望都需要天时地利人和。当年诸葛亮草船借箭靠的是东风。所以，黄金价格未来要跌破 1300 整数关也是需要借助一些"东风"的。当然，一旦有了"东风"，黄金价格跌破 1300 整数关则稀松平常。

笔者于 2016 年 9 月 4 日（周日）凌晨

本篇文章中需要我们在黄金投资方面掌握的交易知识点和相关技巧内容主要在于技术面：

RSI——相对强弱指标（由韦尔斯·威尔德发明）。

1. 基本原理。根据供求关系平衡原理产生的，用以测量在一定时间内市场供求动能的技术指标。RSI 指标变动的数值范围在 0—100，它属于一种快速指标或短线指标。

2. 韦尔斯·威尔德起初使用的是 14 日 RSI 样本。我们在本书分析时，以研究 5 日 RSI 样本为主，因为这样更符合交易的特点和需要。投资者也可以结合自己在实际运行中的效果，选择其他的样本。比如 7 日、9 日、10 日、14 日、30 日等。

3. 具体运用。（参与以 5 日 RSI 为主）

第一种：一般 RSI 指标数值在 30—70 之间出现的频率较大，而在 80 之上或者 20 之下的频率较小。由此我们得出以下操作结论：以 5 日 RSI 为例，在 20 以下，为超卖区，应以买入为主；在 80 以上，为超买区，应以卖出为主。

第二种：如果 5 日 RSI 数值从 50 上方跌破 50 数值，则继续看空黄金；如果 5 日 RSI 数值从 50 下方站上 50 数值，则继续看多黄金。

第三种：RSI 指标往往会出现底背离或者顶背离的信号。

顶背离：价格创新高，指标不创新高，卖出信号（见图 9-8 和表 9-3）。

底背离：价格创新低，指标不创新低，买入信号（见图 9-9 和表 9-4）。

第四种：通过 5 日 RSI 判断阶段性顶部和阶段性底部。

（1）以发生顶背离为条件，也就是顶背离发生同时或之后，5 日 RSI 在 80 之下，或 70、60 之下，甚至 50、40 之下，价格出现了一个前期没有出现过的

图 9-8

表 9-3

品种	日　　期	5 日 RSI	价　格	说　　明
黄金	2014.06.13	81.78	1277.70	第 1 次 5 日 RSI 达到 80，并不是最高价格。
	2014.06.19	91.28	1321.70	第 2 次 5 日 RSI 达到 80，可能初步是最高价格。
	2014.07.10	81.88	1345	第 3 次 5 日 RSI 达到 80，基本认为最高价格，且出现顶背离。

图 9-9

表 9-4

品　种	日　　期	5 日 RSI	价　格	说　　　明
黄金	2015.02.24	20.40	1190.70	第 1 次 5 日 RSI 达到 20，并不是最低价格。
	2015.03.12	5.89	1148.50	第 2 次 5 日 RSI 达到 20，可能初步是最低价格。
	2015.03.17	15.19	1142.86	第 3 次，5 日 RSI 跌到 20，基本认为最低价格，且出现了底背离。

高点（近一阶段没有出现过高点），而这一高点很可能就是近期最高点，这也预示着价格即将面临下跌。

（2）以发生底背离为条件，也就是底背离发生同时或之后，5 日 RSI 在 20 之上，或 30、40 之上，甚至 50、60 之上，价格出现了一个前期没有出现过的低点（近一阶段没有出现过低点），而这一低点很可能就是近期最低点，这也预示着价格即将面临上升（见图 9-10 和表 9-5）。

图 9-10

表 9-5

品　种	日　　期	5 日 RSI	价　格	说　　　明
黄金	2014.03.14	83.55	1387.40	2014 年 3 月 17 日　5 日 RSI 明显低于 80，而价格创出新高，绝对是严重顶背离。
	2014.03.17	59.75	1391.70	
黄金	2014.11.06	10.24	1137.80	2014 年 11 月 7 日　5 日 RSI 明显高于 20，而价格创出新低，绝对是严重底背离。
	2014.11.07	50.94	1131.96	

4. RSI 优缺点。

优点：指标反映灵敏、直观性强，便于短线判断。

缺点：容易产生高位（80 以上）和低位（20 以下）钝化现象，一旦出现钝化后，对价格判断可能会发生误差。

5. 其他相对强弱指标还有 KDJ、随机指标。

黄金价格荡秋千

（2016 年 9 月 5 日至 9 日评论）

本周（即 2016 年 9 月 5 日—2016 年 9 月 9 日这一周）无论是美国公布的主要经济数据，有关美联储未来加息与否的消息，还是全球黄金最大 ETF 的表现等，都出现了来回荡秋千，令本周黄金价格出现了来回震荡的现象。

本周初国际现货黄金价格盘中最低为 1321.56，随后最高上冲至为 1352.55，而在 2016 年 9 月 9 日（周五）又最低跌至 1326.80，纽约交易所收盘在 1327.20（见图 10-1）。

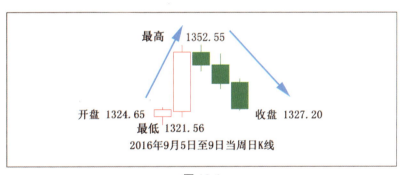

图 10-1

具体令黄金价格来回荡秋千的原因，见表 10-1。

表 10-1

具体内容	黄金价格荡上去 ↑	黄金价格荡下来 ↓
美国数据	2016 年 9 月 6 日（周二）美国公布的非采购经理人指数为 51.4，不如前值 55.5。 2016 年 9 月 6 日（周二）美国公布的 8 月就业市场状况指数（LMCI）下降 0.7，不如前值 1。	2016 年 9 月 7 日（周三）美国公布的 7 月 JOLTs 职位空缺 587.1（万人），好于前值 562.4（万人）。 2016 年 9 月 8 日（周四）美国至 2016 年 9 月 3 日当周初请失业金人数 25.9 万人，好于前值 26.3。

具体内容	黄金价格荡上去↑	黄金价格荡下来↓
加息与否态度	2016 年 9 月 7 日（周三）高盛表示：将美联储 2016 年 9 月 21 日加息的概率从 55% 下调至 40%。 2016 年 9 月 9 日（周五）达拉斯联储主席卡普兰表示：加息路径将非常平缓，步伐会非常小。	2016 年 9 月 7 日（周三）美联储旧金山联储主席威廉姆斯表示：加息宜早不宜迟。对 2016 年 9 月联邦公开市场委员会（FOMC）会议保持开放态度。 2016 年 9 月 7 日（周三）美联储官员堪萨斯联储主席乔治表示：美国已达到或接近充分就业。 2016 年 9 月 9 日（周五）美联储理事塔鲁洛表示：不排除 2016 年内加息的可能性。 2016 年 9 月 9 日（周五）美联储官员波士顿联储主席罗森格伦表示：美联储有合理理由采取逐步收紧的政策，而等待太久才采取收紧措施是有风险的。
全球黄金最大 ETF	2016 年 9 月 6 日（周二）增持 14.25 吨。	2016 年 9 月 7 日（周三）减持 0.33 吨。 2016 年 9 月 8 日（周四）减持 1.19 吨。 2016 年 9 月 9 日（周五）减持 10.68 吨。

表 10-1 体现出目前有些利好因素支持了黄金价格，所以近期黄金价格始终没有跌破 1300 整数关，这也使得笔者在《黄金还会破 1300 整数关吗?》一文中的预判未获得成功。

那么在目前最新错综复杂的形势下，笔者对未来黄金价格走势会有何观点呢？笔者在这里再次表示，仍坚持倾向于未来黄金价格跌破 1300 整数关，并进一步扩大跌幅的观点。其有以下几个方面原因。

第一，笔者依然倾向美联储在 2016 年内有加息的可能。无论是在 2016 年 9 月还是 12 月。

在 2016 年 9 月美国公布非农就业报告后，美联储内部仅有达拉斯联储主席卡普兰一位官员倾向于暂缓加息，而美联储旧金山联储主席威廉姆斯、堪萨斯联储主席乔治、波士顿联储主席罗森格伦和美联储理事塔鲁洛至少四位美联储官员，都倾向于 2016 年内加息。所以在美联储 2016 年内是否加息的问题上，笔者仍然倾向于美联储会议在年底加息至少一次。

第二，当黄金价格达到 1350 或更高位置，全球黄金最大的 ETF 明显在减持黄金。笔者近期曾多次凭借这点在让投资者尽量在 1350 之上做空黄金。据初步统计，2016 年 8—9 月期间，笔者建议在 1350 这个点位上做空黄金已经达到近 20 次，每次都获得成功。

第三，技术层面显示，未来黄金价格有继续下行，甚至跌破 1300 整数关的可能性。

1. 2016 年 9 月 9 日（周五）黄金价格纽约收盘后日 K 线发现：最近 3 根 K 线组合出现了"三只乌鸦"的特征。

何为"三只乌鸦"?

三只乌鸦的形态为：由 4 根 K 线组成，在上升途中，一根阳线后出现三根阴线，这三根阴线的收盘价一根比一根低，这预示着黄金价格即将下跌（见图 10-2）。

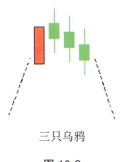

三只乌鸦

图 10-2

2016 年 9 月 9 日（周五）黄金价格纽约交易所收盘后出现下跌三连阴的日 K 线组合（见图 10-3）。

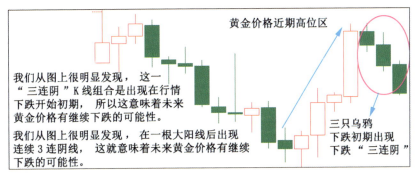

图 10-3

2. 2016 年 9 月 9 日（周五）黄金价格纽约收盘后，黄金价格日线级别 12 日 PSY 心理线继续运行在数值 50 之下。自 2016 年 8 月 25 日（周四）以来，黄金价格日线级别 12 日 PSY 心理线始终运行在数值 50 之下，此技术指标显示后市依然看跌黄金，是看空信号。除非黄金价格日线级别 12 日 PSY 心理线重新回升至数值 50 之上才能改变（见图 10-4）。

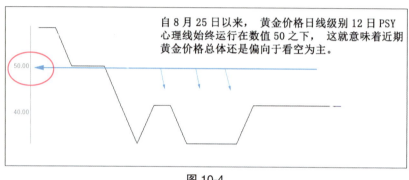

图 10-4

3. RSI 数值表现。笔者在《黄金价格还会破 1300 整数关吗?》一文中说到 2016 年 9 月 2 日（周五）纽约收盘后，5 日 RSI 未跌破关键数值 50（见图 10-5）。

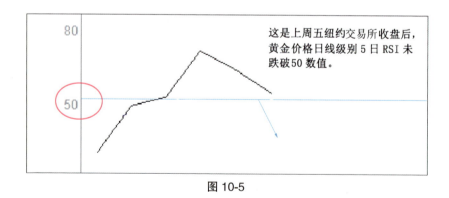

图 10-5

这也导致了本周黄金价格一度出现较大反弹，一度突破 1350 一线。

但是，本周五黄金价格纽约交易所收盘后日线级别 5 日 RSI 跌破了关键数值 50（见图 10-6）。

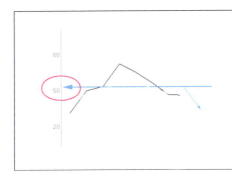

本周五黄金价格纽约交易所收盘后，我们发现黄金价格日线级别 5 日 RSI 已经跌破关键数值 50，这可能意味未来黄金价格将继续下跌，甚至有跌破 1300 整数关的可能性。

图 10-6

所以，这是不是意味着下周（即 2016 年 9 月 12 日—2016 年 9 月 16 日）黄金价格将继续走低，甚至跌破 1300 整数关呢？

以上分析内容均有笔者主观判断，从客观角度黄金要真正跌破 1300 整数关还需要有以下几方面的信息确认。

第一，继续关注未来美联储主要官员态度。

鉴于 2016 年 9 月 22 日（周四）北京时间凌晨美联储将公布是否加息以及美联储主席耶伦会发表讲话，所以在 2016 年 9 月 22 日（周四）北京时间凌晨之前的一段时间美联储主要官员可能大多会保持沉默。我们所能掌握的就是在 2016 年 9 月 13 日（周二）北京时间凌晨 1 时 15 分美联储理事布雷纳德将会发表讲话。目前市场认为这位官员讲话可能是在美联储会议之前最后一位较为有分量人物的讲话，所以这点显得尤为关键。

如果 2016 年 9 月 13 日（周二）北京时间凌晨布雷纳德讲话内容总体偏向于鸽派，那么未来黄金价格要跌破 1300 整数关，可能又会困难重重。反之，到时布雷纳德讲话内容总体偏向于鹰派的话，那么黄金价格跌破 1300 整数关，将进入倒计时。

第二，我们继续关注日后全球黄金最大的 ETF 动向。

我们发现黄金最大 ETF 在 2016 年 9 月 1 日（周四）持仓量为 937.89 吨，为 2016 年 6 月 24 日（周五）脱欧以来最低持仓量，而脱欧当日黄金价格最低在 1250 一线。而 2016 年 9 月 10 日（周六）有数据显示：2016 年 9 月 9 日（周五）全球黄金最大的 ETF 继续大幅减持黄金，目前最新持仓量已经降为 939.94 吨（见表 10-2）。

我们认为，如果下周（即2016年9月12日—2016年9月16日）后，全球黄金最大的ETF持仓量减持到937.89或更低，那么未来黄金价格跌破1300整数关，那是指日可待的事情。反之，未来全球黄金最大的ETF非但不继续减持，相反增持黄金，则不排除未来黄金价格有继续反弹的可能性，而黄金价格要跌破1300整数关，可能性将会大大降低。

表 10-2

日 期	增减变化（吨）	目前持有量（吨）
09.01	−5.34	937.89
09.06	+14.25	952.14
09.07	−0.33	951.81
09.08	−1.19	950.62
09.09	−10.68	939.94

如果未来黄金最大的ETF持仓量能下降至9月1日仓位937.89吨之下，则未来黄金价格跌破1300整数关的可能性加大。目前全球黄金最大的ETF最新持仓量为939.94，也就是再减持2.05吨以上，则可能性大大增加。

第三，我们继续关注黄金价格日线级别MACD指标未来是否会在0轴之下出现死叉。

黄金价格日线级别MACD指标可能会在0轴之下出现死叉。一旦真的出现，则未来黄金价格将继续下跌，可能会跌破之前2016年9月1日（周四）最低点1301.91，并有极大可能跌破1300整数关；反之，黄金价格日线级别MACD指标没有出现死叉，则不排除未来黄金价格会重新获得反弹（见图10-7）。

我们需要关注未来黄金价格日线级别MACD指标是否在0轴之下出现死叉？一旦出现死叉，则未来黄金价格跌破1300整数关的可能性将会大大提升。

图 10-7

最后，笔者所想表述的是，自2016年6月24日（周五）脱欧以来黄金价格至少有 3 次机会跌破 1300 整数关，最后因避险情绪、美联储加息缓慢、非农就业报告不尽人意而未能成功。但是，历史上刘备三请诸葛亮都获得成功了，笔者相信："精诚所至，金石为开。"所以只要条件符合，黄金价格跌破 1300 整数关概率还是存在的。

笔者于 2016 年 9 月 11 日（周日）凌晨

本周黄金价格犹如小猴荡秋千，等待未来突破方向，
荡到后面，是否能有效跌破 1300 整数关值得关注

本篇文章中需要我们在黄金投资方面掌握的交易知识点和相关技巧内容主要在于技术面：三只乌鸦，同类型的还有下跌三连阴和双飞乌鸦。

三只乌鸦：由 4 根 K 线组成，在上升途中，一根阳线后出现三根阴线，这三根阴线的收盘价一根比一根低，这预示着黄金价格即将下跌（见图 10-8）。

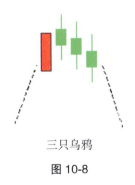

三只乌鸦

图 10-8

下跌三连阴：就是在下跌趋势中连续出现的 3 根阴线，而阴线多为大阴线或中阴线，每根阴线都以最低价或次低价报收，最后一根往往是大阴线，其杀伤力度最强。下跌三连阴较多出现在价格下跌趋势初期或价格下跌趋势末端。

下跌趋势初期的下跌三连阴：由 3 根 K 线组成，在下跌趋势中，连续出现三根阴线，这三根阴线的收盘价一根比一根低，如果是跌势初期出现的，这预示着黄金价格还要跌（见图 10-9）。

下跌趋势末期的下跌三连阴：由 3 根 K 线组成，在下跌趋势中，连续出现三根阴线，这三根阴线的收盘价一根比一根低，如果是跌势末期出现的，这预示着黄金价格要反弹（见图 10-10）。

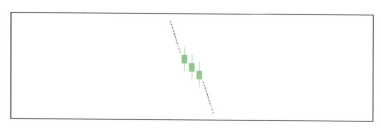

下跌趋势初期的下跌三连阴

图 10-9

下跌趋势末期的下跌三连阴

图 10-10

双飞乌鸦：由 3 根 K 线组成，在上升途中，一根阳线后出现两根阴线，其中第 2 根阴线几乎把第 1 根阴线吞没了。这预示着黄金价格就要大跌（见图 10-11）。

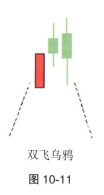

双飞乌鸦

图 10-11

耶伦"鸽"声依旧

（2016年9月19日至23日评论）

2016年9月22日（周四）北京时间凌晨美联储继续保持基准利率不变，美联储主席耶伦仍发表带有浓重鸽派色彩的讲话，令近期黄金价格稳守1300整数关的基础上，继续向上反弹。本周（即2016年9月19日—2016年9月23日）国际现货黄金价格盘中最高为1343.55，为2016年9月9日（周五）以来最高。2016年9月23日（周五）黄金价格纽约交易所收盘收至1336.80（见图11-1）。

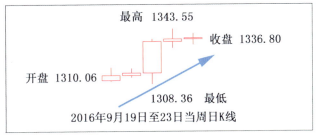

图 11-1

我们先来分析一下，除了美联储继续保持利率不变，偏鸽派的态度，还有哪些原因促成了短线黄金价格的反弹。

第一，全球黄金最大的ETF重新增持黄金，见表11-1。

表 11-1

日　　期	增减变化（吨）	目前持有量（吨）
09.16	+10.38	942.60
09.20	−3.85	938.75
09.21	+5.64	944.39
09.22	+6.53	950.92
09.23	+0.30	951.22

我们发现，全球黄金最大的ETF，9月16日以来累计增持黄金19吨，目前全球黄金最大的ETF增持量已经回升至9月7日以来最高水平。

第二，近期中国大幅减持美国债券。

这显然对短线美元走势不利，而相对有利于黄金价格。最近有数据显示：中国 2016 年 7 月持有美国国债头寸减少 220 亿美元，创 2013 年 12 月以来最大单月减持，目前中国持有美国债券的最新持仓量为 1.22 万亿美元。

第三，技术面因素。

黄金价格 MACD 指标日线级别在美联储议息会议之前出现了金叉，这也意味着短线黄金价格要反弹（见图 11-2）。

图 11-2

下阶段黄金价格是否还会继续反弹？依笔者观点，不排除黄金价格仍有继续反弹的可能性。其主要有以下几方面原因。

第一，美联储议息会议后，有部分美联储官员呼应了美联储主席耶伦的"鸽声"。2016 年 9 月 23 日（周五）达拉斯联储主席卡普兰表示：美国当前的经济增速确实较为迟缓；当前美国经济并不过热；美联储在等待加息上等得起。明尼阿波利斯联储主席卡什卡利表示：美国长期潜在经济增速略低于 2%，较之升息过慢，更担心升息过快。

第二，目前黄金全球最大的 ETF 最新持仓量已经达到 2016 年 9 月 7 日（周三）以来最高水平。2016 年 9 月 7 日（周三）黄金价格最高为 1352.55，而这个最高价格与 2016 年 9 月 23 日（周五）黄金纽约收盘价格 1336.80 相比，预计可能未来黄金价格还有 15.75 美元／盎司上升空间。

第三，最近黄金价格走势与上次 2016 年 7 月 26 日（周二）美联储保持利率不变时黄金价格前后走势极为相似，按这样参照做预判，则不排除未来黄金价格还是有一定的上升空间。2016 年 7 月 26 日（周二）美联储保持利率不变，前后黄金价格累计上升近 57 美元 / 盎司，而这次按黄金价格最低 1306 算起，目前最大上升为 37 美元 / 盎司，与上次最大涨幅相比，还差近 20 美元 / 盎司，即未来黄金价格反弹目标位应在 1360 上下（见图 11-3）。

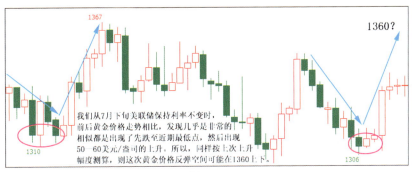

图 11-3

但笔者认为未来黄金价格借此次反弹突破 1374.90，再创 2016 年 7 月以来新高的可能性不大，其中有以下几个理由。

第一，美联储主席耶伦在这次讲话中虽然"鸽"声依旧，但也保留了 2016 年内加息的可能性，而在此次美联储保持利率不变后也有内部官员继续支持加息的呼声。本周美联储主席耶伦表示：如果没有新的风险出现，预计 2016 年将加息一次。2016 年 9 月 23 日（周五）波士顿联储主席罗森格伦表示：经济持续的扩张意味着加息是必需的。

第二，从 2016 年 9 月 23 日（周五）全球黄金最大的 ETF 增持数量看，随着黄金价格回升，增持数量明显减少。

从 2016 年 9 月中旬以来数据发现，在黄金价格跌至 1310 上下时，全球黄金最大的 ETF 一次性就增加 10 吨，这反映明显资金在 1310 附近买入黄金，而在美联储保持利率不变后，全球黄金最大的 ETF 分两次增持黄金各 5—6 吨，当时黄金价格基本运行在 1330 一线，当黄金价格在接近 1340 时，全球黄金最大的 ETF 增持数量仅为 0.3 吨。如果未来全球黄金最大的 ETF 在 1340 价格附近不再继续增持，相反是减持，则表明未来黄金价格下跌的概率会增加；反之，全球黄金最大的 ETF 在 1340 价格附近重新大量增持黄金，比如单日增持又回升到 5—10 吨或更多，则未来黄金价格继续上升，上升至 2016 年最高点

1374.90 甚至创出新高的可能性将会增加。

第三，从技术上看，黄金价格还是有继续回调的压力。

1. 从黄金价格 MACD 指标周线级别看，黄金价格依然是处在看空信号之中（见图 11-4）。

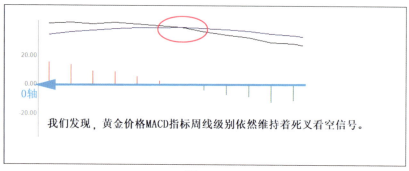

我们发现，黄金价格MACD指标周线级别依然维持着死叉看空信号。

图 11-4

2. 黄金价格 MACD 指标日线级别出现了金叉，但其两条线仍运行在 0 轴之下。我们认为，只有未来黄金价格 MACD 指标日线级别两条线同时站上 0 轴，才会进一步上升有上穿 1374.90 的可能性；反之，黄金价格还是会重新下跌，而一旦在 0 轴之下再度形成死叉，则黄金价格跌破 1300 整数关的可能性增加（见图 11-5）。

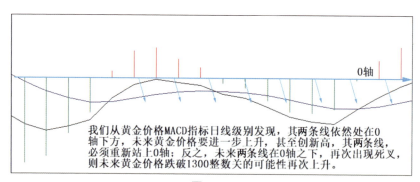

我们从黄金价格MACD指标日线级别发现，其两条线依然处在0轴下方，未来黄金价格要进一步上升，甚至创新高，其两条线，必须重新站上0轴；反之，未来两条线在0轴之下，再次出现死叉，则未来黄金价格跌破1300整数关的可能性再次上升。

图 11-5

3. 黄金价格日线级别 12 日 PSY 心理线在 2016 年 8 月 25 日（周四）以来始终运行在数值 50 之下。只要黄金价格日线级别 12 日 PSY 心理线不站上数值 50，则未来黄金价格总体偏向于下行（见图 11-6）。

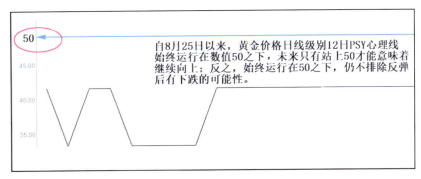

图 11-6

综上所述，当前黄金价格基本运行在 1300—1375 之间 1/2 位置上下运行。未来黄金价格如何波动还依然要看市场各方面的配合（见表 11-2）。

表 11-2

判断依据	主要表现	能否创新高	跌破 1300 整数关
价　格	突破 1365	✓	
	不能突破 1365		✓
MACD 日线图	两条线站上 0 轴	✓	
	在 0 轴之下出现死叉		✓
ETF	增持	✓	
	减持		✓
美联储态度	鸽派	✓	
	鹰派		✓
美国数据	差	✓	
	好		✓

笔者于 2016 年 9 月 25 日（周日）凌晨

江山易改，本性难移，"女王"天生鸽派似乎难以改变

本篇文章中需要我们在黄金投资方面掌握的交易知识点和相关技巧内容主要在于资金面：中国增减持美国债券对黄金价格的影响。

1. 目前中国在整个国际金融市场影响力大幅提振。

（1）在 2010 年 8 月 16 日（周一）中国第二季度 GDP 已经超过日本位居世界第二大经济体。2012 年 2 月 27 日（周一）世界银行预测 2030 年中国将成为全球最大经济体。

（2）截至 2016 年 12 月末，中国目前拥有 3.01052 万亿美元外汇储备，位居世界第一（之前 2014 年年末为 3.84 万亿美元）。

（3）正因为中国外汇储备规模非常巨大，很多对冲基金和投资者对中国投资者策略非常敏感。

（4）有媒体报道，目前整个国际社会对中国金融市场关注度仅次于美国。

（5）2007 年 6 月中国成立中国国家投资公司。之前，中国国家投资公司在美国房地产投资回报率高达 40%。

（6）2010 年 11 月 16 日（周二）索罗斯表示，中国是拉动全球经济的引擎，将领导全球制造业重组。

2. 中国增持或减持美国债券对黄金价格的影响。

中国增持美国债券 ➜ 美元容易上升 ➜ 非美货币和大宗商品容易下跌 ➜ 做空黄金为主。

中国减持美国债券 ➜ 美元容易下跌 ➜ 非美货币和大宗商品容易上

升 ➡ 做多黄金为主。

3. 2016 年以来中国持有美国债券变动情况见表 11-3。

表 11-3

公布时间	持有数量（亿美元）/ 为修正值	增减情况（亿美元）
2016.01.19	12645	+97
2016.02.17	12461	−184
2016.03.16	12379	−82
2016.04.16	12523	+144
2016.05.17	12446	−77
2016.06.16	12428	−18
2016.07.18	12440	+12
2016.08.16	12408	−32
2016.09.17	12188	−220
2016.10.19	11851	−337
2016.11.17	11570	−281
2016.12.16	11157	−413

表 11-3 显示：2016 年中国全年累计减持 1391 亿美元美国债券，所以 2016 年黄金价格最大涨幅达到 29.50% 也是有一定关联。

4. 中国因素对市场影响还体现在中国对外投资标的，中国货币政策变化和中国上调或下调成品油等。

迟来的雪崩

（2016 年 10 月 3 日至 7 日评论）

国庆长假期间，国际现货黄金价格出现了雪崩行情。国际现货黄金价格从 2016 年 9 月 22 日（周四）盘中最高点 1343.55，于 2016 年 10 月 7 日（周五）盘中最低跌至 1241.20，为 2016 年 6 月 7 日（周二）以来最低，在近 12 个交易日中黄金价格最大跌幅达到 8.25%。与此同时，黄金价格在 2016 年 10 月 4 日（周二）终于跌破之前牢不可破的 1300 整数关（见图 12-1）。

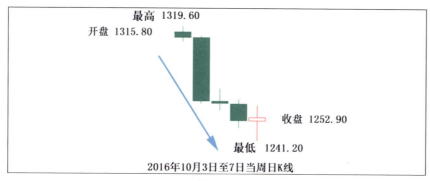

图 12-1

这样雪崩式的黄金价格下跌行情足以给国内持有黄金多头头寸的投资者在欢度长假时带来了一些沉闷。但是，笔者认为这只是一次迟来的黄金价格雪崩下跌行情。笔者之前的文章中，表明了坚决看空黄金的观点。详见 2016 年 7 月 10 日笔者撰文题为《坚决看空黄金价格》的文章内容。

当时，笔者坚决看空黄金价格，主要归纳为以下原因：

第一，非农靓丽增加了未来美联储加息的预期。

第二，市场对英国脱欧的避险情绪开始逐步降温。

第三，当市场一致看好黄金价格时，应产生逆向思维。例如当时富国银行就预期未来黄金价格将会暴跌。

第四，实物黄金需求进入低谷期。

第五，从技术上看，黄金价格在高位出现"吊颈线"；KDJ日线级别指标中的D线数值偏高。

根据上述理由，笔者当时预期未来黄金价格下跌目标位应该在1250一线。果然历时近三个月的时间，在2016年10月7日（周五）达到了我们之前预期的黄金价格下跌目标位。

那么，我们再看一下，本次黄金价格雪崩的真正原因是什么？

第一，虽然在2016年9月22日（周四）美联储第六次会议上继续保持利率不变，但随后大部分美联储官员发表的态度仍支持未来美联储有加息预期。而近期国际原油期货价格大幅攀升，盘中一度突破50美元/桶，反映了美国通胀有回升迹象，这也反映出未来美联储为了控制通胀，也有加息的要求。

第二，同样美联储在2016年9月宣布不加息后，全球黄金最大的ETF并未继续增持黄金，而在减持（见表12-1）。

表 12-1

日　　期	增减变化（吨）	目前持有量（吨）
09.27	-2.08	949.14
09.30	-1.19	947.95
10.05	-0.32	947.63

我们发现，9月22日美联储宣布不加息后，全球黄金最大的ETF持续减持黄金，这显然对短线黄金走势不利。

第三，国际炒家利用国内国庆长假期间，国内投资者欢度节日对市场关注度下降的契机，采取偷袭、突然袭击等方式大规模做空黄金，同时，也制造了2016年10月7日（周五）英镑价格的黑天鹅事件。

之前笔者多次表示，黄金价格1300迟迟未有效跌破，还是缺东风。看来这次黄金价格有效跌破1300整数关的东风，应该是来自于国际炒家制造的这次黑天鹅事件。

笔者认为发生这样黑天鹅事件的原因是，随着国外众多平台渗透到国内内地市场，国内参与海外的外汇、黄金等交易日趋增加，现已成为国际市场中重要的交易力量之一。这就像国内人到海外购物，成为国外市场消费主力军类似。

由于国际上大多数的外汇、黄金等高杠杆交易属于零和游戏。关于零和游戏，是博弈论的一个概念，意指在游戏双方中，一方得益必然意味着一方亏损。

所以，国外的炒家、机构、基金不会轻易让国内投资者在交易中得到利益。比如，近期国内投资者普遍看好黄金价格、英镑汇率，从而拥有较多的黄金、英镑多头仓位，而国际主力炒家，大机构采取反向操作，令国内持有黄金、英镑多头头寸的投资者损失惨重。

所以，对国内的投资者来说，参与海外的外汇、黄金等高杠杆交易需要建立更多逆向思维、逆向交易的方式，同时更重要的是管理、控制好自己的仓位，一定要以轻仓为主，切忌仓位过重。

第四，技术方面。

1. 从黄金价格日 K 线发现，在 2016 年 9 月 28 日（周三）黄金纽约交易所收盘价格跌破 10 日均线（见图 12-2）。

一般情况下，黄金纽约交易所收盘价格跌破 10 日均线且日后 MACD 日线指标 0 轴之下出现死叉，意味着未来黄金价格可能会出现断崖式的下跌。

注意：如果黄金纽约交易所收盘价格跌破 10 日平均线且日后 MACD 日线指标 0 轴之上出现死叉，这就意味着未来黄金价格可能会出现冲高回落或高位杀跌。

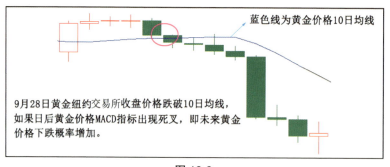

图 12-2

2. 不出意料，果然在 2016 年 9 月 30 日（周五）当黄金价格还运行在 1310 附近时，黄金价格 MACD 指标日线级别在 0 轴下方出现死叉。根据以往经验，MACD 指标在 0 轴下方出现死叉是黄金价格大幅下跌的预兆（见图 12-3）。

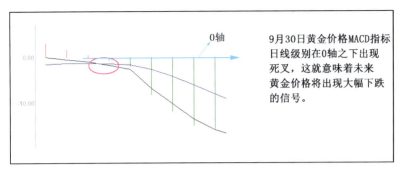

图 12-3

3. 我们通过黄金价格日线级别 12 日 PSY 心理线发现，即使在美联储不加息的情况下，PSY 也未能突破重要数值 50。这反映出即使美联储不加息，也并不能维持黄金价格利好的走势（见图 12-4）。

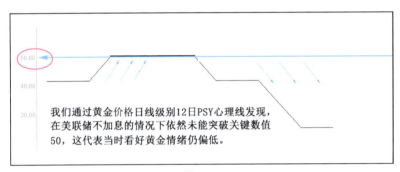

图 12-4

4. 之前黄金价格长期坚守的 1300 整数关防线，此次彻底有效被击破，这就意味着黄金价格后市依然看跌（见图 12-5）。

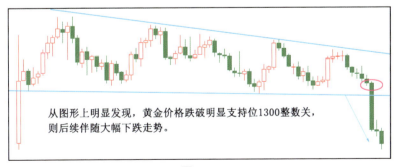

图 12-5

所以，我们认为，上述基本面、技术面等众多原因导致了黄金价格在国庆长假期间出现了雪崩走势。当然，这次黄金价格雪崩行情，迟来的主要原因还是在于美联储行动的缓慢。

美联储自 2015 年 12 月 17 日（周四）启动第六轮加息周期，到目前迟迟未采取行动。这在美联储以往加息周期里是罕见的。在过去五次加息周期中，从一次加息到下次加息之间间隔最长的时间为七个月左右，即从 1983 年 8 月 11 日（周四）间隔到 1984 年 3 月 29 日（周四），而目前已间隔 10 个月而未采取行动。

但俗话说得好，"纸包不住火"，"该来的总会来"。黄金价格一旦出现下跌趋势，即使没有美联储加息的配合，黄金价格也照样会下跌。就像 2016 年上半年黄金价格向上的趋势出现时，即使有美联储加息预期，也难以阻挡黄金价格一度攀升至 1374.90，创出 2014 年 3 月 17 日（周一）以来最高水平。

那么，黄金价格未来将如何运行？笔者从主观角度做出以下分析。

未来黄金价格短线具备向上反弹条件，预计第一目标位在 1270—1280，而第二目标位在 1300—1310。但无法确定黄金价格能否有效站稳在 1300 整数关之上，而未来反弹后，黄金价格仍面临一定下行动能，下一个目标位可能会在 1200，如果未来美联储加息次数和幅度加以配合，也不排除未来黄金价格下跌目标位在 1100 附近。

短线黄金价格面临反弹的主要原因有以下几个方面。

第一，2016 年 10 月 7 日（周五）美国公布的非农就业报告并不理想，非农就业人数增长为 15.5 万人，不如预期为增长 17.5 万人，而薪资月率增长 0.2%，不如预期月率增长 0.3%。这份疲软非农就业报告降低了 2016 年 11 月份美联储加息的可能性。

第二，2016 年 10 月 7 日（周五）国际部分主流机构发表了看好黄金的观点。比如，2016 年 10 月 7 日（周五）高盛表示金价跌穿 1250 美元是抄底的天赐良机，主要因为强劲的黄金 ETF 和金条需求，同时还包括策略对冲在内的强劲实物需求。另外，中国的黄金投资需求有望升温，特别是来自中长期资产配置者的需求。该行认为，基于全球经济增长仍面临持续下行风险，同时市场可能仍在质疑货币政策应对任何经济潜在冲击的能力。因此，金价跌破每盎司 1250 美元可能是一个战略性的购买机会。

2016年10月7日（周五）南非标准银行表示金价可能会慢慢向1300美元/盎司回升。

第三，2016年10月7日（周五）纽约收盘后，全球黄金最大的ETF增持黄金，且增持数量达到11.27吨。这表明短线黄金价格下跌后，有部分买盘趁机介入。

第四，从技术上看，短线黄金价格也有反弹要求。

1. 本周黄金价格5日RSI基本都在数值20之下运行。一般情况下，5日RSI数值低于20可视为短线买入信号（见图12-6）。

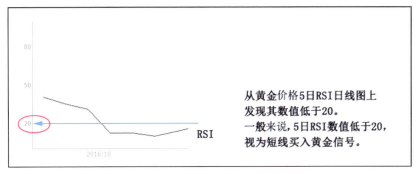

图 12-6

2. 从黄金价格日线级别KDJ指标发现，其中最慢的指标D线已经连续两个交易日跌破数值20，这就意味着短线黄金价格跌幅过大，不排除短线有反弹的要求（见图12-7）。

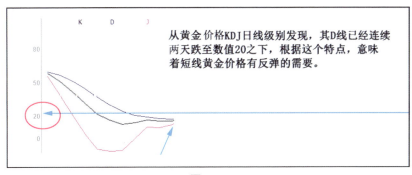

图 12-7

3. 2016年10月7日（周五）黄金价格纽约交易所收盘后，日线级别12日

PSY 心理线数值为 16.67，低于 25。这就意味着短线黄金价格过于低迷，不排除未来黄金价格有反弹需要（见图 12-8）。

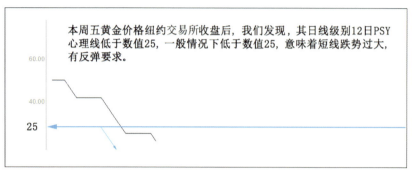

图 12-8

4. 根据著名的葛兰碧法则，当黄金价格跌至 200 天均线附近就应该有短线反弹需要。当然，其要求是 200 天均线总体仍保持向上的态势。这样日后出现的反弹，就符合葛兰碧法则第 3 条：价格位于移动平均线之上运行，回档时跌破移动平均线，但移动平均线继续呈上升趋势，此时为买进时机（见图 12-9）。

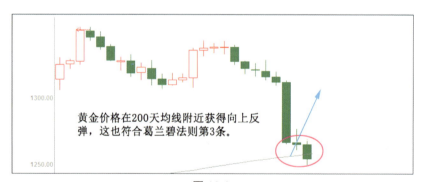

图 12-9

笔者依然坚持仍继续看空未来黄金价格不变。其中，最为重要的原因是美联储目前依然有加息的预期。

除了目前市场普遍预计 2016 年 12 月美联储加息概率较大外，美国标普也表示预期 2017 年美联储加息两次，2018 年美联储加息两次。

笔者认为，如果未来美联储不断兑现加息，则总体是利好美元，而利空黄金的。毕竟持有黄金是没有任何利息收入的，而一旦美元利率不断回升，其持有者回报率上升，将继续重创未来的黄金价格。

所以，笔者始终坚持只要美联储加息预期不变，则始终坚持看空黄金不变。也就是说：美联储变，则笔者变，美联储不变，笔者坚定不变。

综上所述，得到以下观点：

第一，2016年国庆期间，黄金价格雪崩行情笔者早在2016年7月就已经预期到，但因美联储的拖拉，演变为迟来的雪崩，其目标位也与笔者当时所预期黄金价格将跌至1250一线一致。

第二，目前笔者不排除短线黄金价格有反弹要求，预计未来反弹目标位在1270—1280或1300—1310，具体目标仍要尊重市场的走势。

第三，一旦黄金反弹结束，笔者仍倾向于黄金价格继续下行。下行空间取决于未来美联储加息次数和幅度。笔者认为，如果加息次数幅度仍有限而缓慢，黄金价格下跌目标位在1200一线。而美联储加息次数和幅度加大，则不排除未来黄金价格下跌目标位指向1100整数关一线。

第四，如果日后美联储即便不断加息，未来黄金价格要跌破1000整数关的可能性也不大。就算黄金价格因不断加息而跌破1000整数关，黄金价格1000整数关之下运行时间也不会很久。

笔者于2016年10月8日（周六）傍晚

因美联储行动迟缓拖拉，导致黄金价格大跌延缓，
但该来的迟早会来的，黄金价格在中国国庆长假期间出现暴跌

本篇文章中需要我们在黄金投资方面掌握的交易知识点和相关技巧内容有：

第一部分：技术面。

1. 下面两段内容对我们未来黄金交易有非常重要作用，望投资者熟知。

一般情况下，黄金纽约交易所收盘价格跌破 10 日均线且日后 MACD 日线指标 0 轴之下出现死叉。这就意味着未来黄金价格可能会出现断崖式或雪崩式的下跌。

如果黄金纽约交易所收盘价格跌破 10 日均线且日后 MACD 日线指标 0 轴之上出现死叉，这就意味着未来黄金价格可能会出现冲高回落或高位杀跌。

一般情况下，黄金纽约收盘价格有效站上 10 日平均线且日后 MACD 日线指标 0 轴之上出现金叉，这就意味着未来黄金价格可能会再度大幅上升或再创阶段性新高。

如果黄金纽约收盘价格有效站上 10 日平均线且日后 MACD 日线指标 0 轴之下出现金叉，这就意味着未来黄金价格可能会出现探低反弹或有向上的要求。

2. 一旦三个短线指标 RSI、KDJ、PSY 全部在 20 之下，则未来有反弹需要。反弹范围大约 30—50 美元 / 盎司。如果基本面和资金面加以配合，也可能有更大的反弹幅度。

第二部分：基本面。

1. 零和游戏：这是博弈论的一个概念，意指在游戏双方中，一方得益必然意味着一方吃亏。目前国际上大多数的外汇、黄金等高杠杆交易属于一种零和游戏。

随着国外众多平台渗透到国内内地市场，国内参与海外的外汇、黄金等交易日趋增加，现已成为国际市场中重要的交易力量之一。这就像国内人到海外购物，成为国外市场消费主力军类似。国外的炒家、机构、基金不会轻易让国内投资者获取这部分炒作交易的盈利。比如，近期国内投资者普遍看好黄金价格、英镑汇率，从而拥有较多的黄金、英镑多头仓位，而国际主力炒家、大机构明显反向操作，令国内投资者持有的黄金、英镑多头头寸损失惨重。

如何防范国际炒家这样的针对性交易或赢取国际炒家。对投资者来说，参与外汇、黄金等高杠杆交易需要建立逆向思维、逆向交易，同时管理、控制好自己的仓位，一定要以轻仓交易为主，切忌下单过重。

2. 1983 年以来，美联储加息周期情况对未来判断美联储加息次数和幅度有一定参考价值（见表 12-2）。

表 12-2

第一轮加息			第二轮加息			第三轮加息			第四轮加息			第五轮加息		
时间	目标利率	加息幅度	时间	目标利率	加息幅度	时间	目标利率	加息幅度	时间	目标利率	加息幅度	时间	目标利率	加息幅度
1983-03-31	8.6250	0.125	1988-03-30	6.7500	0.250	1994-02-04	3.2500	0.250	1999-06-30	5.0000	0.250	2004-06-30	1.2500	0.250
1983-05-25	8.7500	0.125	1988-05-09	7.0000	0.250	1994-03-22	3.5000	0.250	1999-08-24	5.2500	0.250	2004-08-10	1.5000	0.250
1983-06-24	9.0000	0.250	1988-05-25	7.2500	0.250	1994-04-18	3.7500	0.250	1999-11-16	5.5000	0.250	2004-09-21	1.7500	0.250
1983-07-14	9.2500	0.250	1988-06-22	7.4375	0.188	1994-05-17	4.2500	0.500	2000-02-02	5.7500	0.250	2004-11-10	2.0000	0.250
1983-07-20	9.4375	0.188	1988-07-01	7.5000	0.063	1994-08-16	4.7500	0.500	2000-03-21	6.0000	0.250	2004-12-14	2.2500	0.250
1983-08-11	9.5625	0.125	1988-08-17	7.6875	0.188	1994-11-15	5.5000	0.750	2000-05-16	6.5000	0.500	2005-02-02	2.5000	0.250
1984-03-29	10.5000	1.125	1988-08-08	7.7500	0.063	1995-02-01	6.0000	0.500				2005-03-22	2.7500	0.250
1984-07-05	11.0000	0.500	1988-08-09	8.1250	0.375							2005-05-03	3.0000	0.250
1984-07-19	11.2500	0.188	1988-11-17	8.3125	0.188							2005-06-30	3.2500	0.250
1984-08-09	11.5000	0.250	1988-11-22	8.3750	0.063							2005-09-20	3.5000	0.250
			1988-12-15	8.6875	0.313							2005-09-20	3.7500	0.250
			1989-01-05	9.0000	0.313							2005-11-01	4.0000	0.250
			1989-02-09	9.1250	0.125							2005-12-13	4.2500	0.250
			1989-02-14	9.3125	0.188							2006-01-31	4.5000	0.250
			1989-02-24	9.7500	0.438							2006-03-28	4.7500	0.250
			1989-05-17	9.8125	0.063							2006-05-10	5.0000	0.250
												2006-06-29	5.2500	0.250

上表有几点显示：

（1）在 1983 年美联储的五次加息周期中，一个加息周期中至少加息 6 次（发生在 1999 年 6 月至 2000 年 5 月第四次加息周期中）。一个加息周期中最多加息 17 次（发生在 2004 年 6 月至 2006 年 6 月第五次加息周期中）。过去五次加息周期中平均加息次数为 11.2 次。

（2）在这五次加息周期中，一个加息周期中至少加息幅度为 1.50%，最多加息幅度为 4.25%。

（3）在这五次加息周期中，最短的加息周期时间为 11 个月，最长为 24 个月。

（4）2015 年 12 月，美联储开始自 1983 年以来的第六次加息周期。截至 2017 年 3 月，美联储第六次加息周期已经持续 16 个月，已加息 3 次，目前仍在进行之中。

黄金价格犹如大闸蟹

（2016 年 10 月 10 日至 14 日评论）

本周国际现货黄金盘中最高为 1264.96，最低为 1247.30，最高和最低之间价格差仅为 17.66 美元 / 盎司，为上周（即 2016 年 10 月 3 日—2016 年 10 月 7 日）黄金价格最高和最低之间价格差 78.40 美元 / 盎司的 1/4。最后 2016 年 10 月 14 日（周五）黄金价格纽约收盘收至 1250.10（见图 13-1）。

图 13-1

经过之前雪崩式下跌后，本周（即 2016 年 10 月 10 日—2016 年 10 月 14 日）国际现货黄金价格走势似乎像大闸蟹走法陷入横盘中（见图 13-2）。

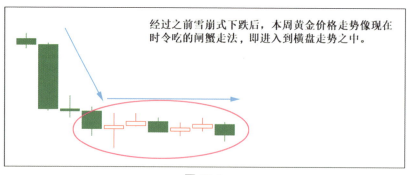

图 13-2

实际上笔者在《迟来的雪崩》一文中明确指出，短线黄金价格继续下跌空间有限，并不排除小幅反弹。果然本周黄金价格盘中最低点 1247.30，未跌破上周盘中的最低点 1241.20。

首先分析一下本周国际现货黄金价格暂未跌破之前最低点 1241.20 并获得一定的支持的主要原因。

第一，来自于资金面支持，特别是全球黄金最大的 ETF 在黄金价格雪崩式下跌后持续增持黄金（见表 13-1）。

表 13-1

日　　期	增减变化（吨）	目前持有量（吨）
10.05	−0.32	947.63
10.07	+11.27	958.90
10.13	+2.67	961.57
10.14	+3.86	965.43

经过之前雪崩式下跌后，10 月 7 日开始，全球黄金最大的 ETF 持续增持黄金，目前已经累计增持了 17.8 吨，从资金上限制了黄金更多的下跌。

第二，美联储核心力量还是偏鸽派。比如，2016 年 10 月 13 日（周四）北京时间凌晨，美联储会议纪要显示出多名委员认为风险依旧偏向下行。劳动力市场依旧存在部分疲软。部分有投票权的联储委员认为谨慎加息的做法能有助于就业市场进一步复苏。2016 年 10 月 14 日（周五）美联储主席耶伦表示：在经济复苏中可能需要超宽松政策。

虽然目前市场预期美联储 2016 年 12 月加息概率超过 50%，但据猜测美联储核心力量还是不愿意在 2016 年年内加息。所以，笔者认为美联储 2016 年 11 月加息可能性不大。

第三，从技术上，有些技术指标给短线黄金价格有一定支持。

1. 从黄金价格 KDJ 日线级别：近期 K 线已经上穿了 D 线。这就意味着短线黄金价格有企稳或者反弹的可能性（见图 13-3）。

2. 黄金价格日线级别 12 日 PSY 心理线，目前仍处在 25 数值附近运行，一般来说，12 日 PSY 心理线数值在 25 附近，则代表其价格过低，短线有企稳或反弹的可能性（见图 13-4）。

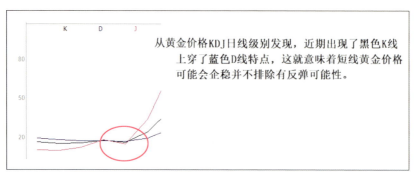

从黄金价格KDJ日线级别发现，近期出现了黑色K线上穿了蓝色D线特点，这就意味着短线黄金价格可能会企稳并不排除有反弹可能性。

图 13-3

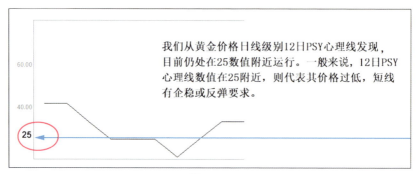

我们从黄金价格日线级别12日PSY心理线发现，目前仍处在25数值附近运行。一般来说，12日PSY心理线数值在25附近，则代表其价格过低，短线有企稳或反弹要求。

图 13-4

但从这周黄金价格走势发现反弹依然乏力，如同大闸蟹一样保持横盘。从技术上看，短线黄金价格上档存在一定的压力。

我们根据黄金分割率计算得到：黄金价格当前关键阻力位在 1266.74。

黄金分割位是一个古老的数学方法，对它的各种神奇的作用和魔力，数学上至今无法明确地解释，只是发现它屡屡在各种投资市场上（汇市、黄金、股市、期货等交易上），发挥我们意想不到的作用。

基本原理：5:8之比，给人以美感和稳固。比如，金子塔（高度与底部）、维纳斯像（头长与身长）。

基本公式：5:8 折合成近似的百分比就是：61.8% 和 38.2%，即出现 0.618、0.382。将 0.382 再除以 2 得到 0.191，0.191 加上 0.618 构成 0.809，再加上 1 的 1/2 就是 0.5。这样组成 0.191、0.382、0.5、0.618、0.809 五个位置，这五个位

置在技术分析上有较为重要的意义。即每个位置都是重要支持位和阻力位，并且注意支持位和阻力位的转换。

我们这次计算，就取黄金价格最高位为之前今年最高点 1374.90，而最低点取这次黄金价格雪崩后最低点 1241.20。

其中，黄金分割位 0.809 位置计算所得：

1374.90 − 1241.20 = 133.70

133.70 × 0.809 = 108.16

1374.90 − 108.16 = 1266.74

需要特别注意的是，根据黄金分割位特点，未来黄金价格只有有效突破 1266.74，才能暂时摆脱继续创出新低的可能性。

同时，最近黄金价格被 200 天平均移动线压制，难以喘气，也是短线黄金价格无法继续向上的重要原因之一（见图 13-5）。目前，黄金价格最新的 200 天均线在 1265 附近。这个价格和通过黄金分割位计算出来的 1266.74 也基本吻合。

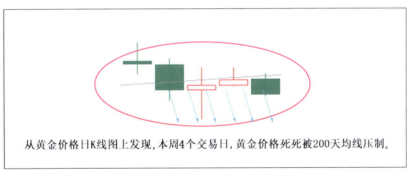

从黄金价格日K线图上发现，本周4个交易日，黄金价格死死被200天均线压制。

图 13-5

另外，当前美联储内部加息呼声还是存在的。特别是 2016 年 9 月下旬美联储 2016 年第七次会议之后，美联储绝大部分官员还是流露出加息的味道。当然，由于核心力量目前偏鸽派，所以导致目前美联储迟迟未兑现加息。

2016 年 10 月 14 日（周五）美联储官员罗森格伦表示：等待时间过久可能意味着加快升息速度，市场预测 2016 年 12 月加息好像是正确的。

2016年10月14日（周五）美联储官员杜德利表示：希望美联储在2016年年内加息，预计美联储将"相对很快"地加息，未来加息步伐可能变得温和。

2016年10月14日（周五）上述两位美联储官员态度对黄金价格起了较大限制作用，以至于2016年10月14日（周五）黄金价格难以越过1260一线。

下面，从笔者个人观点阐明未来黄金价格的运行方向。

第一，笔者认为根据众多短线技术特点，特别是本文之前谈到的KDJ、PSY等指标都需要黄金价格有一个反弹要求。

第二，如果黄金价格不能有效突破1266.74这个黄金分割位关键阻力位，那么黄金价格反弹很快就会夭折。反之，黄金价格一旦有效突破1266.74，则不排除反弹至1270—1280，甚至1300整数关。

第三，笔者始终坚持，只要美联储加息预期不变，则始终坚持看空黄金价格不变。也就是说，美联储变，则笔者变；美联储不变，笔者坚定不变。日后如果黄金价格有机会反弹到1300或更高位置，应该是一次不错的多头出逃和套牢多单止损的好价位。

第四，如果未来黄金价格继续拓展跌势，其下跌幅度视美联储加息次数而定，分为三个等级：1200、1100、1000—900。当然，笔者还是认为，不管未来美联储加多少次息，就算黄金价格跌破1000整数关，黄金价格在1000整数关之下运行的时间不会很久的。

笔者于2016年10月16日（周日）凌晨

本周黄金价格波动十分有限，犹如大闸蟹横盘在那里

本篇文章中需要我们在黄金投资方面掌握的交易知识点和相关技巧内容主要在于技术面：黄金分割位。

黄金分割位是一个古老的数学方法。对它的各种神奇的作用和魔力，数学上至今无法明确的解释，只是发现它屡屡在各种投资市场上（汇市、黄金、股市、期货等交易上），发挥我们意想不到的作用。

基本原理：5:8 之比，给人以美感和稳固。比如：金子塔（高度与底部）、维纳斯像（头长与身长）。

基本公式：5:8 折合成近似的百分比就是 61.8% 和 38.2%，即出现 0.618、0.382。将 0.382 再除以 2 得到 0.191，0.191 加上 0.618 构成 0.809，再加上 1 的 1/2 就是 0.5。这样组成 0.191、0.382、0.5、0.618、0.809 五个位置，这五个位置在技术分析上有较为重要的意义。即每个位置都是重要支持位和阻力位，并且注意支持位和阻力位的转换。具体应用见图 13-6。

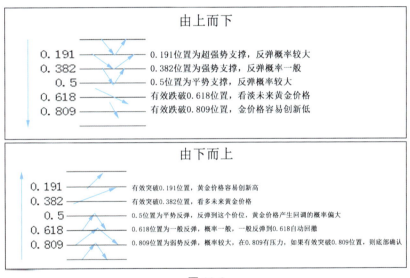

图 13-6

注意：这里的有效突破和有效跌破是指站上或跌破纽约交易所收盘价格为标准计算，而一般在盘中突破或跌破则不算。

黄金价格"上山下乡"

（2016 年 10 月 17 日至 21 日评论）

正如笔者在《黄金价格犹如大闸蟹》一文中所预期短线黄金价格经过整理后会迎来反弹，2016 年 10 月 19 日（周三）黄金价格盘中最高反弹至 1273.80，为 2016 年 10 月 5 日（周三）以来最高。这与之前 2016 年 10 月 7 日（周五）盘中创出 1241.20 的最低点相比，最大反弹幅度达到 2.62%。但是在本周（即 2016 年 10 月 17 日—2016 年 10 月 21 日）后两个交易日中黄金价格出现了一定回调，盘中最低跌至 1260.70，最后纽约交易所收盘收至 1264.60，再次跌破了上周（即 2016 年 10 月 10 日—2016 年 10 月 14 日）通过黄金分割位计算出来的关键位置 1266.74（见图 14-1）。

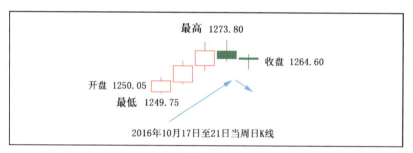

图 14-1

本周黄金价格出现了三根向上的阳线和两根向下的阴线，笔者称之为"上三下向"，谐音为"上山下乡"（见图 14-2）。

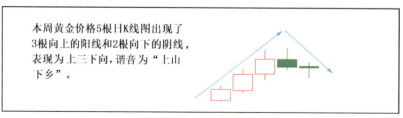

图 14-2

146

首先分析一下是何原因导致本周黄金价格一度突破了 200 天均线，并最高反弹在 1273.34。

第一，中国资金流向，这主要体现在以下几个方面。

2016 年 10 月 19 日（周三）美国财政部公布：中国减持 337 亿美元美国债券，为 2013 年以来最大规模的减仓，目前美国债券持有量为 1.185 亿美元。一般情况下，中国减持美国债券后，大宗商品或非美货币会有反弹。本周这些反弹主要体现在大宗商品上。2016 年 10 月 19 日（周三），中国发改委表示提高国内汽、柴油价格，帮助了本周以原油为代表的大宗商品走高。本周国际原油期货价格最高攀升至 52.22 美元 / 桶，创出 2015 年 7 月以来最高。

本周中国央行称，央行银行截至 2016 年 10 月 1 日（周六）黄金储备增加 5 吨。根据 IMF 报告，中国黄金储备现为 1838 吨，已经成为了第六大黄金储备国，这对黄金直接产生利好作用。

第二，全球黄金 ETF 在 2016 年 10 月 21 日（周五）之前依然是持续增持黄金。自 2016 年 10 月 7 日（周五）以来，全球黄金最大的 ETF 已经累计增持了 22.55 吨，在资金面上对短线黄金反弹得到了充分支持（见表 14-1）。

表 14-1

日　　期	增减变化（吨）	目前持有量（吨）
2016.10.07	+11.27	958.90
2016.10.13	+2.67	961.57
2016.10.14	+3.86	965.43
2016.10.17	+1.78	967.21
2016.10.20	+2.97	970.18
2016.10.21	-16.62	953.56

自 2016 年 10 月 7 日以来，全球黄金最大的 ETF 已经累计增持了 22.55 吨，这支持了短线黄金反弹。当然，本周六有数据显示：本周五黄金最大的 ETF 减持了 16.62 吨，这也是本周后 2 个交易日黄金价格下向的主要原因，所以本周黄金最大的 ETF 动向成为了黄金价格的"萧何"。有关"萧何"意思，就是一句古话："成也萧何，败也萧何。"

第三，市场上对 2016 年 11 月美国大选揭晓之前还是储备了避险情绪。其主要体现在本周美元强势上攻的情况下，日元并没有出现大幅下挫，反而获得较大的支持，即美元兑日元在 2016 年 10 月 21 日（周五）出现了一定的回调。

一般情况下，在美元上升的情况下，日元也出现了一定上升，即美元兑日元下跌。这就意味着市场存在一定的避险情绪。市场上的避险情绪会对短线黄金价格产生利好（见图 14-3）。

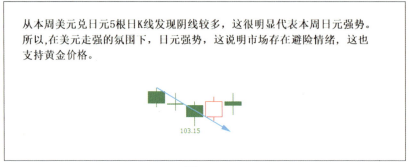

从本周美元兑日元5根日K线发现阴线较多，这很明显代表本周日元强势。所以，在美元走强的氛围下，日元强势，这说明市场存在避险情绪，这也支持黄金价格。

图 14-3

第四，从技术上看，各种技术指标支持了短线黄金价格的反弹。关于这点，笔者在《迟来的雪崩》一文中已经提及，主要体现在以下几个方面。

1. 黄金价格 KDJ 日线级别出现：近期绿色 K 线已经上穿了黄色 D 线特点，这就意味着短线黄金价格有企稳或者反弹的可能性（见图 14-4）。

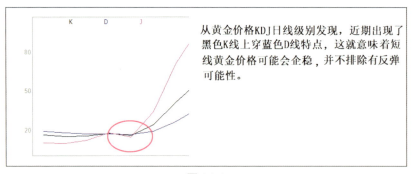

从黄金价格KDJ日线级别发现，近期出现了黑色K线上穿蓝色D线特点，这就意味着短线黄金价格可能会企稳，并不排除有反弹可能性。

图 14-4

2. 黄金价格 MACD 指标日线图上发现出现了金叉，此为短线黄金价格需要反弹的信号（见图 14-5）。

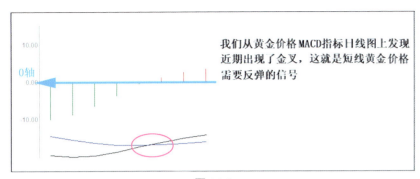

图 14-5

在黄金价格"上山下乡"后，未来走势将如何运行？2016 年 10 月 21 日（周五）纽约交易所收盘后，对于黄金价格的利好坏消息并存，预判下一阶段黄金价格走势有一定的难度。

2016 年 10 月 21 日（周五）纽约交易所收盘后对黄金价格不利的方面是：

1. 全球黄金最大的 ETF 在 2016 年 10 月 7 日（周五）之后连续增持了 22.55 吨后，2016 年 10 月 21 日（周五）单日就减持了 16.62 吨，对未来黄金价格走势从资金面带来较大的不利。

2. 从美国总统选举 3 轮答辩结果来看，希拉里还是处在领先位置。一般市场认为，如果希拉里当选的话，黄金价格容易出现下跌行情。在第 1 轮答辩结束希拉里领先后，黄金价格明显出现回调，当时黄金价格从 1350 快速跌至接近 1300 整数关一线。

3. 2016 年 10 月 21 日（周五）黄金纽约交易所收盘价跌破了之前经过黄金分割位计算得到的关键位置 1266.74，且跌破了多空的分水岭 200 天均线 1268.63（见图 14-6）。

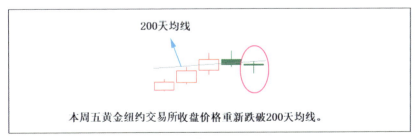

图 14-6

2016 年 10 月 21 日（周五）纽约交易所收盘后对黄金价格有利的方面是：

1. 除了日元反弹反映出市场避险情绪外，民调显示有 51% 的民众支持意大利公投，49% 的民众持反对意见。都反映出市场存在避险情绪。

2. 2016 年 10 月 19 日（周三）美联储褐皮书显示：消费者支出喜忧参半，制造业活动喜忧参半，受到强势美元的拖累。流露出对美元强势的担忧。

3. 2016 年 10 月 21 日（周五）美元指数一度最高攀升至 98.82 点，创出了 2016 年 3 月 2 日（周三）以来最高。同日黄金价格盘中最低点为 1260.70，并未跌破 2016 年 10 月 7 日（周五）最低点 1241.20。当美元创出高点，黄金价格却不见新低，则黄金价格未来有向上的可能性。

根据上述分析，笔者对未来黄金走势的观点如下：

第一，首先关注下周（即 2016 年 10 月 24 日—10 月 28 日）黄金价格是否能守住 10 日均线。目前黄金价格最新的 10 日均线在 1259 附近。如果黄金价格迟迟不跌破 10 日均线，则不排除有重新反弹的需要。

第二，如果黄金价格进一步反弹，关注其能否重新夺回 200 天均线或有效突破关键位置 1266.74。如果可以，则未来目标位依然在 1270—1280，甚至接近 1300 整数关一线。

第三，如果下周黄金价格有效跌破 10 日均线，则未来黄金价格可能会再次下试或跌破 2016 年 10 月 7 日（周五）最低点 1241.20 向 1200—1210 一线运行。

第四，如果下周黄金价格既不跌破 10 日均线，也不突破 1266.74 关键位置，那么下周黄金价格将在 1260—1266 狭窄的 6 美元 / 盎司区间内波动。笔者认为这样的可能性极小。

第五，笔者还是坚持《迟来的雪崩》一文中的观点：只要美联储加息预期不变，则始终坚持看空黄金价格不变。也就是说，美联储变，则笔者变；美联储不变，笔者坚定不变。所以，日后如果黄金价格反弹有机会达到 1300 或更高位置应该是一次不错的多头出逃或多单套牢后较好的止损位置。而在美联储加息氛围下，黄金价格应该会跌破 1200 整数关或 1100 整数关以探明下档支持位。

最后，笔者所表达的就是，现阶段黄金价格走势将取决于未来美国经济基本面，比如美国 GDP 数据、美国非农就业报告、美国通胀报告等，将取决于美联储货币政策最终表现以及美国大选最终的结果。这些均需要我们投资者日后加以重点关注。

笔者于 2016 年 10 月 23 日（周日）凌晨

本周五个交易日，黄金价格出现了三根向上的阳线和两根向下的阴线，
表现为"上三下向"，我们谐音为"上山下乡"

本篇文章中需要我们在黄金投资方面掌握的交易知识点和相关技巧内容主要在于基本面：中国成品油价格机制变化对国际油价影响。

1. 中国成品油价格机制：2013 年 3 月 26 日（周二）之前，中国现行成品油价格机制是连续 22 个工作日与国际原油价格变化率超过 4% 之后。

2. 2013 年 3 月 26 日（周二）中国发改委出台完善成品油价格形成机制：自 2013 年 3 月 27 日（周三）实施，其主要内容：

一是将成品油调价周期由 22 个工作日缩短至 10 个工作日。

二是取消挂靠国际市场油种平均价格波动 4% 的调价幅度限制。

三是适当调整国内成品油价格挂靠的国际市场原油品种。

同时，进一步做好对种粮农民、城市公交、农村道路客运、林业、渔业、出租车的补贴以及困难群众生活保障工作。

3. 2011 年 4 月 8 日（周五）发改委表示，很多国家即使在采取市场化定价情况下，也还是以有一定干预能力的，所以市场化定价不等于国家完全放手不管。

2016 年 1 月 13 日（周三）国家发改委发布消息，决定进一步完善成品油价格机制，并按新机制降低国内成品油价格。国内成品油价格机制设置调控上下限。调控上限为每桶130美元，下限为每桶40美元，即：

（1）当国际市场油价高于每桶130美元时，汽、柴油最高零售价格不提或少提；

（2）低于40美元时，汽、柴油最高零售价格不降低；

（3）在40美元—130美元之间运行时，国内成品油价格机制正常调整，该涨就涨，该降就降。

2015年中国发改委调整油价具体情况见表14-2。

表 14-2

公布调整日期	调整幅度（92号和95号）（元）	上下调
2015.01.13	0.13 和 0.20	↓
2015.01.13	调税 0.12 和 0.10	↑
2015.01.26	0.27 和 0.30	↓
2015.02.09	0.22 和 0.24	↑
2015.02.27	0.31 和 0.32	↑
2015.03.26	0.18 和 0.20	↓
2015.04.10	0.10 和 0.10	↑
2015.04.24	0.23 和 0.25	↑
2015.05.11	0.20 和 0.21	↑
2015.06.08	0.06 和 0.09	↓
2015.07.07	0.07 和 0.08	↓
2015.07.21	0.21 和 0.22	↓
2015.08.04	0.15 和 0.17	↓
2015.08.18	0.17 和 0.18	↓
2015.09.01	0.10 和 0.10	↓
2015.09.16	0.07 和 0.08	↑
2015.10.20	0.04 和 0.04	↑
2015.11.03	0.10 和 0.11	↓
2015.11.17	0.07 和 0.07	↓
2015.12.01	0.12 和 0.12	↓

2016 年中国发改委调整油价具体情况见表 14-3。

表 14-3

公布调整日期	调整幅度（92 号和 95 号）（元）	上下调
2016.01.13	0.11 和 0.13	↓
2016.04.26	0.13 和 0.14	↑
2016.05.11	0.09 和 0.10	↑
2016.05.24	0.16 和 0.17	↑
2016.06.08	0.08 和 0.09	↑
2016.07.21	0.12 和 0.13	↓
2016.08.04	0.17 和 0.18	↓
2016.08.18	0.14 和 0.15	↑
2016.09.01	0.16 和 0.17	↑
2016.09.16	0.09 和 0.10	↓
2016.10.19	0.28 和 0.29	↑
2016.11.15	0.29 和 0.30	↓
2016.11.30	0.13 和 0.13	↑
2016.12.28	0.07 和 0.08	↑

一般来说，中国发改委上下调成品油价格对国际资本市场影响如下：

中国上调成品油价格 → 国际原油期货价格上涨 → 短线黄金价格上涨（贵金属）→ 买入黄金为主。

中国下调成品油价格 → 国际原油期货价格回调 → 短线黄金价格下跌（贵金属）→ 做空黄金为主。

黄金价格"回门"

（2016 年 10 月 24 日至 28 日评论）

"回门"，又称"回娘家"。这是汉族婚姻风俗。也就是说，新婚夫妇新婚的第三天后回岳父母家，对于新娘来说真正意义上第一次回娘家省亲，这时的新郎见到岳父岳母，就应改口为爸爸、妈妈，为整个婚礼正式收尾，同时也让新娘父母看到二人婚姻美满之意，再次确认之前认可这门亲事是没有问题的。

此处引申为黄金价格经过之前大幅下挫后，在本周（即 2016 年 10 月 24 日—2016 年 10 月 28 日）获得一次较大的反抽机会，就好比新娘子"回门"，为下一步展开更大的下跌行情加以进一步的确认。

本周国际现货黄金价格盘中最高反弹至 1284.10，为 2016 年 10 月 4 日（周二）以来的最高。这一最高点离需要反抽（即"回门"）的颈线位 1300 美元 / 盎司只差 15.90 美元 / 盎司。最后，2016 年 10 月 28 日（周五）黄金纽约收盘收至 1275.80（见图 15-1 和图 15-2）。

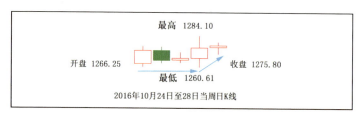

图 15-1

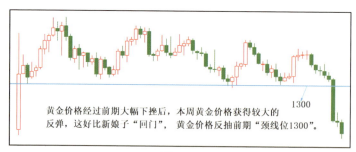

图 15-2

154

实际上对于近期黄金价格会产生"回门"的反弹行情，笔者早有预期，并在之前《黄金价格犹如大闸蟹》和《黄金价格"上山下乡"》中都有提及。在这里再次把本周黄金价格获得反抽（即"回门"）的原因重点分析一下。

第一，在 2016 年 11 月 3 日（周四）美联储 2016 年第七次会议上，显示美联储加息的可能性不大。最新的美国利率期货市场显示美联储 2016 年 11 月加息概率仅为 17.1%。而近期"美联储通讯社"Hilsenrath 表示美联储 2016 年 11 月加息的可能性非常小。一般情况下，美联储加息预期下降的氛围有利于短线黄金价格反弹，为此次黄金价格出现"回门"行情奠定了基础。

第二，近期全球黄金最大的 ETF 大幅减持黄金，并不是真正意义上的向市场抛售黄金而是一种利益输送，即为某些需要买入黄金的机构、基金、投行提供了一次廉价买入黄金的机会。

那么，如何鉴别全球黄金最大的 ETF 大幅减持是真正意义上的抛售出逃，还是背后隐藏着利益输送呢？只要观察在全球黄金最大的 ETF 大幅减持黄金后的 1—2 个交易日，如果发现黄金价格并没有产生大幅下跌或创出新低，即可以认为这样的大幅减持黄金是某种利益输送，黄金价格未来容易出现较大的反弹。其具体体现见表 15-1。

表 15-1

时　间	减持数量（吨）	当日黄金价格最低点	2016 年 10 月 4 日（周二）黄金价格最低点	有无创新低
2016.10.21	-16.62	1261.90	1241.20	无
2016.10.26	-14.24	1264.90	1241.20	无

从上述最近两次全球黄金最大的 ETF 大幅减持黄金后，黄金价格并未出现大幅下跌或创出近期新低，则代表此次大幅减持倾向了利益输送，而这就意味着未来黄金价格反弹的概率增加。

所以，2016 年 10 月 28 日（周五）黄金价格非但没有下跌，反而最高攀升至 1284.20，创出 2016 年 10 月 4 日（周二）以来的最高。

所以，近期全球黄金最大的 ETF 大幅减持出于利益输送，则为此次黄金价格"回门"反弹行情提供了资金面的支持。

另外，2016年10月28日（周五）美国商品期货交易委员会（CFTC）公布的周度报告显示，截至2016年10月25日（周二）当周，对冲基金和基金经理增持COMEX黄金净多头头寸，为四周以来首次。这也从另一个资金面上支持本周黄金"回门"反弹行情。

第三，电邮案与美国大选关联而产生的避险情绪。2016年10月29日（周六）北京时间凌晨时段，有消息说，FBI决定重新调查希拉里电邮案，这距离2016年11月8日（周二）大选如此之近。这一消息直接导致因市场担心特朗普趁此机会提升支持率，因此，在2016年10月28日（周五）北京时间凌晨时段黄金价格盘中一举突破1280，并创下了1284.20的最高点。所以，避险情绪上升是此次黄金价格"回门"出现高点的最主要原因之一。如果2016年11月希拉里当选美国总统，则会令市场避险情绪降温，黄金价格容易下跌；反之，如果特朗普当选美国总统，则会令市场避险情绪升温，黄金价格容易上升。

第四，近期黄金价格反弹有较多技术面上的支持。

1. 黄金价格不管遇到多少的利空消息，特别是2016年10月28日（周五）美国公布非常靓丽的GDP数据后，黄金纽约收盘价格始终有效站稳在10日均线之上。一般来说，黄金价格不有效跌破10日均线，则代表短线黄金价格仍有继续向上反弹的需要（见图15-3）。

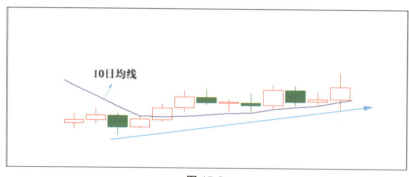

图 15-3

2. 黄金价格日线级别的MACD指标自金叉后，黄金价格总体还是偏向于上升（见图15-4）。

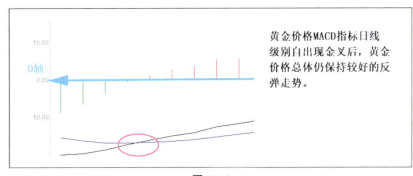

图 15-4

3. 从黄金价格日线级别 12 日 PSY 心理线发现，近期黄金价格突破了其重要数值 50，意味着短线黄金价格具备了一定反弹的能力，未来目标位应该在其数值 75 一线。一旦黄金价格日线级别 12 日 PSY 心理线达到数值 75，则代表短线黄金价格会偏高（见图 15-5）。

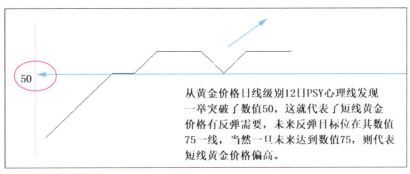

图 15-5

对于本次黄金价格"回门"反弹行情高点预期，笔者认为有以下几种可能。

第一个点位是通过黄金分割位计算出来的。关于黄金分割位知识点，笔者在之前题为《黄金犹如大闸蟹》一文中有详细的描述大家可以再看一下。这里就不再浪费篇幅了。

我们这次取黄金价格最高位为之前 2016 年最高点 1374.90，而最低点取这次黄金价格雪崩后最低点 1241.20，其中黄金分割位 0.618 位置为 1292.27。

计算过程：

$$1374.90 - 1241.20 = 133.70$$

$$133.70 \times 0.618 = 82.63$$

$$1374.90 - 82.63 = 1292.27$$

所以，未来黄金价格"回门"反弹行情第 1 个目标位应该在 1292.27 附近。

第二个点位就是在 1300 整数关附近。这就是之前所谈到的关键颈线位。之前 1300 为黄金价格强大的支持位，现在已经转换为未来黄金价格较大的阻力位。

第三个点位，笔者认为是未来黄金价格最大的"回门"反弹行情的高点，预计在 1308 附近。也就是 2016 年最高点 1374.90，与这次黄金价格雪崩后最低点 1241.20，其中黄金分割位 1/2 位置为 1308.05。如果未来黄金价格有机会"回门"反弹到 1308.05。这也符合黄金分割位里面的 1/2 调整法则。

黄金分割位里面的 1/2 调整法则，就是指经过一波大幅下挫后，黄金价格有可能会反弹其最大跌幅的一半。

当然，最终黄金价格"回门"反弹在哪个点位，这将取决于未来美国经济基本面，比如下周（即 2016 年 10 月 31 日—2016 年 11 月 4 日）公布的美国非农就业报告、美国通胀报告等，也将取决于下周美联储的货币政策以及美国大选最终的结果。

最后，笔者再次强调，既然我们把这次黄金价格反弹定义为"回门"行情，就意味着一旦反弹确认过后，黄金价格总体还是偏向于下行。其中，主要原因是未来美联储仍有加息的预期，特别是最新的美国利率期货市场有关数据显示 2016 年 12 月美联储加息概率已提升至 80% 左右。

笔者认为，未来黄金价格波动的运行轨迹预期如图 15-6 所示。

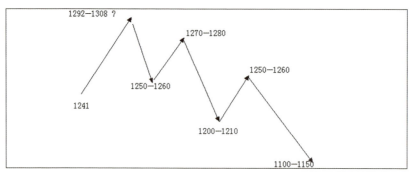

图 15-6

笔者始终坚持，只要美联储加息预期不变，则始终坚持看空黄金价格不变。还是那句话，美联储变，则笔者变；美联储不变，笔者坚定不变。所以，日后如果黄金价格反弹有机会达到接近 1300 或更高位置应该是一次不错的多头出逃或多单套牢后较好的止损位置。而在美联储加息氛围下，黄金价格应该会再次跌破 1200 整数关或 1100 整数关以再次探明下档支持位。

笔者于 2016 年 10 月 29 日（周六）傍晚

在汉族婚姻习俗上有"回门省亲"，同样在黄金交易上也有反抽颈线位的需要

本篇文章中需要我们在黄金投资方面掌握的交易知识点和相关技巧内容有：

第一部分：技术面。

支持位和阻力位的转换：前期阻力位被有效突破后，这一阻力位将转换成未来支持位；前期支持位被有效跌破后，这一支持位将转换成未来阻力位。关键支持位和阻力位也可称为"颈线位"。

第二部分：基本面。

1. 如何鉴别全球黄金最大的 ETF 大幅减持是真正意义上的抛售出逃，还是大幅减持背后隐藏着这样的利益输送呢？投资者可掌握好以下方法：

如果全球黄金最大的 ETF 大幅减持情况下，我们发现随后 1—2 个交易日，黄金价格持续大幅下跌或创出新低。这样的减持行为可能是真正意义上的减持，则代表未来黄金价格可能还会进一步下行。

如果全球黄金最大的 ETF 大幅减持情况下，发现随后 1—2 个交易日，黄金价格并没有太多的下跌或创出新低，这样的减持行为可能是一种利益输送的

需要，则代表未来黄金价格可能会出现一定反弹。（本周黄金价格走势应该属于这种情况）

2. 如果全球黄金最大的 ETF 大幅增持情况下，发现随后 1—2 个交易日，黄金价格并未有太多的上升，或创出新高，认为这样的增持行为可能是一种拉高出货，则代表未来黄金价格可能会出现较大的下跌。

如果全球黄金最大的 ETF 大幅增持情况下，发现随后 1—2 个交易日，黄金价格持续大幅上升，或创出新高，认为这样的增持行为可能是真正意义上的增持，则代表未来黄金价格可能还会进一步上行。

美国大选左右黄金价格

（2016 年 10 月 31 日至 11 月 4 日评论）

笔者在《黄金价格"回门"》一文中明确指出了此次黄金价格回门反弹行情目标位指向 1292—1308，结果本周（即 2016 年 10 月 31 日—2016 年 11 月 4 日）黄金盘中最高价格为 1307.60，正好落在笔者文中所预期范围内。同时，这一最高点与之前 2016 年 10 月 7 日（周五）黄金盘中最低点 1241.20 相比，其间黄金价格最大反弹幅度达到了 5.35%。本周五黄金价格纽约交易所收盘在 1304.60（见图 16-1）。

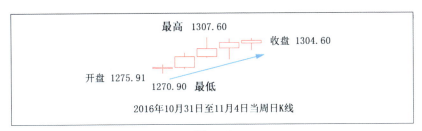

图 16-1

图 16-2 就是笔者上周（即 2016 年 10 月 24 日—2016 年 10 月 28 日）一文中所预期黄金价格回门反弹的目标位，最高价正好落在预期区间内。

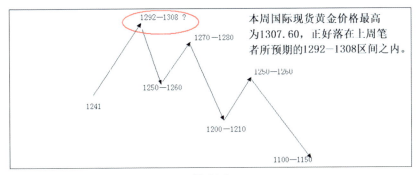

图 16-2

我们先分析一下本周国际现货黄金价格达到笔者所预期目标位的主要原因。

第一，受美国大选的影响，特别是当前特朗普的支持率已经逼近希拉里。

如果希拉里当选美国总统，则会令市场避险情绪降温，黄金价格容易下跌；反之，如果特朗普当选美国总统，则会令市场避险情绪升温，黄金价格容易上升。

所以，本周国际现货黄金价格达到所预期回门反弹行情的关键，就是特朗普当选美国总统的预期上升，令避险情绪上升。

同时，在英国脱欧时充当避险角色的货币日元，本周也有较为出色的表现。本周美元兑日元从高点105.22，最低跌至102.54，这反映出本周日元汇率最大升值了268点（见图16-3）。

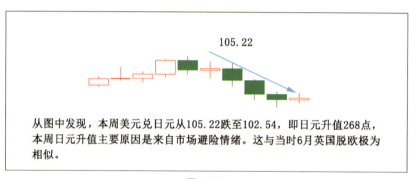

从图中发现，本周美元兑日元从105.22跌至102.54，即日元升值268点，本周日元升值主要原因是来自市场避险情绪。这与当时6月英国脱欧极为相似。

图 16-3

第二，资金面上支持了本周黄金价格的反弹。

首先，从全球黄金最大的ETF大幅减持后，黄金价格并没有出现大幅下跌反而出现反弹，反弹证实了之前全球黄金最大的ETF在2016年10月21日（周五）减持16.62吨和2016年10月26日（周三）减持14.24吨是属于一种利益输送行为，并非大肆抛售黄金。同时，本周全球黄金最大的ETF又重新增持了黄金，合力推高了本周国际黄金价格。而按利益输送时黄金的价格1261计算，本周黄金价格最高达到1307一线，这样的利益输送的盈利应有近50美元／盎司的利润（见表16-1）。

其次，在2016年11月4日（周五）纽约收盘后，美国商品期货交易委员会发布的CFTC报告显示黄金的净仓位持续增加。净仓位为正的18151标准手（见表16-2）。

表 16-1

日　期	增减变化（吨）	目前持有量（吨）
10.21	−16.62	953.56
10.25	+3.27	956.83
10.26	−14.24	942.59
11.01	+2.67	945.26
11.03	+4.43	949.69

　　虽然 10 月 21 日和 10 月 26 日全球黄金最大 ETF 大幅减持了 16.62 吨和 14.24 吨，但我们发现黄金价格并没有出现大幅下挫，所以这基本认定这样的减持属于利益输送，再加上 10 月 25 日、11 月 1 日、11 月 3 日增持，这些都反映出近期在资金面上推动黄金价格上升的主要原因。

表 16-2

种类	仓位类别	截至 11 月 1 日当周	截至 10 月 25 日当周	仓位变化（较上周）	备　注
黄金	多头仓位	288308	285376	2932	1 个标准手为 100 盎司
	空头仓位	73177	88396	15219	
	净仓位	215131	196980	18151	

　　第三，从技术上看，本周国际现货黄金价格达到回门反弹行情。

　　1. 自 2016 年 10 月 18 日（周二）以来，黄金价格始终稳稳地站在其日线级别 10 日均线之上运行，目前黄金价格最新的 10 日均线在 1282 一线。

　　笔者认为，如果未来黄金价格始终能保持在 10 日均线之上运行，则黄金价格总体偏向于上升；反之，一旦未来黄金价格有效跌破 10 日均线，则此次黄金价格回门反弹行情，则告一段落，未来黄金价格出现下跌的可能性增加（见图 16-4）。

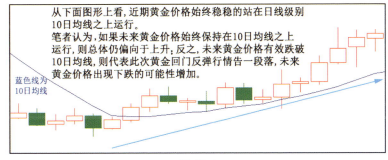

图 16-4

2. 从黄金价格MACD指标日线级别发现，其快速线已经站上0轴，则代表近期黄金价格强势，如果未来其慢速线也站上0轴，则黄金价格还是具备一定的上升能力（见图16-5）。

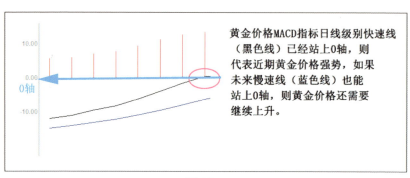

图 16-5

3. 黄金价格日线级别的KDJ指标。尽管从图形上看，KDJ指标均处在高位区，但是D线还未达到见顶回落的数值80，则表明短线黄金价格仍保持上升态势。目前，黄金价格日线级别KDJ中D线数值为77.92。如果未来黄金价格日线级别KDJ中D线达到80，则谨慎看涨黄金，操作上尽量逢高卖出黄金为主（见图16-6）。

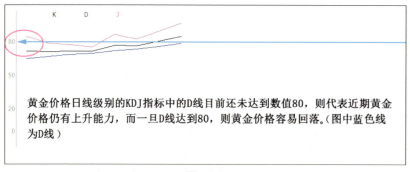

图 16-6

尽管本周黄金价格回门反弹行情原因很多，但是最为重要的还是在于美国大选。那么，未来美国大选结果对黄金价格将产生何种影响，未来黄金价格又将如何运行呢？

如果希拉里当选的话，那么这次黄金价格回门反弹行情最高点1307.60将极有可能成为阶段性的高点，未来一阶段黄金价格应该容易下跌。其中，主要原因是避险情绪降温。图 16-7 是如果希拉里当选后，笔者所预期黄金价格的走势图。

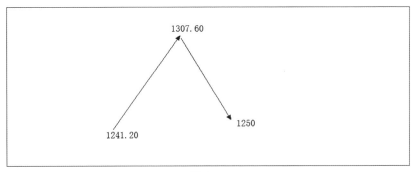

图 16-7

我们认为，如果特朗普当选，那么将会造成短线避险情绪升温，黄金价格将出现脉冲式的上涨，预期上升幅度达到 30—50 美元 / 盎司。图 16-8 是如果特朗普当选后，笔者所预期黄金价格的走势图。

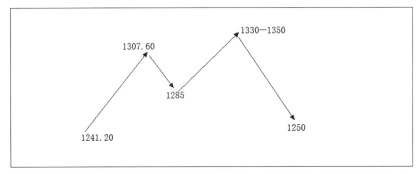

图 16-8

从上面两幅图中我们发现价格最终都是下跌的。那么，什么原因导致不管未来谁当选，我们都认为最终黄金价格还是要跌呢？笔者还是认为未来美联储加息预期是支持看空黄金价格的最为主要的原因，同时从本周的三个方面基本证实 2016 年 12 月美联储加息的可能性非常大。

第一个方面，本周美联储第 7 次会议中的声明升息的理据持续增强，美联储放弃了预计通胀将在短期内保持在低位的措辞，重申通胀将在中期内向 2%

目标回升的观点。

第二个方面，2016 年 11 月 4 日（周五）美国公布非农就业报告中的薪资增长极为靓丽。2016 年 11 月 4 日（周五）美国公布的 10 月平均每小时工资月率上升 0.4%，好于前值月率上升 0.2%。这份报告也促动了联邦基金利率市场显示 2016 年 12 月加息概率为 80%，2017 年 3 月为 82.7%；高于非农报告公布前美国联邦基金利率市场显示 2016 年 12 月加息概率为 76%，2017 年 3 月为 79.7%。

第三个方面，2016 年 11 月 4 日（周五）美联储副主席费希尔表示：美国就业市场濒临充分就业状态，每个月 6.5—11.5 万的就业人口增幅将保持充分就业状态；2016 年 10 月平均小时工资涨幅相当大，最新数据进一步增强了加息理由。

最后，笔者还是坚持认为，只要美联储加息预期不变，则始终坚持看空黄金价格不变。也就是说：美联储变，则笔者变；美联储不变，笔者坚定不变。不管下周谁当选美国总统，只要黄金价格上升，就是一个不错的卖点。而在美联储加息氛围下，黄金价格应该需要再次跌破 1200 整数关或 1100 整数关以再次探明下档支持位。

当然，我们首先还是要静待北京时间 2016 年 11 月 9 日（周三）中午时分美国大选最终结果。

笔者于 2016 年 11 月 5 日（周六）下午

美国大选令黄金价格摇摆不定，特朗普当选看涨，希拉里当选看跌

本篇文章中需要我们在黄金投资方面掌握的交易知识点和相关技巧内容主要在于基本面。

1. 美国联邦基金利率期货。所谓利率期货指以债券类证券为标的物的期货合约，它可以回避银行利率波动所引起的证券价格变动的风险。利率期货的种类繁多，分类方法也有多种。

美国联邦基金利率期货是以美国 30 天期 500 万美元的联邦基金为标的物的利率期货合约，它反映的是市场对于美国联邦基金利率的预期。它作为一个观察市场对美联储加息概率预估的工具。一般由美国芝加哥商业交易所（CME）公布。

一般情况下，美国芝加哥商业交易所（CME）"美联储观察"：美国联邦基金利率期货显示交易员预期美联储加息概率超过 50%，则未来美联储加息概率增加，当然预期加息概率越高，美联储加息的可能性越大，反之，未来加息概率低于 50%，则未来美联储加息概率下降，其至将无望加息。

比如：在 2016 年 12 月 15 日（周四）北京时间凌晨 3 时，美联储宣布加息 25 个基点，之前 1 个月美国芝加哥商业交易所（CME）"美联储观察"：美国联邦基金利率期货显示交易员预期美联储 12 月加息概率达到 90%—100%。

2. 菲利普斯曲线。菲利普斯曲线是用来表示失业与通货膨胀之间交替关系的曲线，由新西兰经济学家威廉·菲利普斯于 1958 年在《1861—1957 年英国失业和货币工资变动率之间的关系》一文中最先提出。

在美联储的货币政策框架中，通胀的达不达标并不依赖相对滞后的通胀数据，而是取决于通胀回升的前景，而一直以来，通胀回升的前景则往往取决于由劳动力市场改善（非农就业人数增长，失业率下降，所带来的工资的上涨）即所谓的菲利普斯曲线。实证研究表明，菲利普斯曲线在美国近 30 年的现实经济中的确是成立的。

这样的曲线关系是：当通货膨胀率高时，失业率低；通货膨胀率低时，失业率高。

所以，在通胀率高的时候，美联储倾向于加息；而在通胀率低的时候，美联储倾向于降息或采取宽松货币政策。

大选结果预料之外 金价下跌预料之中

（2016 年 11 月 7 日至 11 日评论）

本周（即 2016 年 11 月 7 日—2016 年 11 月 11 日）美国大选最终尘埃落定，特朗普获胜令人有些意外，但是黄金价格大跌却是预料之中的事情。笔者在《美国大选左右黄金价格》一文中已经把特朗普当选前后黄金价格走势做了一番预测：如果是特朗普当选的话，那么将会造成短线避险情绪升温，黄金价格短线出现脉冲式的上涨，预期上升幅度达到 30—50 美元 / 盎司；不管未来谁当选，最终黄金价格还是要跌，目标位应该在 1250 一线（见图 17-2）。

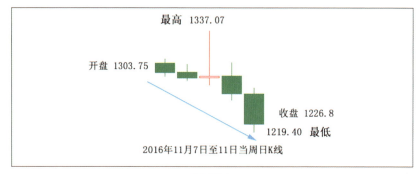

图 17-1

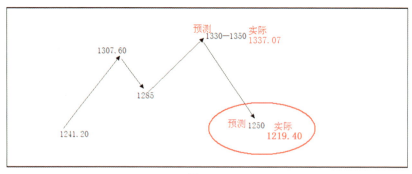

图 17-2

168

特朗普在当选美国总统的前后，黄金价格出现了先涨后跌走势。在大选过程中当特朗普的领先优势明显时，黄金价格一度最高攀升至1337.07，而最终确认特朗普当选后，黄金价格大幅下挫，在2016年11月11日（周五）黄金价格盘中最低跌至1219.40，为2016年6月3日（周五）以来最低。这一最低点与2016年7月6日（周三）盘中最高点1374.90相比，其间最大的跌幅为12.75%。最后，2016年11月11日（周五）黄金价格纽约收盘收至1226.80（见图17-1）。

本周黄金价格表现与笔者当时所画的预期黄金价格走势图非常接近。如果投资者能借特朗普当选美国总统黄金走高时做空黄金，本周应该是赚得盆满钵满；而之前在1200附近大批被套的黄金空单，离解套也不远了。本周对于长期看空黄金价格的空头来说是喜出望外。这真可谓是特朗普当选美国总统的"黑天鹅"事件被演化为"白天鹅"了。

我们先分析一下为什么特朗普在获得大选后，黄金价格并没有像当时市场所预期避险情绪上升或出现"黑天鹅"事件大涨，相反却出现了黄金价格大幅下挫，变成了一个"白天鹅"事件呢？笔者认为有以下几个方面的理由。

第一，当特朗普当选后，看好特朗普、看好美国经济、看好美元的氛围迅速凝聚，而避险情绪急剧降温。

1. 美国标普在美国总统大选后确认美国信用评级为AA+/A-1+，展望仍为稳定。

2. 在特朗普当选后，股神巴菲特观点与之前发生180度变化。2016年11月11日（周五）有消息说，美国股神巴菲特在特朗普当选总统后立即改变之前对特朗普主政美国的悲观态度，在采访中称美股将从现在开始上涨，时间甚至可以长达30年。当被问到是否对美国前景感到乐观时，这位古稀老人坚定地回答："100%。"

3. 之前充当避险货币的日元出现了较大的下跌。2016年11月11日（周五）美元兑日元盘中最高上升至106.93，为2016年7月21日（周四）以来最高（见图17-3）。日元大幅贬值。2016年11月11日（周五）美元指数盘中最高攀升至99.13点，为2016年2月1日（周一）以来最高（图17-4）。

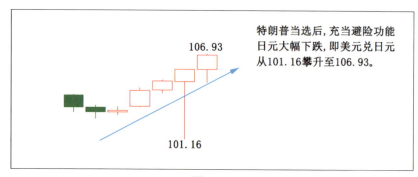

图 17-3

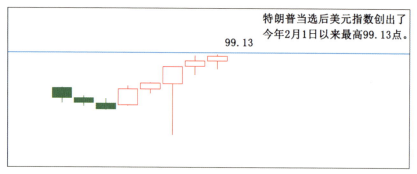

图 17-4

4. 根据历史数据，美国共和党不偏向于美元贬值，而特朗普是属于美国共和党。

根据过去的统计，美国民主党令美元贬值的幅度甚于共和党。自尼克松执政算起，共和党执政期间的金价累计升幅仅为121.27%，而民主党执政期间金价的累计升幅则高达358.68%。

第二，从资金面来看，对黄金价格极为不利。

首先，在特朗普当选后，全球黄金最大的ETF出现了连续大幅减持黄金（见表17-1）。

表 17-1

日　　期	增减变化（吨）	目前持有量（吨）
11.10	-13.35	941.68
11.11	-7.12	934.56

那么，为什么这次全球黄金最大的 ETF 大幅减持黄金不能视为利益输送呢？之前笔者已经在题为《黄金回门》一文中描述过。如果全球黄金最大的 ETF 大幅减持黄金后，黄金价格并没有出现下跌，反而上升，则视为利益输送，黄金价格未来上升的可能性较大；相反，在全球黄金最大的 ETF 大幅减持后，黄金价格出现大幅下跌，则意味着未来黄金价格还是要继续下行。

其次，2016 年 11 月 9 日（周三），全球黄金最大的 ETF 增持了 5.34 吨，但是黄金价格非但没有上升反而出现下跌，这也就意味着未来黄金价格会有更多下跌。

全球关于黄金最大 ETF 增减持对于后市黄金价影响的判断，需要读者把握以下内容：

如果全球黄金最大的 ETF 大幅增持情况下，我们发现随后 1—2 个交易日，黄金价格并未有太多的上升，或创出新高，我们认为这样的增持行为可能是一种拉高出货，则代表未来黄金价格可能会出现较大的下跌。

如果全球黄金最大的 ETF 大幅增持情况下，我们发现随后 1—2 个交易日，黄金价格持续大幅上升，或创出新高，我们认为这样的增持行为可能是真正意义上的增持，则代表未来黄金价格可能还会进一步上行。

再次，2016 年 11 月 11 日（周五）在美股开盘后近一个小时内，价值逾 10 亿美元的黄金期货合约让黄金价格一路从 1260 美元下跌至 1230 美元 / 盎司。这 10 亿美元空头能量确实给黄金现货价格带来较大压力。

第三，再从技术上看。

1. 在大选前，2016 年 11 月 7 日（周一）黄金价格纽约收盘价格为 1281.10，跌破了 10 日均线 1283.28。一般认为，黄金价格跌破 10 日均线为短线看空黄金价格信号（见图 17-5）。

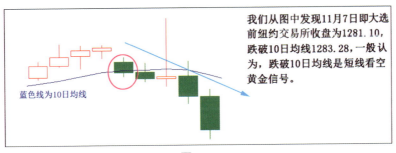

图 17-5

2. 从黄金价格MACD指标日线级别看，日前在0轴之下出现了死叉。这就意味着短线黄金价格走低，甚至会创出近期新低。果然2016年11月11日（周五）黄金价格盘中最低跌至1219.10，创出了2016年6月3日（周五）以来最低（见图17-6）。

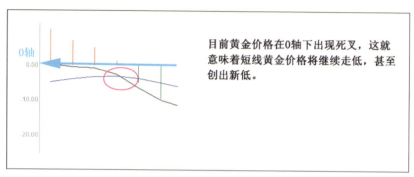

图 17-6

3. 我们通过黄金价格日线级别12日PSY心理线发现，在2016年11月9日（周三）即美国大选当日时，其数值为75。一般来说，12日PSY心理线达到75视为卖出黄金信号（见图17-7）。

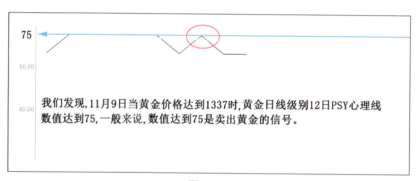

图 17-7

那么在2016年11月11日（周五）黄金价格盘中最低跌至1219.40后，未来黄金价格还会继续下跌吗？笔者个人观点还是倾向于未来黄金价格将继续下行。

从技术上看，黄金价格日线级别的KDJ中的D线在2016年11月11日（周五）纽约交易所收盘后的数值为33.94，还未达数值20，不符合做多黄金要求，如果从当前数值33.94跌至20，则未来黄金价格仍还需要有一定的下跌

（见图 17-8）。

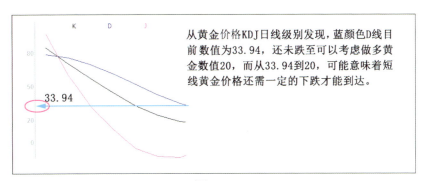

从黄金价格KDJ日线级别发现，蓝颜色D线目前数值为33.94，还未跌至可以考虑做多黄金数值20，而从33.94到20，可能意味着短线黄金价格还需一定的下跌才能到达。

33.94

图 17-8

当然未来黄金价格仍会继续下跌最为重要的原因就是在于 2016 年 12 月，包括 2017 年美联储仍有加息的可能。在特朗普当选后，美联储加息预期仍在加强中（见表 17-2）。

表 17-2

各　界	具体加息预期内容
美联储	美联储的副主席费希尔表示：逐渐撤出宽松措施的理由相当强，若美国经济增速显著加快，那么加息速度也将加快。 美联储莱克表示：加息的理由相对较强。美联储的独立有助于更好地实施货币政策。 美联储布拉德表示：2016 年 12 月是加息的合理时间。
金融界	"新债王"冈拉克表示：美联储当然应该在 2016 年 12 月加息。 法国兴业银行总裁 Oudea 表示：特朗普的政策可能推升通胀和推动美联储加息。
媒体	CME 观察表示：美国联邦利率期货调查显示，2016 年 12 月加息可能性为 76%。 路透调查显示：美联储有望在 2016 年 12 月加息，预计从现在到 2017 年底，美联储将加息三次。

笔者认为，一旦美联储加息预期升温或兑现加息势必会导致美元大涨，黄金价格继续下跌。一方面，因为特朗普之前不认可耶伦的原因可能是在于其加息过于缓慢。有句话叫做"识时务者为俊杰"，耶伦是否会由此而改变呢？另一方面，2016 年 12 月 31 日（周六）是美国全年度结账日，如果美联储 2016 年

12 月真的兑现加息，那么将会加速美国海外资金返回本土，寻求回报相对较高的美元，这样将会增加市场对美元需求，可能会引发黄金价格更大地下跌。

图 17-9 和图 17-10 分别是笔者对未来黄金价格短期预期和中期预期，供大家参考。

短期黄金价格预期走势图

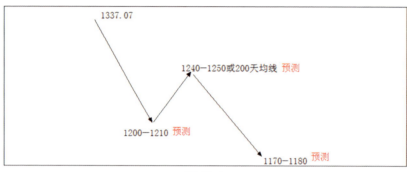

图 17-9

长期黄金价格预期走势图

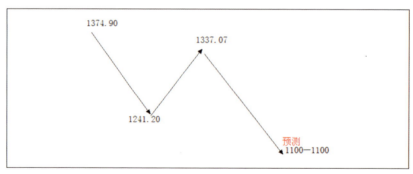

图 17-10

笔者预期此轮黄金价格中期最起码下跌目标位是 1100—1110。

计算过程为：

$$1374.90 - 1241.20 = 133.70$$

$$1241.20 - 133.70 = 1107.50$$

最后，笔者还是坚持认为，只要美联储加息预期不变，则始终坚持看空黄金价格不变。也就是说，美联储变，则笔者变；美联储不变，笔者坚定不变。

我们认为，特朗普当选更有利于美元汇率，所以在美联储加息氛围下，黄金价格应该需要再次跌破 1200 整数关或跌至 1100 整数关，以再次探明下档支持位。

笔者于 2016 年 11 月 12 日（周六）晚上 23 时

特朗普入主白宫美元，美国股市大涨，黄金价格应声下跌

本篇文章中需要我们在黄金投资方面掌握的交易知识点和相关技巧内容主要在于基本面。

1. 评级公司上下调评级对黄金价格走势影响。这属于避险情绪一种。

（1）当前国际主要评级公司有：美国标准普尔（standard and poor）、美国穆迪国际集团（moodys）和美国惠誉国际评级有限公司（Fith IBCA）。

（2）其他也有可能在市场上起到一些作用的评级公司：大公国际评级公司（中国）、独立评级机构伊根-琼斯（美国）。

（3）主要评级上下调评级对市场表现为：

主要评级公司下调主要经济体国的评级该国货币容易下跌，而黄金价格容易上涨；

主要评级公司上调主要经济休国的评级该国货币容易上升，而黄金价格容易下跌。

注意：如果评级公司对非主要经济体国评级上下调，只对其货币有影响，而对国际金价影响十分有限。

截至 2016 年年底主要经济体排序（前 10 位）：美国、中国、日本、德国、英国、法国、印度、意大利、巴西、加拿大。

（4）2013—2016 年主要评级公司上下调评级次数（见表 17-3）。

表 17-3

年　　份	评级次数	上调评级次数	黄金价格总体表现
2013	56	20	总体下跌
2014	56	24	总体下跌
2015	54	13	总体下跌
2016	49	9	年度最高涨幅 30%

综合表 17-3，得到结论：如果评级公司在年度中下调次数多，上调次数少，则表明该年度中主要经济体经济表现不稳定，黄金价格在该年度倾向于上升；反之，如果评级公司在年度中下调次数下降，上调次数增加，则表明该年度中主要经济体经济表现稳定，黄金价格在该年度倾向于下跌。

2013—2015 年黄金价格从 1695 最低跌至 1046，其间最大跌幅为 62%；而 2016 年黄金价格一度从年初 1061，最高攀升至 1375，最高涨幅达到近 30%。我们发现，评级公司 2013—2015 上调评级次数多，而 2016 年评级公司仅上调 9 次，2016 年市场并不稳定，比如遇到了百年一遇的英国脱欧和特朗普当选美国总统等风险偏好事件。

上述内容我们通过获取 2013 年和 2016 年主要评级公司对主要经济体评级加以对比，可以更直观地了解。表 17-4 和表 17-5 最明显的差异就是 2016 年上调评级向上的箭头（9 次）远不如 2013 年上调评级向上的箭头（20 次）多，所以 2016 年黄金价格表现明显好于 2013 年。

表 17-4　2013 年主要评级公司对主要经济体评级一览表

时　　间	具　体　情　况
2013.01.10	穆迪下调塞浦路斯评级
2013.01.16	标普表示：IAO 马耳他长期主权评级至 BBB+
2013.01.23	惠誉上调比利时评级展望至："稳定" ↑
2013.01.25	惠誉表示：将塞浦路斯主权评级调降至 B，展望为负面

时　间	具　体　情　况
2013.01.28	标普表示：将奥地利主权评级展望从负面上调至稳定↑
2013.01.30	惠誉下调埃及评级至 B 级
2013.02.01	穆迪下调克罗地亚主权评级至 BA1
2013.02.07	穆迪将冰岛评级展望上修至"稳定"↑
2013.02.11	标普将爱尔兰主权评级展望由"负面"上调至"稳定"↑
2013.02.12	标普下调斯洛文尼亚主权评级至 A-，此前为 A
2013.02.14	惠誉将冰岛评级上调至 BBB↑
2013.02.22	穆迪将英国主权评级从 AAA 调降至 AA1 级
2013.03.07	标普上调葡萄牙评级展望↑
2013.03.08	惠誉宣布意大利长期外币发行人违约评级从 A- 下调至 BBB+
2013.03.21	标普表示：将塞浦路斯评级从 CCC+ 调降至 CCC，前景为"负面"，同时还下调了匈牙利评级
2013.03.22	穆迪下调塞浦路斯三大银行评级
2013.03.26	惠誉表示将塞浦路斯的长期外币与本币发行人违约评级（IDRS）和短期 IDR 调至 B，展望为负面。
2013.04.10	标普表示：将塞浦路斯评级展望提升至稳定↑
2013.04.19	惠誉下调英国评级至 AA+
2013.04.30	穆迪将斯洛文尼亚主权评级自 BAA2 调降至 BA1，前景为负面
2013.05.14	惠誉上调希腊主权信贷评等一个级距，称希腊在消除预算赤字方面取得进展，且该国退出欧元区的风险下降↑
2013.05.16	希腊银行短期评级从 C 调升至 B↑
2013.05.17	惠誉表示：调降斯洛文尼亚评级至 BBB+
2013.05.28	标普：调低奥地利联合信贷银行的评级至"A-/A-2"，前景为负面
2013.06.03	惠誉将塞浦路斯长期外币发行人违约评级由"B"降至"R-"
2013.06.10	标普表示：将美国主权评级展望由负面上调至稳定，目前评等为 AA+↑
2013.06.28	惠誉下调塞浦路斯评级至"限制性违约"
2013.07.03	标普强塞浦路斯主权评级由选择性违约上调至 CCC-，展望为稳定↑
2013.07.05	惠誉将塞浦路斯长期本币发行人违约评级（IDR）由"有限度违约（RD）"上调至"CCC"↑

时　间	具　体　情　况
2013.07.05	标普将葡萄牙评级展望由稳定调降为负面
2013.07.09	惠誉上调拉脱维亚评级至 BBB+，前景↑
2013.07.09	标普将意大利主权债信评级由原先的 BBB+ 下调一档至 BBB
2013.07.12	标普上调爱尔兰信用评级展望至"正面"↑
2013.07.12	惠誉下调法国的评级
2013.07.12	标普下调意大利最大的两家银行信贷评级
2013.07.17	惠誉下调了三个法国地方政府信用评级以及法国多家主要银行的评级
2013.07.26	标普将冰岛主权信用展望从稳定下调至负面
2013.08.01	标普将克罗地亚评级展望由"稳定"下调至"负面"
2013.08.07	标普将洪都拉斯主权评级由 B+ 下调至 B
2013.09.11	标普下调阿根廷主权评级至"CCC+"
2013.09.20	惠誉将马耳他评级从 A+ 下调至 A
2013.09.20	穆迪调整爱尔兰 BA1 国债评级展望，从原来的负面上调至稳定↑
2013.09.24	标普将牙买加评级从 CCC+ 上调至 B-↑
2013.09.27	惠誉下调了澳大利亚债务评级
2013.10.02	下调巴西主权评级展望，自正面调整至稳定
2013.10.17	惠誉将下调美国主权债务评级，已下调意大利罗马评级至"BBB"，展望为负面；已下调加纳评级至"B"；中国大公评级将下调美国主权债务评级
2013.11.01	上周五惠誉将西班牙评级展望从负面上调至稳定↑
2013.11.08	标普下调法国的主权评级至 AA，惠誉下调乌克兰评级至 B-
2013.11.25	穆迪宣布将对比利时银行系统的展望由"负面"上调至"稳定"↑
2013.11.29	标普宣布荷兰的长期主动提供主权信用评等从 AAA 调降至 AA+
2013.11.30	穆迪将希腊政府债券评级从 C 上调至 CAA3↑
2013.12.02	有报道说，中国大公称近期美国评级下调不太可能
2013.12.04	标普表示：明年调降主权评级可能再度超过调升
2013.12.05	穆迪将西班牙 BAA3 国债评级展望从负面上调至稳定↑
2013.12.20	标普指出：下调欧盟 28 个成员国的整体信誉度评级

表 17-5　2016 年主要评级公司对主要经济体评级一览表

时　间	具　体　情　况
2016.01.06	标普报告显示：2016 年主权评级下调或超过评级上调
2016.01.11	穆迪：将马来西亚主权信用评级展望下调至稳定，因该国增长形势恶化
2016.01.25	标普上调希腊评级
2016.02.05	惠誉表示：将爱尔兰长期外币和本币发行人违约评级从 A- 上调至 A ↑
2016.02.08	标普下调波兰评级后
2016.02.17	标普：将沙特阿拉伯主权评等由 A+ 下调至 A-，评等展望由负面上调至稳定 ↑
2016.02.17	标普：确认俄罗斯展望为负面
2016.02.17	标普：将巴西评级从 BB+/ 负面下调至 BB/ 负面
2016.02.19	穆迪将西班牙 BAA2 评等展望由正面下调至稳定
2016.02.24	穆迪也将巴西评级下调至垃圾级
2016.03.02	穆迪将中国主权信用评级展望从"稳定"下调至"负面"
2016.03.04	穆迪：将沙特评等置于可能下调的观察名单
2016.03.07	惠誉下调葡萄牙评级展望
2016.03.08	穆迪：将南非的 BAA2 评级置于可能下调的观察名单
2016.03.31	标普下调中国评级
2016.04.12	惠誉下调沙特评级，展望维持负面
2016.04.29	标普：英国退欧可能导致下调英国长期主权评级
2016.05.05	惠誉将巴西主权债信评级由 BB+ 下调至 BB，展望为负面
2016.05.06	穆迪表示：将南非的评级展望为负面
2016.05.13	标普：将埃及的前景展望调至负面
2016.05.13	穆迪将上调爱尔兰评级 ↑
2016.05.13	穆迪表示：沙特政府财政显著恶化，将沙特评级自 Aa3 下调至 A1
2016.05.16	惠誉表示：如果英国退出欧盟将降低欧盟的评级
2016.05.23	穆迪表示：将德意志银行长期存款评级由 A2 下调至 A3
2016.05.25	穆迪降澳门政府评级至 Aa3 展望"负面"
2016.06.03	穆迪：将芬兰评级从 AAA 调降至 AA1
2016.06.13	惠誉确认日本主权评级展望修正为负面

时　　间	具　体　情　况
2016.06.24	标普表示：英国退欧将导致英国评级下调
2016.06.24	穆迪：将英国评级展望由稳定调整至负面
2016.06.27	标普将英国主权信用评级从 AAA 下调至 AA. 评级机构惠誉下调英国评级至 AA，原为 AA+
2016.06.29	标普：将大伦敦政府评级从 AA+ 调降为 AA，前景展望由稳定下调至负面
2016.07.01	标普：略微下调美国经济评级
2016.07.06	标普下调澳大利亚评级展望
2016.07.07	标普表示：将波多黎各整体债务评级从 CC 至 D，因为债务违约风险的缘故
2016.07.18	标普表示：德意志银行前景展望从"稳定"下调至"负面"，评级确认为 BBB+
2016.07.20	标普：将土耳其评级从 BB+ 下调至 BB
2016.08.07	标普上调韩国长期主权信用评级至 AA ↑
2016.08.18	穆迪上调全球最大新兴市场经济体 2016 年和 2017 年展望，预计 G20 新兴市场今明两年分别成长 4.4% 和 5% ↑
2016.08.19	穆迪确认四家大型新西兰银行的评级，将其前景展望调至负面
2016.09.16	标普上调芬兰前景展望，将匈牙利主权评级上调至 BBB-/A-3 ↑
2016.10.11	标普：南非评级依旧是 BBB-，前景展望负面
2016.10.21	标普：将法国主权评级展望从负面上调至稳定 ↑
2016.10.21	惠誉：上调塞浦路斯信用评级至 BB-↑，下调意大利 BBB+ 评级的展望至负面
2016.10.28	标准普尔维持英国主权评级为负面
2016.11.04	标普：将土耳其评级展望从"负面"上调至"稳定" ↑
2016.11.18	标普：下调了荷兰 GDP 预期，原因是英国脱欧
2016.11.25	惠誉：确认南非主权评前景展望负面
2016.12.04	标普：将南非长期本币评级下调至"BBB"
2016.12.19	标普：澳大利亚预算令评级进一步承压

2. 根据历史数据，美国共和党不偏向于美元贬值。现任美国总统特朗普是属于美国共和党。

根据过去的统计，美国民主党令美元贬值的幅度甚于共和党。自尼克松执政算起，共和党执政期间的金价累计升幅仅为121.27%，而民主党执政期间金价的累计升幅则高达358.68%。

"女王"善曲，歌（鸽）声变音（鹰）

（2016 年 11 月 14 日至 18 日评论）

本周（即 2016 年 11 月 14 日—2016 年 11 月 18 日）黄金价格走势再次验证了一句华尔街的名言：美联储的话要听，美联储主席的话更要听。2016 年 11 月 17 日（周四）美联储主席耶伦在讲话中鹰派意图浓重，而这几乎肯定了 2016 年 12 月 15 日（周四）北京时间凌晨 3 时美联储将会兑现加息。受此影响，本周国际现货黄金价格再度大幅下挫。2016 年 11 月 18 日（周五）国际现货黄金价格盘中最低跌至 1203.52，为 2016 年 5 月 30 日（周一）以来最低。这一最低价格与 2016 年 7 月 6 日（周三）盘中最高价格 1374.90 相比，其间黄金价格最大跌幅达到了 14.24%。最后 2016 年 11 月 18 日（周五）国际现货黄金纽约交易所收盘收至 1207.60（见图 18-1）。

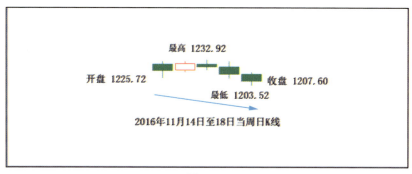

图 18-1

在《大选结果预料之外，金价下跌预料之中》一文中，笔者已经预期这次黄金价格下跌第一目标位应该在 1200—1210 一线。本周国际现货黄金价格盘中最低跌至 1203.25，正好落在笔者所预测范围之中（见图 18-2）。

同时，在黄金价格运行在 1370 之上时，笔者《坚决看空黄金价格》一文中的观点也在本周得到市场证实。

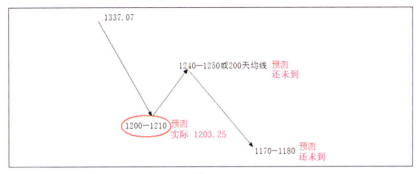

图 18-2

首先分析一下本周国际现货黄金价格创出近半年以来新低的主要原因。

第一个原因一定是来自于"女王"耶伦。从本周美联储主席耶伦讲话中，有两个意思充分能反映出对黄金价格走势极为不利。

其一，就是耶伦表示逐步加息可能是合适的；其二，耶伦表示有意担任美联储主席直至任期结束（周六）（即 2018 年 2 月 3 日）。当初特朗普对耶伦不满就是认为其加息缓慢，而这次耶伦正可谓是"识时务者为俊杰"，及时调转"枪头"，同时也向特朗普暗示在其任期内会很好地配合总统先生，而这正应验了"人在屋檐下，不得不低头"。

当然，耶伦是否能真正像其本周所说的一样，还需要继续观察其后续的举动。因为性格不变，光有态度是决定不了一切的。同时，这点对未来美元、非美货币，包括原油、黄金在内的大宗商品都会有重要影响。要关注耶伦是否保持言行一致，还是口是心非？

当然，眼下市场预期 2016 年 12 月美联储加息声音确实在不断升温。比如，在耶伦讲话后，美国利率期货市场显示 2016 年 12 月美联储加息概率已经超过了 90%；本周高盛表示美联储加息幅度或超过市场预期；2016 年 11 月 18 日（周五）有消息说，美国当选总统特朗普政策意图将继续推高美国债券收益率，从而对美元构成支撑，鉴于多头保持温和态势，美元涨势仍将进一步延续，将美国 2017 年和 2018 年 GDP 增幅预期分别上调至 2.5% 和 3.0%，预计从 2016 年 12 月政策会议起到 2018 年底，美联储总计将加息七次。

所以，上述原因是本周黄金价格创出近半年以来新低的最为主要的原因。

第二个原因就是在特朗普当选下届美国总统以及耶伦发表偏鹰派讲话后，

美元指数创出 2013 年以来新高。美元强势导致了本周黄金价格连连告挫。

2016 年 11 月 18 日（周五）美元指数盘中最高为 101.49 点，创出 2003 年 3 月 24 日（周一）以来新高，而本周非美货币，特别是欧元、日元大幅下挫纷纷创出 2016 年新低或次低点（见图 18-3）。

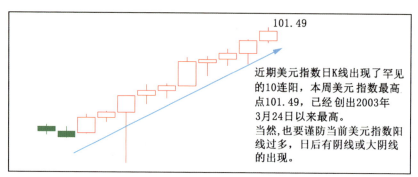

图 18-3

第三个原因就是资金面对短线黄金价格极为不利。这主要反映在全球黄金最大的 ETF 持续减持黄金，CFTC 数据显示黄金空头占优，美国芝加哥期货交易所数据显示看跌黄金空头期权上升。

1. 全球黄金最大的 ETF 持续大幅减持黄金。

自特朗普当选美国下届总统后，全球黄金最大的 ETF 持续减持黄金，目前累计减持 34.4 吨，最新持仓量为 2016 年 6 月 22 日（周三）最低水平（见表 18-1）。

表 18-1

日　　期	增减变化（吨）	目前持有量（吨）
11.10	-13.35	941.68
11.11	-7.12	934.56
11.14	-5.63	928.93
11.15	-1.48	927.45
11.16	-1.19	926.26
11.17	-5.63	920.63

自特朗普当选美国下届总统后，全球黄金最大的 ETF 持续减持黄金，累计减持 34.4 吨，目前最新持仓量为 6 月 22 日最低水平。

2. 表 18-2 表明，美国商品期货交易委员会（CFTC）数据显示：黄金的净仓位为负的 39578 标准手。一般来说，净仓位为负的就是短线黄金空头占优。

表 18-2 美国商品期货交易委员会（CFTC）每周持仓报告（商品类—截至 11 月 15 日当周）

种类	仓位类别	截至 11 月 15 日当周	截至 11 月 8 日当周	仓位变化（较上周）	备 注
黄金	多头仓位	245750	289860	−44110	1 个标准手为 100 盎司
	空头仓位	68090	72622	−4532	
	净仓位	177660	217238	−39578	

3. 表 18-3 表明，美国芝加哥期货交易所黄金期权看涨合约为 25557 手，而看空合约高达 37131 手。这反映出短线黄金空头占优。

表 18-3 11 月 18 日芝加哥商业交易所（CME）金属类商品成交量报告

商 品		成 交 量			合并总额		
		电子交易合约	场内成交合约	场外成交合约	成交量	未平仓合约	持仓变化
黄金期货	期货	285163	2545	12131	299839	495227	9846
黄金	期权	41576	5771	15341	62688	1313060	8425
	看涨	17127	2826	5604	25557	886790	5016
	看跌	24449	2945	9737	37131	426270	3409

第四个原因从技术上看，这主要反映在特朗普当选美国下届总统后，黄金价格日线跌破 10 日均线和黄金价格日线级别 MACD 指标在 0 轴之下出现死叉。

关于这点，笔者在《迟来的雪崩》一文中已经强调过：一般情况下，黄金纽约收盘价格跌破 10 日平均线且日后 MACD 日线指标 0 轴之下出现死叉，这就意味着未来黄金价格可能会出现断崖式或雪崩式的下跌。

果然在特朗普当选下届美国总统后，黄金价格从当选当日最高点 1337.07，仅仅 10 天后，到 2016 年 11 月 18 日（周五）最低 1203.25，下跌了近 134 美元 / 盎司。下跌速度之快，下跌幅度之大，也属于罕见。可见跌破 10 日均线且 MACD 指标在 0 轴之下出现死叉后的杀伤力之大（见图 18-4 和图 18-5）。

那么，未来黄金价格走势将如何运行？

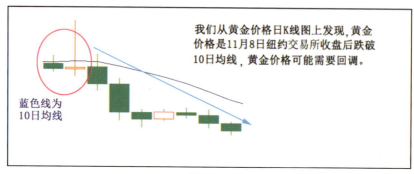

我们从黄金价格日K线图上发现，黄金价格是11月8日纽约交易所收盘后跌破10日均线，黄金价格可能需要回调。

蓝色线为
10日均线

图 18-4

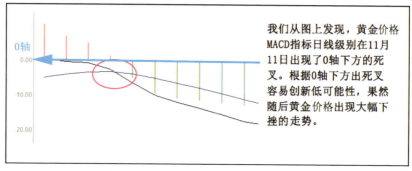

我们从图上发现，黄金价格MACD指标日线级别在11月11日出现了0轴下方的死叉。根据0轴下方出死叉容易创新低可能性，果然随后黄金价格出现大幅下挫的走势。

图 18-5

笔者最新的观点是，无论短线黄金价格是否能守住 1200 整数关，或跌破 1200 整数关，跌至 1170—1180 一线，随着黄金价格不断走低，短线黄金价格需要反弹的可能性在增加。这就是说，经过近期大幅下挫后，黄金价格也需要出现一次类似于之前跌至 1241.20 后，反弹至 1300 整数关的回门行情。当然，日后黄金价格经过反弹可能仍会继续走低。

笔者认为，短线黄金价格无论跌到 1200 还是 1170—1180，都需要反弹的理由有三个。

第一，美联储内部对未来加息步伐或加息进程仍有不同意见。比如，2016 年 11 月 17 日（周四）美联储官员卡什卡利表示，并不是很支持紧缩货币政策；2016 年 11 月 18 日（周五）纽约联储主席杜德利表示，市场似乎预期更强的刺激措施和更多次加息，但美联储仍认为尚不明朗；2016 年 11 月 18 日（周五）美联储官员乔治表示，高利率不利于美国经济。

第二，近期中国在不断减持美国债券，这也可能出于短线美元汇率过高的缘故。

2016年11月17日（周四）美国公布数据显示，2016年9月，中国持有的美国国债金额下滑281亿美元至11570万亿美元。同时，以往数据显示，最近三个月中国减持美国债券数量，每个月都在200亿美元以上。而截至2016年11月中国已累计减持美国债券1075亿美元。一般来说，中国减持美国债券对美元汇率不利，而相对黄金价格来说容易获得反弹（见表18-4）。

表18-4　2016年以来中国持有美国债券变动表

公布时间	持有数量（亿美元）为修正值	增减情况（万亿美元）
01.20	+97	1.2645
02.17	+184	1.2461
03.16	−82	1.2379
04.16	+144	1.2523
05.17	−77	1.2246
06.16	−18	1.2428
07.18	+12	1.2440
08.16	−32	1.2408
09.17	−220	1.2188
10.19	−337	1.1851
11.17	−281	1.1570
12.16	−413	1.1157

第三，从技术上看，黄金日线级别KDJ和RSI都已经进入超卖水平。这表明黄金价格可能需要一次短线反弹（见图18-6和图18-7）。

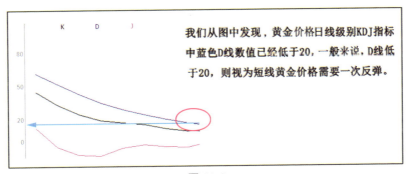

图 18-6

187

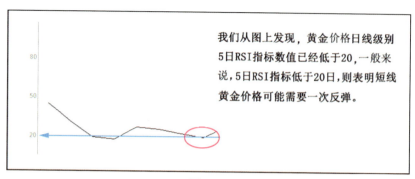

我们从图上发现，黄金价格日线级别5日RSI指标数值已经低于20，一般来说，5日RSI指标低于20日，则表明短线黄金价格可能需要一次反弹。

图 18-7

笔者对短期黄金价格的预期见图 18-8。

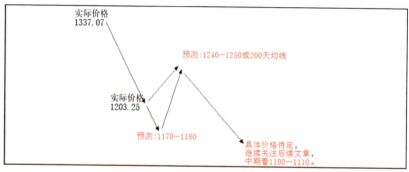

图 18-8

笔者再次强调，黄金价格短线反弹也好，回门行情也好，其目的是通过反弹来修复短线黄金价格各类的过低的指标，并再次确认日后继续下跌。所以，笔者认为，未来黄金价格中期目标看 1100—1110 依然不变。

只要美联储加息预期不变，则笔者始终坚持看空黄金价格不变。也就是说，美联储变，则笔者变；美联储不变，笔者坚定不变。我们认为，特朗普当选、耶伦偏鹰派讲话，黄金价格中期走势应该需要再次跌破 1200 整数关或跌至 1100 整数关，以再次探明下档支持位。

笔者于 2016 年 11 月 19 日（周六）下午 16 时

本篇文章中需要我们在黄金投资方面掌握的交易知识点和相关技巧内容主

女人的心，大海的针，天上的云，捉摸不透，"女王"更是如此啊！

要在于基本面：美国债券收益率对黄金价格走势影响。

一般来说，我们以美国 10 年期国债收益率变化来判断未来黄金价格走势。国债价格与国债收益率是负相关，价格越高国债收益率越低；价格越低国债收益率越高。一般情况下，美元加息预期升温会导致美国债券收益率上升，因为投资者倾向于抛售美国债券转而买入美元，令美元指数上升，非美货币和贵金属，包括黄金、白银面临短期下行压力；一般情况下，美元降息预期升温会导致美国债券收益率下降，因为投资者倾向于买入美国债券转而卖出美元，令美元指数下降，非美货币和贵金属，包括黄金、白银面临短期上行压力。

结论：美国 10 年期国债收益率上升，黄金价格倾向于下跌；美国 10 年期国债收益率下降，黄金价格倾向于上升。

案例：

如图 18-9 中 2016 年 12 月 15 日美国 10 年期国债收益率最高上升至 2.641%，创出 2014 年以来最高，同日国际现货黄金价格盘中最低为 1122.35，创出 2016 年次低点。

如图 18-9 中 2017 年 4 月 14 日美国 10 年期国债收益率最低跌至 2.24%，为 2016 年 11 月以来最低，同日国际现货黄金价格盘中最高为 1288.64，创出

2016 年 11 月以来最高。

图 18-9

上述结论属于大概率事件，并非是绝对，因为最终黄金价格走势是受市场多种因素的影响。

美国退出 TPP，黄金价格雪上加霜

（2016 年 11 月 21 日至 25 日评论）

本周（即 2016 年 11 月 21 日—2016 年 11 月 25 日）国际现货黄金价格继续走低，并跌破了关键支持位 1200 整数关。2016 年 11 月 25 日（周五）国际现货黄金价格盘中一度最低跌至 1171.40，为 2016 年 2 月 8 日（周一）以来最低。这一最低点与 2016 年 7 月 6 日（周三）2016 年最高点 1374.90 相比，其间黄金价格最大的跌幅为 17.37%。2016 年 11 月 25 日（周五），黄金纽约交易所收盘收至 1182.88（见图 19-1）。

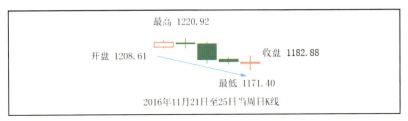

图 19-1

笔者在《大选结果预料之外，金价下跌预料之中》一文中已经预期短期黄金价格下跌目标区间为 1170—1180。图 19-2 是当时文中笔者所预期黄金价格以及近期黄金实际到达的价格。

图 19-2　短期黄金价格预期走势图

如果说之前美联储主席耶伦由鸽转鹰的态度令黄金价格跌至 1200 一线的话，那么本周特朗普要退出 TPP 是让黄金价格跌破 1200 整数关的主要原因之一。

2016 年 11 月 21 日（周一），美国下任总统特朗普宣称，"就任总统首日将退出 TPP"[①]。

为什么特朗普宣称退出 TPP，黄金价格会跌破 1200 整数关呢？

自由贸易就是指商品生产者希望用低成本去制造加工商品，而商品的消费者希望用低价格获取商品。这就会导致很多美国部分品牌生产者将制造加工基地转移至劳动力廉价的北美、东南亚，这令美国本土就业市场受到一定的影响。特别是奥巴马执政初期，美国一度面临高失业率的困境；而美国退出 TPP，将有利于美国的双边贸易协定谈判，以向美国引入更多的产业和工作机会。这样对未来美国经济复苏无疑增添了筹码。美国非农就业报告一向是美联储货币政策的风向标。一旦美国就业市场得到进一步好转，预期美联储货币政策将进一步紧缩，预期美元汇率进一步上升，这就导致了近期黄金价格大幅下跌并一度跌破 1200 整数关，创出近十个月以来最低价格。

同时，2016 年 11 月 24 日（周四）美元指数盘中最高攀升至 102.06 点，创出了 2003 年 3 月 21 日（周五）以来的新高（见图 19-3）。

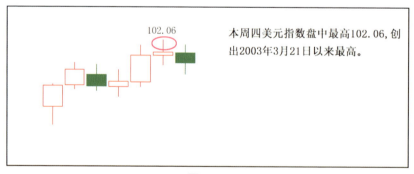

图 19-3

① TPP，即跨太平洋伙伴关系协定（Trans-Pacific Partnership Agreement）。2002 年由新西兰、新加坡、智利和文莱发起；当前成员国分布北美、东南亚等。这份 TPP 协议条款超过以往任何自由贸易协定。

本周导致黄金价格有效跌破 1200 整数关的另一个主要原因，就是来自于全球黄金最大的 ETF 持续大幅减持（见表 19-1）。

表 19-1

日　　期	增减变化（吨）	目前持有量（吨）
11.10	-13.35	941.68
11.11	-7.12	934.56
11.14	-5.63	928.93
11.15	-1.48	927.45
11.16	-1.19	926.26
11.17	-5.63	920.63
11.18	-5.34	915.29
11.21	-6.52	908.77
11.22	-3.86	904.91
11.23	-13.34	891.57
11.25	-6.53	885.04

自特朗普赢得美国大选后，全球黄金最大的 ETF 几乎清一色减持，目前已累计减持了近 70 吨，为今年 6 月 5 日以来最低持仓量。

在《"女王"善曲，歌（鸽）声变音（鹰）》一文中，笔者曾经谈到从技术角度看，不排除短线黄金价格会限反弹，但实际上黄金价格却跌破了 1200 整数关，其中有什么原因？

第一，技术面固然有其作用的一面，但技术面还是要服从于基本面、资金面和政治因素。本周黄金价格进一步下跌与政治因素有一定的关联，就是特朗普宣称退出 TPP，让黄金价格雪上加霜。因为当技术面需要黄金价格反弹，而政治因素可能会让美元进一步上升，黄金价格继续下跌，这样矛盾情况下，政治因素起了决定方向的作用。

如果在技术面、基本面、资金面，甚至政治因素基本一致的情况下，则未来黄金价格波动的方向是基本可以确认的。就好比在 2016 年 7 月 6 日（周三），黄金价格 1374.90 时候，技术面上出现看空黄金价格的 K 线形态——吊颈线，基本面上美联储仍维持加息态度，资金面上全球黄金最大的 ETF 开始高位减持等都指向看空未来黄金价格，果然日后黄金价格出现一波级别较大的下跌趋势。

结论：

1. 影响黄金价格波动几大因素矛盾时，我们应该把握好：政治因素决定资金面。资金面决定其基本面。基本面决定其技术面。请注意下面逻辑关系：

政治因素（好比董事长）→ 资金面（总经理）→ 基本面（区域经理）→ 技术面（客户经理）

2. 在技术面、基本面、资金面，甚至政治因素，在同一时刻表现为基本一致、不矛盾的情况下，则未来黄金价格波动的方向是基本可以确认的。

关于这点在本书之前文章中也有所描述。

第二，正因为这次政治因素起了决定方向的作用，令相关的技术指标出现了钝化。

指标钝化是交易技术分析术语，意为技术指标形态并没有按照之前预期方向运行，导致该指标失去指示意义，也就是平时所说的指标失真。一般情况下，短线指标出现钝化现象偏大，例如 RSI 指标、KDJ 指标、PSY 心理线等。一旦短线指标出现钝化后，其交易的参考价值下降。一般技术钝化经常出现在极端行情下，但可以参考中长线指标进行买卖。

那么在特朗普赢得美国大选后，黄金价格从 1337.07，在本周盘中最低跌至 1171.40，最大跌去了 165.67 美元 / 盎司后，还会继续下跌吗？如果继续下跌，下跌的目标位是多少？如果要反弹，反弹目标位又是多少呢？

首先，如果短线金价继续下跌，其目标位可以通过以下两组黄金分割位来计算一下。

第一组：我们取黄金价格 2016 年最低点 1061.70 和最高点 1374.90 进行计算：

其中，黄金分割位 0.618 位置在 1181.34，0.809 位置在 1121.52。

计算过程：

0.618 位置价格：

1374.90 - 1061.70 = 313.20

313.20 × 0.618 = 193.56

1374.90 – 193.56 = 1181.34

0.809 位置价格：

1374.90 – 1061.70 = 313.20

313.20 × 0.809 = 253.38

1374.90 – 253.38 = 1121.52

（1121.52 + 1181.34）/2 = 1151.43

所以，通过第一组黄金分割位计算，得到短线黄金价格下跌目标位在 1121.52 – 1151.43。

第二组：取黄金价格 2015 年最低点 1046.20 和 2016 年最高点 1374.90 进行计算：

其中，黄金分割位 0.618 位置在 1171.80，0.809 位置在 1109.03。

计算过程：

0.618 位置价格：

1374.90 – 1046.26 = 328.64

328.64 × 0.618 = 203.10

1374.90 – 203.10 = 1171.80（这个位置与本周黄金价格实际最低点 1171.40 十分接近）

0.809 位置价格：

1374.90 – 1046.26 = 328.64

328.64 × 0.809 = 265.87

1374.90 – 265.87 = 1109.03

（1109.03+1171.80）/2 = 1140.41

所以，通过第二组黄金分割位计算，得到短线黄金价格下跌目标位在 1109.03—1140.41。

根据上述两组黄金分割位计算，得到结论：

如果下周（即2016年11月28日—2016年12月2日）黄金价格继续下跌（除非下周黄金价格不再跌破2016年11月25日（周五）盘中的最低点1171.40），则未来下跌目标位在两个层次。

其一，下跌目标位在1140.41—1151.43（大致就是1140—1150）。

其二，下跌目标位在1109.03—1121.52（大致就是1110—1120）。

那么，如果黄金价格要反弹，反弹的目标位在哪里?

上面我们取的两组黄金分割位：

第一组：取黄金价格2016年最低点1061.70和最高点1374.90其中1/2位置1218.30。

第二组：取黄金价格2015年最低点1046.20和最高点1374.90，其中1/2位置1210.55。

再加上这次最低点1071.40与1232.92之间黄金分割位0.809位置为1183.15，得到以下结论：

如果下周（即2016年11月28日—2016年12月2日）黄金价格纽约收盘价格能持续站上1183.15，则未来反弹目标位在1210.55—1218.30。如果下周黄金价格纽约收盘价格无法站稳在1183.15之上持续运行，则下周黄金价格继续下跌概率偏大，未来黄金价格朝上面分析两个下跌层次目标位运行的可能性较大，即1140.41—1151.43或1109.03—1121.52（大致1140—1150或1110—1120）。

通过2016年11月25日（周五）黄金价格纽约交易所收盘那根日K线再做进一步分析：

2016年11月25日（周五）黄金价格纽约交易所收盘后日K线为实体0.21美元/盎司，上影线为10.01美元/盎司，下影线为11.48美元/盎司。我们把这样的K线称为"螺旋桨"。

螺旋桨K线：其是由一根K线组成的，上影线和下影线的长度均差不多，K线实体很小，实体的部分不分阴阳。这样的日K线特点就是未来黄金价格继续下跌或反弹的概率均有（见图19-4）。

这意味着，黄金价格上和下的概率是均衡的，所以在选择做多还是做空时要谨慎一些。

综上所述，笔者用下面两个图来描述未来黄金价格运行可能性。注意，这

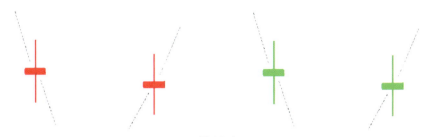

图 19-4

只是一种可能性，仅供大家参考。一旦市场发生变化，笔者会及时进行调整，请注意笔者后续文章。

若下周（即 2016 年 11 月 28 日—2016 年 12 月 2 日）黄金价格继续下跌，则如图 19-5 所示。

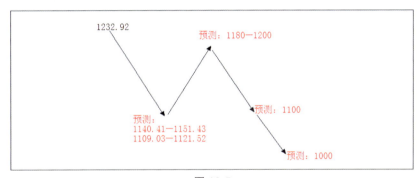

图 19-5

如果未来黄金价格不再创新低，则如图 19-6 所示。

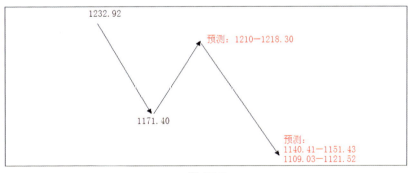

图 19-6

但是从未来一阶段黄金价格趋势来看，笔者还是坚持那段句话：只要美联

197

储加息预期不变，则笔者始终坚持看空黄金价格不变。也就是说，美联储变，则笔者变；美联储不变，笔者坚定不变。我们认为，特朗普当选、耶伦偏鹰派讲话，以及美国退出 TPP 背景下，黄金价格中期走势应该需要跌至 1100 整数关或更低位置，以再次探明下档支持位。

笔者于 2016 年 11 月 27 日（周日）凌晨

美国退出 TPP，美元有利，金价下行

　　本篇文章中需要我们在黄金投资方面掌握的交易知识点和相关技巧内容主要在于技术面：螺旋桨 K 线。

　　螺旋桨 K 线是由一根 K 线组成的，上影线和下影线的长度均差不多，K 线实体很小，实体的部分不分阴阳。这样的日 K 线特点就是未来黄金价格继续下跌或反弹的概率均有，意味着黄金价格上和下的概率是均衡的，所以，在选择做多还是做空时要谨慎一些（见图 19-7）。

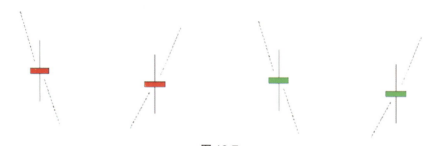

图 19-7

出现螺旋桨 K 线后也有以下具体情况（见图 19-8）：

1. 低位出现螺旋桨 K 线图形，通常预示着价格可能会上升。

2. 高位出现螺旋桨 K 线图形，通常预示着价格可能会下跌。

3. 在下跌途中出现螺旋桨 K 线图形，表明价格还会继续下跌。

4. 在上升途中出现螺旋桨 K 线图形，表明价格继续上升。

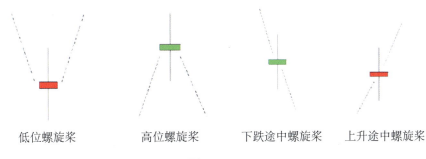

低位螺旋桨　　　高位螺旋桨　　　下跌途中螺旋桨　　上升途中螺旋桨

图 19-8

黄金价格围绕螺旋桨 K 线转

（2016 年 11 月 28 日至 12 月 2 日评论）

　　本周（即 2016 年 11 月 28 日—2016 年 12 月 2 日）国际现货黄金价格再度创出新低，盘中最低跌至 1160.76，为 2016 年 2 月 5 日（周五）以来最低。这一最低点与 2016 年 7 月 6 日（周三）2016 年最高点 1374.90 相比，其间黄金价格最大的跌幅为 18.44%。2016 年 12 月 2 日（周五）黄金纽约交易所收盘收至 1176.80（见图 20-1）。

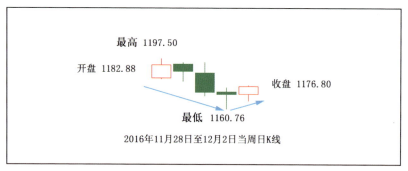

图 20-1

　　不过，从本周黄金价格日 K 线发现，本周黄金价格基本上围绕 2016 年 11 月 25 日（周五）纽约交易所收盘后出现的那根螺旋桨 K 线上下影线波动（见图 20-2）。

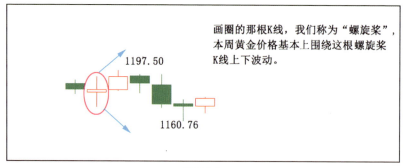

图 20-2

笔者在 2016 年 11 月 26 日（周六）《美退 TPP 黄金雪上加霜》一文中已经表述过，出现螺旋桨 K 线的特点就是未来黄金价格继续下跌或反弹的概率均有，果然本周黄金价格有反弹，也有创出新低。

首先分析一下本周黄金价格一度创出新低的主要原因。

第一，本周美国公布的大部分重要级的经济数据表现特别靓丽（见表 20-1）。

表 20-1

公布时间	数据名称	最新数值	备 注	前 值
2016 年 11 月 29 日（周二）	美国第三季度 GDP 修正值	季率上升 3.2%		季度上升 2.9%
2016 年 11 月 29 日（周二）	美国 11 月消费者信心指数	107.1	2007 年 7 月以来最高	98.6
2016 年 11 月 30 日（周三）	美国 11 月 ADP（小非农）	21.6 万人		14.7 万人
2016 年 11 月 30 日（周三）	美国 11 月芝加哥采购经理人指数	57.6	2015 年 1 月以来最高	50.6
2016 年 12 月 1 日（周四）	美国 11 月制造业采购经理人指数	54.1		53.9
2016 年 12 月 2 日（周五）	美国 11 月非农就业人数	17.8 万人		16.1 万人
2016 年 12 月 2 日（周五）	美国 11 月失业率	4.6%	2007 年 8 月以来最低	4.9%

特别是本周美国公布的消费者信心指数和失业率都创出 2007 年 7 月和 8 月以来最好表现，而本周美国公布芝加哥采购经理人指数也创出了 2015 年 1 月以来最高水平。

第二，正因为美国大部分经济数据表现靓丽，增加了美联储 2016 年 12 月以及 2017—2018 年加息预期（见表 20-2）。

表 20-2 中，克利夫兰联储主席梅斯特，更为偏鹰派。如果按照她的预期联邦基准利率最终达到 3%，按每次加息 25 个基点计算，则未来 2 年美联储加息次数将达到 9 次（具体计算过程：3 - 0.75 = 2.25，2.25/0.25 = 9）。如果是这样的话，预期未来美元指数上升目标位将指向 115—120，而黄金价格下跌目标位

表 20-2

时　　　间	机构或人物	态　　　度
2016 年 11 月 28 日（周一）	国际经济合作组织	预期 2018 年底前美元利率上调为 2%
2016 年 11 月 30 日（周三）	美联储理事鲍威尔	应该避险加息过慢
2016 年 11 月 30 日（周三）	美国克利夫兰联储主席梅斯特	预计最终联邦基准利率上升至 3%
2016 年 12 月 1 日（周四）	标普首席专家	特朗普政策给予美联储更多加息空间
2016 年 12 月 2 日（周五）	美国联邦利率期货	12 月加息概率为 100%。
2016 年 12 月 2 日（周五）	标普	2017 年加息 2 次，2018 年加息 3 次

将可能在 1000 或跌破 1000 整数关。

第三，当前国际市场总体资金面对黄金价格极为不利。

1. 全球黄金最大的 ETF 毫不留情继续减持黄金数量（见表 20-3）。

表 20-3

日　　期	增减变化（吨）	目前持有量（吨）
11.10	-13.35	941.68
11.11	-7.12	934.56
11.14	-5.63	928.93
11.15	-1.48	927.45
11.16	-1.19	926.26
11.17	-5.63	920.63
11.18	-5.34	915.29
11.21	-6.52	908.77
11.22	-3.86	904.9l
11.23	-13.34	891.57
11.25	-6.53	885.04
12.01	-1.18	883.86
12.02	-13.64	870.22

自特朗普赢得美国大选后，全球黄金最大的 ETF 继续清一色的减持黄金数量，目前已经累计减持了 84.81 吨，为 5 月 20 日以来最低持仓量。

2. 本周纽约收盘后，美国商品期货交易委员会（CFTC）报告显示，黄金净仓位仍为负值 15515 标准手。一般来说，负值则表明当周黄金空头仍占优（见表 20-4）。

表 20-4　美国商品期货交易委员会（CFTC）每周持仓报告
（商品类—截至 11 月 29 日当周）

种类	仓位类别	截至 11 月 29 日当周	截至 11 月 22 日当周	仓位变化（较上周）	备注
黄金	多头仓位	229731	241646	-11915	1 个标准手为 100 盎司
	空头仓位	78161	74561	-5000	
	净仓位	151570	167085	-15515	

第四，从技术上看，黄金价格中期或长期趋势仍处在较为看空形态之中。

1. 从黄金价格 MACD 指标周线级别看，如果图 20-3 中蓝色的慢速线跌破 0 轴，则表明从趋势上看，未来黄金价格仍有继续下行和走低的可能性。

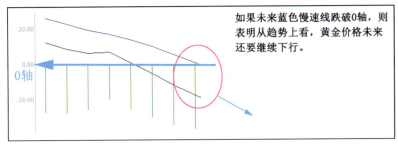

如果未来蓝色慢速线跌破0轴，则表明从趋势上看，黄金价格未来还要继续下行。

图 20-3

2. 从黄金价格 MACD 指标月线级别看，如果图 20-4 两条线未来出现死叉，且在 0 轴之下出现死叉，则从趋势上看，未来黄金价格有跌破 2015 年最低点 1046.26 的可能性，技术已经发出了预期的信号。

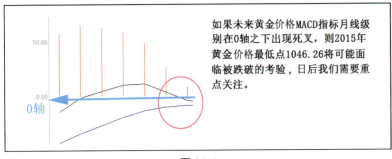

如果未来黄金价格MACD指标月线级别在0轴之下出现死叉，则2015年黄金价格最低点1046.26将可能面临被跌破的考验，日后我们需要重点关注。

图 20-4

在 2016 年 12 月 2 日（周五）美国公布非农就业报告后，黄金价格并没有进一步扩大跌势，创出新低，相反在尾盘还一度走高至 1177 一线。我们来分析一下原因。

第一，从技术上看，2016 年 11 月 25 日（周五）黄金价格日 K 线出现螺旋桨形态就是意味着未来黄金价格可能就围绕 1180 上下运行，所以一旦远离 1180 价格的话，可能会获得技术上的支持。同时，黄金价格日线级别的其他指标，比如 RSI、KDJ、PSY 已经多次钝化，这也反映出这些指标都处在低位区。

第二，2016 年 12 月 2 日（周五）美国公布的非农就业报告中出现了一些瑕疵。特别是 2016 年 12 月 2 日（周五）美国公布的 11 月薪资增长月率为下降 0.1%，不如前值月率上升 0.4%。美联储主席耶伦特别看重美国通胀，尤其是薪资增长。所以，这为美联储主席耶伦在北京时间 2016 年 12 月 15 日（周四）凌晨 3 时 30 分讲话增加了一些不确定性。

第三，适逢意大利公投。虽然这样的公投级别远不如英国脱欧，但是其对市场可能会带来一定的不确定性。所以，一般在不确定出现情况下，黄金价格会获得一定的支持，并短线会有一定的反弹要求。

第四，部分资金面出现了对黄金价格支持的现象，特别是美国芝加哥商业交易所报告显示，在本周看涨黄金价格期权看涨数量超过了看跌数量：看涨期权数量为 25184 标准手，看跌期权数量为 13744 标准手（见表 20-5）。

表 20-5　12 月 2 日芝加哥商业交易所（CME）金属类商品成交量报告

商　　品		成　交　量			合　并　总　额	
		电子交易合约	场内成交合约	场外成交合约	成交量	未平仓合约
黄金期货	期货	181514	0	7699	189213	402979
黄金	期权	31703	75	7150	38928	979704
	看涨	21884	25	3275	25184	631744
	看跌	9819	50	3875	13744	347960

通过上面第二点和第三点分析：

一旦当市场上出现不确定因素或风险偏好因素时，短线黄金价格会获得一定的支持，或有短线反弹的出现。

但黄金价格最终趋向光靠不确定性、风险偏好性或避险情绪来保持其价格长期上升，则是靠不住的。笔者始终认为，决定黄金价格趋势性的因素是美联储货币政策，而不是不确定性或避险情绪。

那么，未来黄金价格走势会如何进一步演化呢？

目前影响黄金价格波动的消息面和资金面出现了一定矛盾，在这样的情况下，从黄金价格上做些预期。

2016 年 11 月 25 日（周五）当黄金价格纽约交易所收盘后出现了一根螺旋桨 K 线，其收盘价格为 1182.88 尤为重要。笔者认为，如果下周（即 2016 年 12 月 5 日—2016 年 12 月 9 日）黄金价格能有效突破 1182.88，则短线黄金价格继续向上的概率增加，如果一旦黄金价格有效突破 10 日均线 1188 一线，则黄金价格上试 1200—1210 或 1230—1240 的可能性急剧增加（见图 20-5）。

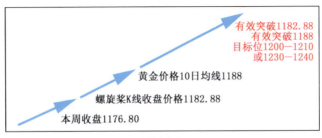

图 20-5

如果下周黄金始终不能有效突破 1182.88，相反再次跌破 2016 年 11 月 25 日（周五）盘中最低点 1166.16，则短线继续向下的可能性增加，那么短线下跌黄金价格目标就是之前笔者所预期 1140—1150 或 1110—1120 一线（见图 20-6）。

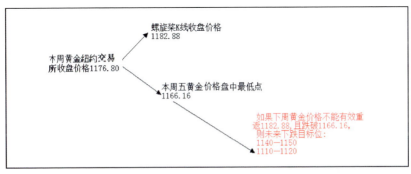

图 20-6

对未来黄金价格趋势来看，笔者还是坚持那段话：只要美联储加息预期不变，则笔者始终坚持看空黄金价格不变。也就是说，美联储变，则笔者变；美联储不变，笔者坚定不变。我们认为，特朗普当选、耶伦偏鹰派讲话，以及美国退出 TPP 背景下，黄金价格中期走势应该需要跌至 1100 整数关或 1000 整数关等更低位置，以再次探明下档支持位。

笔者于 2016 年 12 月 4 日（周日）中午 12 时

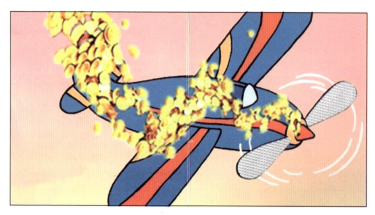

（黄金价格围绕 2016 年 11 月 25 日纽约交易所收盘后出现的那根螺旋桨 K 线上下影线波动，这也反映出当时市场人士看多或看空未来黄金价格是较为犹豫、矛盾的。）

本篇文章中需要我们在黄金投资方面掌握的交易知识点和相关技巧内容主要在于技术面。

从研究技术分析周期看月线、周线级别的准确率高于日线、小时线级别，但是其对短线黄金价格指导性不如日线、小时线级别。

所以，在做短线交易时，尽量采取日线、小时线级别周期来预判黄金价格涨跌。但做中长期交易时，尽可能选择一些周期较长的，比如周线、月线级别来判断黄金价格趋势。

超级马里奥，赐黄金价格新低

（2016 年 12 月 5 日至 9 日评论）

2016 年 11 月以来，国际现货黄金价格大幅下挫，国际黄金现货价格从 2016 年 11 月高点 1337.07，至 2016 年 12 月 9 日（周五）盘中最低跌至 1156.30，其间累计下跌了 180.77 美元 / 盎司，累计跌幅 15.63%（见图 21-1）。

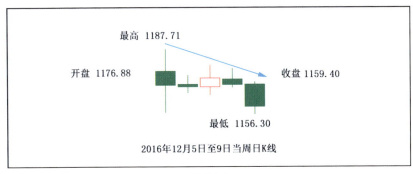

图 21-1

如果说这次黄金下跌第一波从 1337 跌至 1200 整数关一线，其中主要原因是特朗普赢得大选，美联储主席耶伦态度由鸽转鹰；如果说这次黄金下跌第二波有效跌破 1200 整数关，其中主要原因是特朗普为了增强美国就业市场，宣布退出 TPP；那么 2016 年 12 月 9 日（周五）黄金价格盘中最低跌至 1156.30，再次创出 2016 年 2 月 5 日（周五）以来新低，其中主要原因可能在于 2016 年 12 月 8 日（周四）欧洲央行行长德拉基的讲话（见图 21-2）。

欧洲央行行长德拉基，他的名字就是马里奥（Mario），与游戏超级玛丽マリオ（Mario）有着一样的名字，而且这个人非常能干，所以就有了这个外号。

2016 年 12 月 8 日（周四）有"超级马里奥"之称的欧洲央行行长德拉基宣布：欧洲央行决定延长购债计划期限至明年底，并将更短期债券纳入可购买范围。

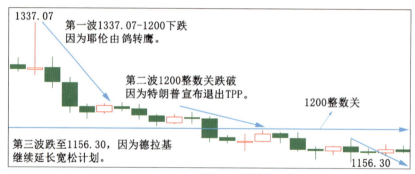

图 21-2

市场认为这令欧洲央行宣布削减购债规模对欧元的提振化为乌有。欧洲央行还称保留再度增加购债规模的权利。

受此利空消息影响，2016 年 12 月 8 日（周四）和 2016 年 12 月 9 日（周五）欧元兑美元汇率大跌。2016 年 12 月 8 日（周四），欧元兑美元汇率从盘中最高点 1.0871，最低跌至 1.0596，当日最大跌幅为 275 点，而 2016 年 12 月 9 日（周五）欧元兑美元汇率盘中最低跌至 1.0529，仅 2 个交易日欧元兑美元汇率最大跌幅为 342 点（见图 21-3）。

本周（即 2016 年 12 月 5 日—2016 年 12 月 9 日）欧元大幅下跌，令美元指数获得大幅反弹的机会。2016 年 12 月 9 日（周五）美元指数盘中最高点 101.74 已经接近之前 2016 年 11 月 24 日（周四）创出 13 年以来美元指数最高点 102.06。（见图 21-4）

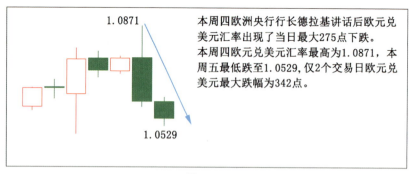

图 21-3

那么，为什么欧洲央行行长德拉基这番讲话会导致 2016 年 12 月 9 日（周

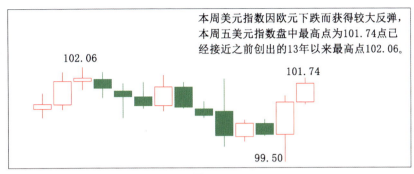

本周美元指数因欧元下跌而获得较大反弹，本周五美元指数盘中最高点为101.74点已经接近之前创出的13年以来最高点102.06。

102.06

101.74

99.50

图 21-4

五）黄金价格再次创出新低呢？其中包含着怎样的逻辑？

笔者认为欧洲央行延长 QE 时间，很显然对欧元走势极为不利，而欧元走低导致美元重新走高。在当前市场避险情绪并不是很浓重的氛围下，美元指数走高，势必导致黄金价格走低。这就是本周黄金价格再次创出新低的主要原因之一。

如果非美货币走低，特别是欧元、日元等主要非美货币，导致了美元走高。在当前市场避险情绪并不是很浓重的氛围下，美元指数走高，势必会导致黄金价格走低。

如果非美货币走低，特别是欧元、日元等主要非美货币，导致了美元走高。在当前市场避险情绪较为浓重的氛围下，美元指数走高，未必会导致黄金价格走低。

除了超级马里奥继续保持欧洲央行宽松货币政策，令黄金价格受到拖累外，其他导致本周国际现货黄金价格创出新低的还有以下原因。

从基本面看：市场对下周（即 2016 年 12 月 12 日—2016 年 12 月 16 日）美联储加息以及 2017—2018 年加息的预期依然在升温。

2016 年 12 月 8 日（周四）摩根士丹利表示，美联储 2016 年 12 月加息之后，预计 2017 年加息两次，2018 年三次；2016 年 12 月 8 日（周四）高盛分析师表示，更高的利率不会阻碍经济活动；2016 年 12 月 9 日（周五）麦格理银行表示，10 年期美债收益率明年底将达 3%，美联储 2017 年至少加息两次。

从资金面看，当前市场主流资金云集美国资本市场，而黄金市场继续遭受冷落。

1. 我们发现，自 2016 年 11 月 9 日（周三）特朗普赢得大选后，全球黄金最大的 ETF 还未增持过一次黄金，全部以减持黄金为主，已经累计持续减持了 17 次，累计数量为 97.58 吨，为 2016 年 5 月 13 日（周五）以来最低持仓量（见表 21-1）。

表 21-1

日　期	增减变化（吨）	目前持有量（吨）
11.10	-13.35	941.68
11.11	-7.12	934.56
11.14	-5.63	928.93
11.15	-1.48	927.45
11.16	-1.19	926.26
11.17	-5.63	920.63
11.18	-5.34	915.29
11.21	-6.52	908.77
11.22	-3.86	904.91
11.23	-13.34	891.57
11.25	-6.53	885.04
12.01	-1.18	883.86
12.02	-13.64	870.22
12.05	-0.32	869.90
12.07	-6.23	863.67
12.08	-2.96	860.71
12.09	-3.28	857.45

自特朗普赢得大选以来，全球黄金最大的 ETF 还未增持过一次黄金，全部是减持黄金。目前自特朗普当选以来累计减持了 97.58 吨，为 5 月 13 日以来最低持仓量。

2. 本周纽约交易所收盘后，美国商品期货交易委员会（CFTC）报告显示，黄金净仓位仍为负值 15190 标准手。一般来说，负值则表明当周黄金空头仍占优（见表 21-2）。

表 21-2　美国商品期货交易委员会（CFTC）每周持仓报告（商品类—截至 12 月 6 日当周）

种类	仓位类别	截至 12 月 6 日当周	截至 11 月 29 日当周	仓位变化（较上周）	备　注
黄金	多头仓位	227675	229731	−2056	1 个标准手为 100 盎司
	空头仓位	91295	78161	13134	
	净仓位	136380	151570	−15190	

3. 资金在同一时间段，有出则有进。目前大量国际资本涌入美元汇率、美国股市、债市等美国资本市场。所以不排除上述两个方面资金（全球黄金最大的 ETF 和美国商品期货交易市场资金）从黄金市场流入到美元汇率、美国股市、债市等美国资本市场上。

特别是近期美国股市走势尤为强劲。自特朗普赢得大选后，美国道琼斯指数从 18252.55 点，在 2016 年 12 月 9 日（周五）最高攀升至 19757.74 点，创出历史新高。这期间道琼斯指数累计升幅达到 1505.19 点，累计升幅为 8.25%（见图 21-5）。

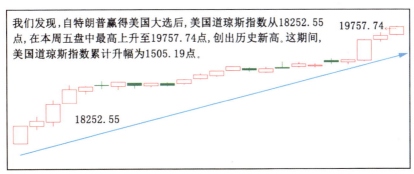

图 21-5

从技术上看，黄金价格未来还是有继续下行的可能性。

1. 从黄金价格 MACD 指标周线级别图上发现，MACD 指标中的慢速线近期已经跌破 0 轴。这一技术特点表明，目前黄金价格已经进入空头市场，预期未来黄金价格仍有进一步下跌的可能性（见图 21-6）。

2. 密切关注黄金价格 MACD 指标月线级别图，一旦两条线出现死叉，且在 0 轴之下出现死叉，根据这样技术特点，则意味着未来黄金价格会有更大的下跌，而相对当前黄金价格 1160 来说显然是过高了（见图 21-7）。

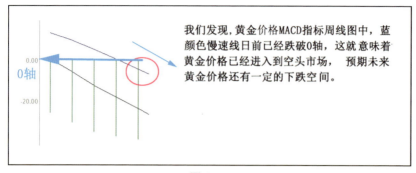

我们发现，黄金价格MACD指标周线图中，蓝颜色慢速线日前已经跌破0轴，这就意味着黄金价格已经进入到空头市场，预期未来黄金价格还有一定的下跌空间。

图 21-6

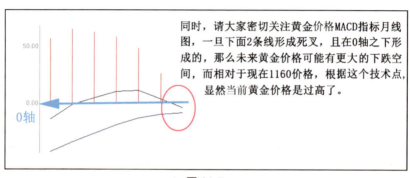

同时，请大家密切关注黄金价格MACD指标月线图，一旦下面2条线形成死叉，且在0轴之下形成的，那么未来黄金价格可能有更大的下跌空间，而相对于现在1160价格，根据这个技术点，显然当前黄金价格是过高了。

图 21-7

那么，未来一阶段黄金价格到底如何运行呢？是经过了连续 3 波下跌后出现大级别反弹呢，还是继续下跌创新低？

要重点关注 2016 年 12 月 15 日（周四）北京时间凌晨 3 时美联储 2016 年第 8 次会议，特别是其中点阵图和凌晨 3 时 30 分美联储主席耶伦的讲话。其中，以美联储主席耶伦讲话尤为关键，这将成为未来一阶段黄金价格出现大级别反弹还是继续下行的焦点。

虽然 2016 年 12 月 2 日（周五）美国公布的非农就业报告总体不错，但其中留下一个瑕疵。这就是美国当月薪资增长为月率下降 0.1%，不如前值月率上升 0.4% 和预期月率上升 0.2%。这为下周（即 2016 年 12 月 12 日—2016 年 12 月 16 日）美联储主席耶伦讲话留下不确定性。

对未来一阶段黄金价格走势，笔者判断如下，以供参考。

1. 如果美联储主席耶伦在 2016 年 12 月 15 日（周四）凌晨 3 时 30 分讲话

中把 2016 年 12 月 2 日（周五）非农就业报告中薪资的瑕疵当成一回事处理，从而认为要减缓未来美联储加息的进程，那么未来黄金价格出现大级别的反弹概率急剧上升。在这样情况下，预期未来黄金价格反弹目标位应该在 1200 或 1230—1240 一线（见图 21-8）。

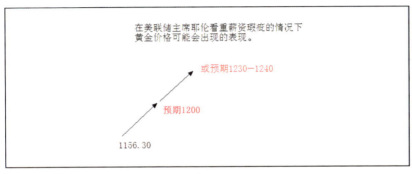

图 21-8

2. 如果美联储主席耶伦在 2016 年 12 月 15 日（周四）凌晨 3 时 30 分讲话中根本对 2016 年 12 月 2 日（周五）非农就业报告中薪资的瑕疵不予理会，继续坚持在特朗普赢得大选后发表鹰派讲话的基调，那么未来黄金价格将有可能继续下行，继续创出新低。在这样的情况下，预期未来黄金价格下跌目标位应该在 1110—1120 一线，跌至 1100 整数关一线或更低（见图 21-9）。

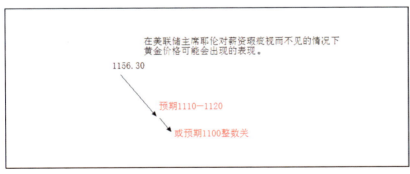

图 21-9

最后，笔者对未来黄金价格趋势仍坚持那段句话：只要美联储加息预期不变，则笔者始终坚持看空黄金价格不变。也就是说，美联储变，则笔者变；美联储不变，笔者坚定不变。我们认为，特朗普当选、耶伦偏鹰派讲话、美国退出 TPP，以及市场避险情绪淡化的氛围下，黄金价格中期走势应该需要跌至 1100 整数关或 1000 整数关等更低位置，以再次探明下档支持位。

笔者于 2016 年 12 月 10 日（周六）下午

在此次黄金价格下跌过程中，欧洲央行行长德拉基·马里奥也来搅局，宣布欧洲央行延长购债计划，利空欧元，美元因此受益，金价继续下跌

本篇文章中需要我们在黄金投资方面掌握的交易知识点和相关技巧内容主要在基本面。

1. 欧洲央行行长德拉基讲话对欧元、美元和黄金价格走势影响。

第一种情况：在通常情况下，如果欧洲央行行长德拉基讲话中对货币政策偏向于宽松，对欧元区经济并不乐观，欧元会短期出现较大的下跌，美元指数走高，黄金价格短线会出现一定幅度的下跌。如果欧洲央行行长德拉基讲话中并未表示实施更多的宽松，对欧元区经济也表示乐观，欧元会短期出现较大的上升，美元指数走低，黄金价格短线会出现一定幅度的上升。

第二种情况：如果欧洲央行行长德拉基的讲话是在每个月第一个周四，次日将公布美国非农数据，我们由此得到以下判断：

德拉基讲话不乐观 ➞ 欧元跌幅有限或不跌 ➞ 美元表现不理想 ➞ 预计次日美国公布的非农不好 ➞ 黄金价格向上概率增加

成功案例：2016 年 6 月 2 日（周四），当日德拉基表示继续保持宽松货币政策，当日欧元最大下跌幅度仅为 74 个点，结果次日 6 月 3 日（周五）美国公布非农数据极差，美元大跌，黄金和欧元暴涨。

德拉基讲话乐观 → 欧元涨幅有限或不涨 → 美元表现理想 → 预计次日美国公布的非农将好 → 黄金价格下跌概率增加

第三种情况：

德拉基讲一般性乐观的话 → 欧元大涨（100 点左右为标准）→ 美元表现不理想 → 预计次日美国公布的非农不会很好 → 黄金价格向上概率增加

成功案例：2014 年 2 月 6 日（周四），当日德拉基表示目前欧元区失业率企稳，经济复苏显示出令人鼓舞的迹象。市场认为，此番德拉基的讲话未透露出进一步宽松的倾向。当日欧元最大振幅为 128 点。结果次日 2 月 7 日（周五）美国公布非农就业不如预期，美元下跌，黄金和欧元大涨。

德拉基讲一般性不乐观的话 → 欧元大跌（100 点左右为标准）→ 美元表现理想 → 预计次日美国公布的非农可能会好 → 黄金价格下跌概率增加。

注意：

（1）当然欧洲央行行长德拉基的讲话不是在每个月第一个周四，则判断黄金价格的准确率不如每个月第一个周四。

（2）上述判断一定要这样一步一步走，不能跳跃，一旦跳跃，则逻辑不对。特别误认为欧元跌就是黄金跌，欧元涨就是黄金涨，这是不对的。

（3）如果德拉基的讲话乐观（2014 年 3 月），欧元大涨，讲话不乐观（2014 年 4 月），欧元大跌。那么上述判断的意义就会下降，特别是对次日非农数据表现不会起到什么预测作用。因为德拉基讲话对欧元、美元、黄金价格影响已经在之前释放了。

（4）欧洲央行行长德拉基乐观讲话内容中对欧元区经济表示乐观。其具体表现为：欧洲央行暂时没有扩大和延长量化宽松货币政策的规模和时限。

欧洲央行行长德拉基不乐观讲话内容中对欧元区经济表示不乐观。其具体表现为：欧洲央行将继续扩大和延长量化宽松货币政策的规模和时限。

2. 美元、非美元货币、黄金之间的关系。

如果非美元货币走低，特别是欧元、日元等主要非美元货币，导致美元走高。在当前市场避险情绪并不是很浓重的氛围下，美元指数走高，势必会导致黄金价格走低。（本周国际现货黄金价格继续走低，可能就属于上述情况。）

如果非美元货币走低，特别是欧元、日元等主要非美元货币，导致美元走高。在当前市场避险情绪较为浓重的氛围下，美元指数走高，未必会导致黄金价格走低。（2016 年 6 月 24 日英国脱欧当日就是这样的情况。）

3. 股市和汇市之间的关系。

第一种：本国货币升值 → 热钱会流入 → 股市上升 → 吸引更多的热钱会流入 → 加大本国货币升值的压力

所以，本篇文章中所提到的美国股市上升，反而加大了美元升值，从而导致了黄金价格下跌。

第二种：因实施更多宽松货币政策 → 导致本国货币贬值 → 刺激经济预期升温 → 股市上升

这条内容体现在之前日本股市和日元汇率上较为明确。

人（耶伦）在屋檐下，（黄金）不得不低头

（2016 年 12 月 12 日至 16 日评论）

本周（即 2016 年 12 月 12 日—2016 年 12 月 16 日）国际现货黄金价格受耶伦讲话的影响而出现大幅下跌。本周国际现货黄金价格盘中最低跌至 1122.35，为 2016 年 2 月 2 日（周二）以来最低。这一最低点与 2016 年 7 月 6 日（周三）盘中黄金价格最高点 1374.90 相比，其间最大跌幅达到了 22.50%（见图 22-1）。

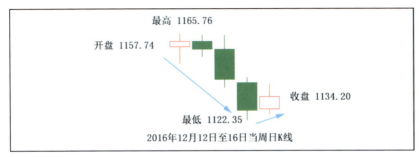

图 22-1

笔者《坚决看空黄金价格》一文的判断现在得到了充分的证实。在《超级马里奥，赐黄金价格新低》一文中提到，如果耶伦讲话对薪资瑕疵视而不见，黄金价格可能会跌至 1110—1120。而本周黄金价格盘中最低跌至 1122.35，已经非常接近笔者所预期的目标区（见图 22-2）。

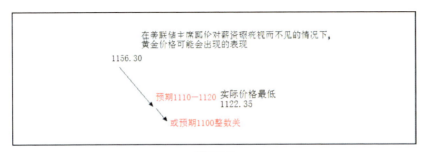

图 22-2

所以，这很显然，本周国际现货黄金价格创出新低最为主要原因是与这次美联储会后声明中的点阵图和美联储主席耶伦讲话有直接关系。

第一，美联储点阵图方面。

2016年12月15日（周四）北京时间凌晨3时，美联储如预期加息25个基点，目前美元最新的基准利率为0.5%—0.75%。同时，美联储预计2017年将加息3次，并将长期联邦基金利率预期上调至3%。

根据这次美联储会后声明，我们发现美联储不仅预期2017年加息3次，而且2018年也存在加息预期。因为美联储这次预期长期利率达到3%。如果按照每次加息25个基点计算，达到3%，则未来需要加息9次。如果刨去2017年加息，则2017年后还需要加息6次。

具体计算过程：3%－0.75%＝2.25%　2.25%/0.25%＝9

第二，耶伦讲话方面。

2016年12月15日（周四）北京时间凌晨3时30分后，美联储主席耶伦讲话直接导致了黄金再次创出新低。其内容表现在以下三个方面。

1. 耶伦表示预期在未来数年通胀将达到2%，预期就业状况将稍有增强，未来数年经济将温和增长，加息是对美国经济的信任票。

这点反映出耶伦对2016年12月初美国非农就业报告中薪资月率下降0.1%视而不见，并表明未来继续加息的态度。

2. 耶伦表示有意一直就职至任期结束，她的幕僚已经接触过特朗普过渡团队，但本人尚未与其接触。

这点表示耶伦及美联储未来基本上按照特朗普的政策进行运作。

3. 耶伦表示自金融危机以来，美国已经使金融系统更为安全了，重要的是不能使多德和弗兰克的成果倒退。

多德-弗兰克法案被认为是"大萧条"以来最全面、最严厉的金融改革法案，将成为与"格拉斯-斯蒂格尔法案"（《1933年银行法案》）比肩的又一块金融监管基石，并为全球金融监管改革树立新的标尺。其核心内容就是在金融系统当中保护消费者。

多德-弗兰克法案的三大核心内容：

（1）扩大监管机构权力，破解金融机构"大而不能倒"的困局，允许分拆陷入困境的所谓"大而不能倒"的金融机构；禁止使用纳税人资金救市；可限制金融高管的薪酬。

（2）设立新的消费者金融保护局，赋予其超越监管机构的权力，全面保护消费者合法权益。

（3）采纳所谓的"沃克尔规则"，即限制大金融机构的投机性交易，尤其是加强对金融衍生品的监管，以防范金融风险。

这点反映出耶伦对美国金融系统安全稳定看得尤为重要，这为未来美国金融系统安全提供了保障。

耶伦讲话前两点是其再向特朗普表示决心。这也正应验了一句话："人自屋檐下，不得不低头"，耶伦一改过往鸽派特点去迎合特朗普的新政。而第三点则更表明了耶伦从维护金融系统安全、稳定的角度出发，善意地向特朗普提示废除多德-弗兰克法案的弊端。

上述三点既反映出耶伦包括美联储将在特朗普执政后会全心全意地根据特朗普新政进行运行管理，又反映出耶伦包括美联储会提出更多善意的、建设性建议来维护好美国金融系统稳定、安全，促进美国经济进一步稳步增长。

上述这些促成了近期美元的强势，令国际现货黄金价格在本周再创新低。

同时，从资金面上看，近期也不利于黄金价格的走势。自特朗普赢得大选后全球黄金最大的 ETF 依然是不依不饶地减持黄金，自大选结束至今累计减持21 次，减持数量为 118.04 吨（见表 22-1）。

表 22-1

日　　期	增减变化（吨）	目前持有量（吨）
11.10	-13.35	941.68
11.11	-7.12	934.56
11.14	-5.63	928.93
11.15	-1.48	927.45
11.16	-1.19	926.26
11.17	-5.63	920.63
11.18	-5.34	915.29
11.21	-6.52	908.77

日　期	增减变化（吨）	目前持有量（吨）
11.22	-3.86	904.91
11.23	-13.34	891.57
11.25	-6.53	885.04
12.01	-1.18	883.86
12.02	-13.64	870.22
12.05	-0.32	869.90
12.07	-6.23	863.67
12.08	-2.96	860.71
12.09	-3.26	857.45
12.12	-1.19	856.26
12.14	-6.82	849.44
12.15	-7.11	842.33
12.16	-5.34	836.99

从特朗普赢得大选后，全球黄金最大的 ETF，累计减持数量为 118.04 吨。

技术上也存在对黄金价格不利的方面。从黄金价格 MACD 指标日线图上发现，2016 年 12 月 14 日（周三）出现了死叉，且在 0 轴之下出现死叉。之前已经多次讲过，一般在 0 轴之下出现死叉，则黄金价格容易走低或创出新低。果然 2016 年 12 月 15 日（周四）国际现货黄金价格盘中最低跌至 1122.35，再次创出 2016 年 2 月 2 日（周二）以来最低（见图 22-3）。

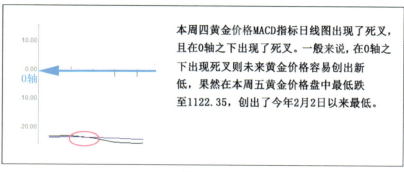

图 22-3

那么，下阶段黄金价格是否会一路下跌？是否会有反弹出现呢？笔者认为，黄金价格跌至1110—1120区间应该会有些短线反弹机会，而反弹目标位应该在1150一线。其原因如下：

第一，通过黄金分割位计算。

取黄金价格2015年最低点1046.26和最高点1374.90计算0.809位置价格：

$$1374.90 - 1046.26 = 328.64$$

$$328.64 \times 0.809 = 265.87$$

$$1374.90 - 265.87 = 1109.03$$

通过计算得到1109.03，是1046.26之前最后一道非常重要的防线，所以在这个价格附近应该会有反弹要求。

第二，近期中国在不断减持美国债券，这也可能出于短线美元汇率过高的缘故。

2016年12月16日（周五）美国公布数据显示，2016年10月中国持有的美国国债金额下滑413亿美元至1.1157万亿美元。同时，根据以往数据显示最近三个月每个月中国减持美国债券的数量都在200亿美元以上。而截至2016年11月，中国已累计减持美国债券1075亿美元。一般来说，中国减持美国债券对美元汇率不利，而相对黄金价格容易获得反弹（见表22-2）。

表22-2　2016年以来中国持有美国债券变动表

公布时间	持有数量（亿美元）为修正值	增减情况（万亿美元）
01.20	+97	1.2645
02.17	−184	1.2461
03.16	−82	1.2379
04.16	+144	1.2523
05.17	−77	1.2246
06.16	−18	1.2428
07.18	+12	1.2440
08.16	−32	1.2408

公布时间	持有数量（亿美元）为修正值	增减情况（万亿美元）
09.17	-220	1.2188
10.19	-337	1.1851
11.17	-281	1.1570
12.16	-413	1.1157

我们发现近四个月以来，中国每个月减持美国债券数量都在 200 亿美元之上，截至 12 月，中国今年累计减持美国债券为 1488 亿美元。一般来说，中国减持美国债券对美元汇率不利，而相对于黄金价格来说容易获得反弹机会。

笔者预期未来黄金下跌至 1110—1120 区间应该获得较大的支持并有反弹，反弹阻力位在 1150 一线。

如果黄金价格要真正出现阶段性反弹行情，则黄金价格必须收盘站稳在 10 日均线之上。如果未来黄金价格能有效站上 10 日均线，则黄金价格将出现阶段行反弹行情；反之，如果未来黄金价格始终不能站上 10 日均线，则不排除黄金价格继续走低或再次创出新低。目前最新黄金价格 10 日均线在 1155 附近（见图 22-4）。

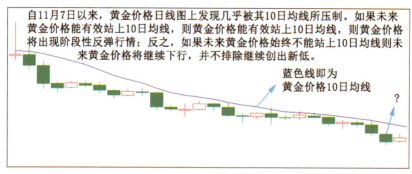

图 22-4

笔者预期如果未来黄金价格能真正站上 10 日均线或黄金 MACD 指标日线图出现金叉，则这波黄金阶段性反弹空间较大，预计反弹幅度在 50 美元 / 盎司，目标位在 1170—1200 一线。

笔者于 2016 年 12 月 17 日（周六）晚上

老板换了，伙计也要听话，这次"女王"做得不错

本篇文章中需要我们在黄金投资方面掌握的交易知识点和相关技巧内容主要在于基本面。

多德-弗兰克法案被认为是"大萧条"以来最全面、最严厉的金融改革法案，将成为与"格拉斯-斯蒂格尔法案"（《1933年银行法案》）比肩的又一块金融监管基石，并为全球金融监管改革树立新的标尺。其核心内容就是在金融系统当中保护消费者。

如果该法案被废除或大幅修订，则会引发市场不确定、不稳定因素，招来避险情绪，这对短线黄金价格有利。

如果该法案不被废除或有小幅修订，则不会引发太多的市场不确定、不稳定因素，避险情绪会降温，这对短线黄金价格不利。

近期黄金价格逐步企稳并出现向上反弹与市场预期特朗普将可能会废除多德-弗兰克法案有一定的关联，因为这给市场带来较大的不确定性。

黄金价格也过平安夜

（2016 年 12 月 19 日至 23 日评论）

自特朗普赢得美国大选，黄金价格几乎每周都在下跌过程中创出一个新低，但适逢本周（即 2016 年 12 月 19 日—2016 年 12 月 23 日）圣诞假期，黄金价格走势沾上了节日的光，也算过上了平安夜。本周国际现货黄金价格盘中最低点为 1125.23（见图 23-1），没有跌破 2016 年 12 月 15 日（周四）盘中最低点 1122.35，没有再次创出本轮下跌行情的新低（见图 23-2）。

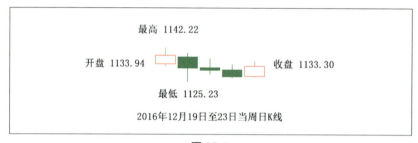

图 23-1

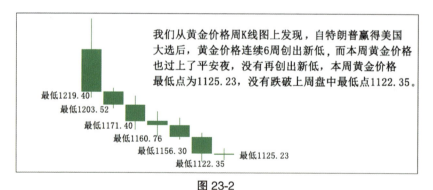

图 23-2

从资金面和基本面分析，本周黄金价格暂时没有再创新低，是过上平安夜的主要原因，发现一些与之前不同的背离现象。

从资金面看，本周全球黄金最大的 ETF 仍在不断减持黄金，但是黄金价格却没有再创本轮下跌行情的新低。这与前六周 ETF 减持黄金价格连续不断创出新低产生的资金面背离（见表 23-1）。

表 23-1

表 23-1

时　　间	减持数量（吨）	当日黄金价格最低点	2016 年 12 月 15 日（周四）黄金价格最低点	有无创新低
2016.12.19（周一）	-8.89	1133.70	1122.35	无
2016.12.21（周三）	-3.56	1128.90	1122.35	无

从上述本周两次全球黄金最大的 ETF 减持黄金后，黄金价格并未出现大幅下跌或创出近期新低，则代表此次 ETF 减持倾向于利益输送，而这就意味着未来黄金价格反弹的概率在增加。

笔者在《黄金价格"回门"》一文中所描述过：如果全球黄金最大的 ETF 大幅减持情况下，我们发现随后 1—2 个交易日，黄金价格并有太多的下跌，或创出新低，我们认为这样的减持行为可能是一种利益输送的需要，则代表未来黄金价格可能会出现一定反弹。

所以，可以期待未来黄金是否会出现短周期反弹。

从基本面看，2016 年 12 月 22 日（周四）美国公布的今年第三季度国内生产总值（GDP）季率增长 3.5%，好于前值季率增长 3.2% 和预期季率增长 3.3%。但是当晚数据公布后，黄金价格非但没有跌破上周（即 2016 年 12 月 12 日—2016 年 12 月 16 日）盘中最低点 1122.35，相反一度反弹至 1134 一线。这与之前美国公布主要经济数据表现靓丽、美元走高、黄金走低形成一个基本面的背离。

如果出现利空消息，黄金价格没有下跌，这也意味着短线黄金价格下跌空间有限，也可期待黄金价格是否会带来短周期反弹行情。

下面一条交易原则需牢记：

在利空消息出现时，黄金价格下跌幅度有限、或者不跌、或者出现小幅反弹，则表明未来黄金价格容易出现反弹。这也验证了一句话："该跌不跌就要涨。"

除了上述两个方面的背离为未来黄金价格反弹预留了机会，那么真正要兑现黄金价格短周期反弹行情，还需要满足哪些条件呢？

从技术角度上看也需要符合一些条件，比如，黄金价格 MACD 指标日线图是否能真正意义上出现金叉。一旦未来黄金价格 MACD 指标日线图出现金叉，并维持一段金叉的时间，则黄金价格短周期反弹行情将会展开（见图23-3）。

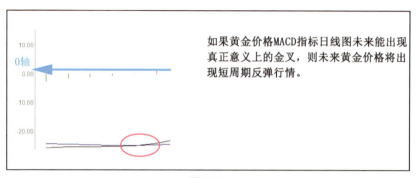

图 23-3

黄金价格能否出现短周期反弹行情，更为重要的是黄金价格必须有效站稳在 10 日均线之上。从特朗普赢得大选前 2 个交易日开始，黄金价格纽约交易所收盘价就跌破 10 日均线，到本周纽约交易所收盘后，黄金价格已经连续第 35 个交易日运行在 10 日均线之下。

所以笔者认为，一旦未来黄金价格纽约交易所收盘价能站上 10 日均线，则未来黄金价格出现短周期反弹行情的可能性将大为提升（见图23-4）。

目前，黄金价格最新的 10 日均线在 1138 一线。

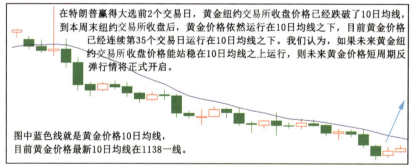

图 23-4

如果未来黄金价格基本具备了资金面、基本面和技术面需要发生短周期反弹行情的条件，那么未来黄金价格反弹高度有多高呢？

笔者认为，未来黄金价格一旦出现短周期反弹行情，黄金价格反弹高度要视美国后续公布的经济数据、美联储态度和其他国家一些动态变化而定。但是，笔者还是把未来可能会出现短周期反弹行情高度划分为三个级别。初级也就是最起码反弹高度应该在1150—1160一线，中级反弹高度在1170—1180，最高级别应该在1200或以上，最大极限位置在1218一线。（计算过程：上次黄金价格回门反弹行情，从1241反弹到1337，即96美元/盎司，那么这次从1122.35反弹算起加上96美元/盎司，即为1218一线。）

笔者认为，此次短周期反弹行情，黄金价格一次性反弹至200天平均线1270一线可能性不大。

图23-5是笔者对未来黄金价格一旦出现反弹行情各种价格预期判断。

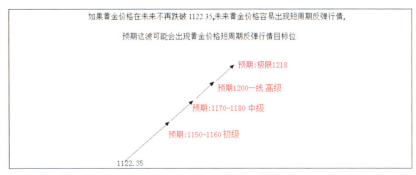

图 23-5

笔者于 2016 年 12 月 24 日（周六）晚上

圣诞到了大家都该放松一下，黄金价格经过连续下跌后，也过上平安夜

本篇文章中需要我们在黄金投资方面掌握的交易知识点和相关技巧内容主

要在于基本面。

我们在黄金交易中，时常会碰到这样的情况：一种是利好出现时，黄金价格上涨有限，利空出现时，黄金价格跌势有限；另一种是看涨信号出现结果不涨反跌，看跌信号出现结果不跌反涨。

出现这样的主要原因有：

1. 黄金价格牛熊市因素。

2. 黄金价格有季节性因素。

3. 黄金价格强弱市场。

4. 技术面与基本面、政治面出现了矛盾，其中政治因素和资金面占了主导。

所以，遇到上述情况，交易的原则是：

在利好消息出现时，价格反弹力度有限，而在利空消息出现时，其跌幅较大，这表明黄金价格现在总体走势处在偏弱的状态之中，而往往意味着未来创出近阶段低点的可能性增加。这属于"该涨不涨就要跌"，所以在操作偏向于做空为主。

案例：2016 年 12 月 2 日（周五）美国公布的非农就业人数增长仅为 15.6 万人，不如前值 17.8 万人，不利于美元，而利好于黄金价格，黄金价格应该上涨，而实际上当日黄金价格上升十分有限，随后再度下跌，并在 12 月 15 日创出 1122.35 新低。

在利空消息出现时，价格下跌幅度有限，而在利好消息出现时，其上升较大，这表明黄金价格现在总体走势处在偏强的状态之中，而往往意味着未来创出近阶段高点的可能性增加。这属于"该跌不跌就要涨"，所以在操作偏向于做多为主。

案例：2014 年 5 月 2 日（周五）公布的美国公布的非农就业人数数据为增长 28.8 万人，十分靓丽，利好于美元，而不利于黄金价格，黄金价格应该下跌，而实际上黄金价格并未下跌，相反出现上升，再次重返 1300 整数关之上。

黄金价格如约反弹

（2016年12月27日至30日评论）

本周（即2016年12月26日—2016年12月30日）黄金价格是自特朗普当选美国总统以来反弹最为强劲的一周。本周国际现货黄金价格盘中最高反弹在1163.14，为2016年12月14日（周三）以来最高。这一最高点与之前2016年12月15日（周四）本轮黄金下跌行情最低点1122.35相比，最大反弹幅度为3.63%（见图24-1）。

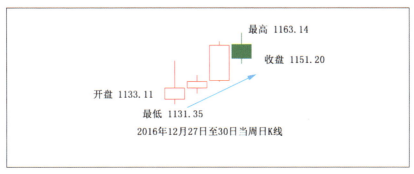

最高 1163.14

收盘 1151.20

开盘 1133.11

最低 1131.35

2016年12月27日至30日当周日K线

图 24-1

本周黄金价格反弹正如2016年12月24日（周六）笔者在《黄金价格也过平安夜》一文中所预期一样如期出现了短周期反弹行情，且已经达到并超过了上周（即2016年12月19日—2016年12月23日）笔者所预期短周期反弹第一目标位1150—1160一线（见图24-2）。

近期黄金价格从最低点1122.35，在本周盘中最高反弹至1163.14，最高反弹幅度为40.79美元/盎司，主要是符合了四个条件。

第一个条件，就是之前提到的资金面与黄金价格出现背离现象。

从资金面看，之前全球黄金最大的ETF仍在不断减持黄金，但是黄金价格却没有再创本轮黄金下跌行情的新低，而这一现象在本周继续延续，所以形成

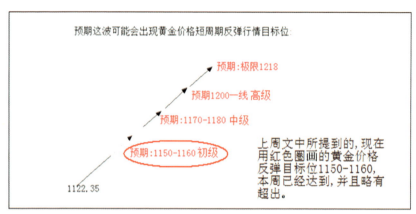

图 24-2

了资金面对黄金价格不利而金价不创新低的背离现象。这就意味着短周期黄金价格将出现一定的反弹行情（见表24-1）。

表 24-1

时　　间	减持数量（吨）	当日黄金价格最低点	2016 年 12 月 15 日（周四）黄金价格最低点	有无创新低
2016 年 12 月 19 日（周一）	-8.89	1133.70	1122.35	无
2016 年 12 月 21 日（周三）	-3.56	1128.90	1122.35	无
上面两次就是上周（即 2016 年 12 月 19 日—2016 年 12 月 23 日）文中所提到的，而下面这次是本周发生的资金面与黄金价格的背离				
2016 年 12 月 27 日（周二）	-1.18	1135.60	1122.35	无

笔者在《黄金价格"回门"》一文中描述过：

如果全球黄金最大的 ETF 大幅减持情况下，发现随后 1—2 个交易日，黄金价格并有太多的下跌，或创出新低，认为这样的减持行为可能是一种利益输送的需要，则代表未来黄金价格可能会出现一定反弹。

同时，本周后半阶段，美国股市，特别是道琼斯指数出现了一定的下跌，这反映有部分资金在股市中获利了结，同时，美国股市下跌也引发了部分避险情绪的上升，这也从资金面上支持了短线黄金价格反弹（见图24-3）。

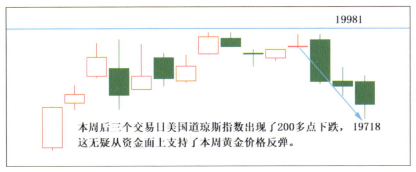

图 24-3

第二个条件，就是之前提到基本面与黄金价格出现背离现象。

表 24-2

时　　间	数据表现	数据公布后黄金价格盘中最低点	数据公布当日黄金价格盘中最低点	2016 年 12 月 15 日（周四）黄金价格最低点
2016 年 12 月 22 日（周四）	美国公布的第 3 季度 GDP 最终值为 3.5%，好于前值 3.2%。	1127.36	1127.36	1122.35
2016 年 12 月 27 日（周二）	美国公布的 12 月份消费者信心指数为 113，为 2001 年以来最高。	1135.60	1131.35	1122.35
2016 年 12 月 29 日（周四）	美国公布至 2016 年 12 月 24 日当周初请失业金人数 26.5 万人，好于前值 27.5 万人。	1144.42	1141.08	1122.35

从表 24-2 中发现，近期美国公布较好的经济数据后，黄金价格既没有跌破当日盘中的最低点，也没有跌破 2016 年 12 月 15 日（周四）的最低点 1122.35。所以，近期美国公布主要经济数据表现靓丽，黄金价格并没有再创新低，形成一个背离现象。这就意味着短周期黄金价格将出现一定的反弹行情。

同时，这再次证实：在利空消息出现时，黄金价格下跌幅度有限，或者

不跌，或者出现小幅反弹，则表明未来黄金价格容易出现反弹。"该跌不跌就要涨。"

第三个条件，就是黄金价格MACD指标日线级别出现了金叉。实际上在2016年12月23日（周五）纽约交易所收盘后就符合了。之前，笔者多次强调一旦未来黄金价格MACD指标日线图出现金叉，并维持一段时间金叉，则黄金价格短周期反弹行情将会展开。从本周黄金价格反弹看，这个条件也起了一定作用（见图24-4）。

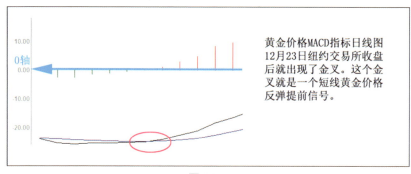

黄金价格MACD指标日线图12月23日纽约交易所收盘后就出现了金叉。这个金叉就是一个短线黄金价格反弹提前信号。

图 24-4

第四个条件，就是黄金价格在2016年12月27日（周二）站上10日均线，这是自2016年11月7日（周一）以来首次站上10日均线。

所以，这再次证实：一旦黄金价格纽约交易所收盘价能站上10日均线，则未来黄金价格将会出现短周期反弹行情（见图24-5）。

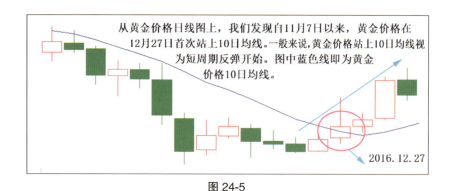

从黄金价格日线图上，我们发现自11月7日以来，黄金价格在12月27日首次站上10日均线。一般来说，黄金价格站上10日均线视为短周期反弹开始。图中蓝色线即为黄金价格10日均线。

2016.12.27

图 24-5

综上所述，判断黄金价格反弹或下跌的基本条件是：

如果在一阶段时间内，黄金价格与资金面、基本面出现背离（即出现利空黄金的消息，黄金价格始终不创新低），黄金价格MACD指标日线图出现金叉，且站上10日均线，那么黄金价格将可能会出现反弹或上升走势，预期其反弹或上升空间在30—50美元/盎司。如果黄金总体走势偏强，或许还有更多空间。这段时间在操作上倾向于逢低买入黄金为主。

如果在一阶段时间内，黄金价格与资金面、基本面出现背离（即利好黄金的消息，黄金价格始终不创新高），黄金价格MACD指标日线图出现死叉，且跌破10日均线，那么黄金价格将可能会出现下跌走势，预期其下跌空间在30—50美元/盎司。如果黄金总体走势偏弱，或许还有更多空间。这段时间在操作上倾向于逢高卖出黄金为主。

上述这段话请投资者牢记，以便日后更好地进行黄金交易。

下一步关于未来黄金短周期反弹高度在《黄金价格也过平安夜》一文中已经有详细描述。现阶段已经达到了初级反弹目标位1150—1160一线，而中级反弹目标位1170—1180或高级反弹目标位1200整数关以及极限位置1218能否达到关键将取决于下周的两大事件（见表24-3）。

表 24-3

时　　间	关键事件	判　　断	预期黄金价格表现
2017年1月5日（周四）北京时间凌晨3时	美联储会议纪要	偏鸽派	黄金价格继续向上
		偏鹰派	黄金价格重新回落
		偏中性	黄金价格震荡为主
2017年1月6日（周五）北京时间晚上21时30分	美国非农就业报告	非农就业人数不如前值，薪资不如前值	黄金价格继续向上
		非农就业人数好于前值薪资好于前值	黄金价格重新回落
		非农和薪资数据有好有坏	黄金价格震荡为主

但是，笔者还是坚持之前观点：如果未来黄金价格继续反弹，则最高目标位在1200一线，而极限目标位在1218附近。此次短周期反弹行情，黄金价格一次性反弹至200天平均线1270一线可能性不大。即便在2017年黄金价格有

突破 200 天均线的可能性存在，但要让黄金价格一次性有效突破 200 天均线的可能性仍然不大。

当然，在 2017 年里还需要关注一个非常重要技术特点，就是一旦黄金价格 MACD 指标月线级别出现死叉，且在 0 轴之下发生的话，那么这波黄金价格下跌幅度可能会较大，不排除下试 2015 年黄金价格最低点 1046.26，甚至跌破这个最低点的可能性（见图 24-6）。

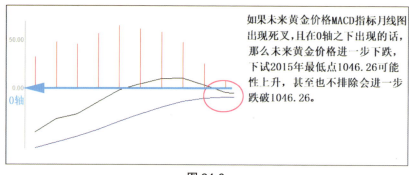

如果未来黄金价格MACD指标月线图出现死叉，且在0轴之下出现的话，那么未来黄金价格进一步下跌，下试2015年最低点1046.26可能性上升，甚至也不排除会进一步跌破1046.26。

图 24-6

反之，在 2017 年里黄金价格 MACD 指标月线级别始终无法出现死叉，特别是在 0 轴之下，那么在 2017 年里黄金价格要跌破 2016 年 12 月 15 日（周四）创下最低点 1122.35 可能性下降。

笔者于 2016 年 12 月 31 日（周六）中午

这次黄金价格反弹犹如牛郎织女相约七七相会

本篇文章中需要我们在黄金投资方面掌握的交易知识点和相关技巧内容主要在于资金面和基本面。

判断一个阶段，黄金价格反弹或下跌要符合的基本条件有：

如果在一阶段时间内，我们发现黄金价格与资金面、基本面出现背离，即利空黄金价格的消息出现，而黄金价格始终不创新低，黄金价格 MACD 指标日线图出现金叉，且站上 10 日均线，那么黄金价格将可能会出现反弹或上升走势，预期其反弹或上升空间在 30—50 美元 / 盎司。这段时间在操作上倾向于逢低买入黄金为主。如果这段时期内配合出现 RSI、KDJ、PSY 数值都在 20 或 20 之下，则买入信号更为强烈，可能会有 50—100 美元 / 盎司左右上升空间。

案例：2016 年 12 月 15 日黄金价格最低跌至 1122.35 后，因大部分情况符合上述条件，出现一波级别较大的上升，在 2017 年 1 月 24 日一度最高攀升至 1219.70，最大涨幅达到 97.35 美元 / 盎司。

如果在一阶段时间内，我们发现黄金价格与资金面、基本面出现背离，即利好黄金价格消息出现，而黄金价格始终不创新高，黄金价格 MACD 指标日线图出现死叉，且跌破 10 日均线，那么黄金价格将可能会出现下跌走势，预期其下跌空间在 30—50 美元 / 盎司。这段时间在操作上倾向于逢高卖出黄金为主。如果这段时期内配合出现 RSI、KDJ、PSY 数值都在 80 或 80 之上，则卖出信号更为强烈，可能会有 50—100 美元 / 盎司左右下跌空间。

案例：2014 年 7 月 10 日黄金价格最高上升至 1345 后，因大部分情况符合上述条件，出现一波级别较大的下跌，在 2014 年 7 月 31 日一度最低跌至 1280.76，最大跌幅达到 64.24 美元 / 盎司。

请投资者特别注意：一旦是全部符合上述条件，则做多或做空黄金价格成功的把握非常大，所以请大家牢牢把握好上述内容。

黄金价格已中学毕业，大学呢？

（2017 年 1 月 3 日至 6 日评论）

在 2016 年 12 月 30 日（周五）黄金价格盘中最高反弹至 1163.14，则符合我们之前预期黄金出现短周期反弹的初级目标位 1150—1160 一线，可以视为黄金价格小学毕业。

在 2017 年新年伊始，即在 2017 年 1 月 5 日（周四）黄金价格盘中最高攀升至 1184.90，则符合之前预期黄金价格出现短周期反弹的中级目标位 1170—1180，可以视为黄金价格中学毕业（见图 25-1）。

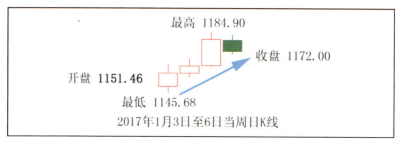

图 25-1

笔者之前在《黄金价格也过平安夜》一文中已经预测过黄金价格反弹的几个等级（见图 25-2）。

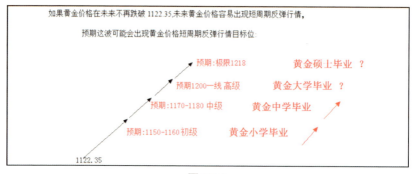

图 25-2

之前黄金价格出现短周期反弹达到所预期的初级目标位 1150—1160 一线，视为小学毕业，其中主要符合之前所描述的四个条件：

1. 黄金价格与资金面出现背离；

2. 黄金价格与基本面出现背离；

3. 黄金价格 MACD 指标日线级别出现金叉；

4. 黄金价格有效站上 10 日均线。

那么本周（即 2017 年 1 月 2 日—2017 年 1 月 6 日）黄金价格出现短周期反弹达到所预期的中级目标位 1170—1180 一线，视为中学毕业，其中又有什么原因呢？

第一，资金面与黄金价格继续出现背离现象。

从资金面看，新年伊始全球黄金最大的 ETF 继续减持黄金，但黄金价格依然不再创本轮黄金下跌行情的新低，且近期黄金价格连 10 日均线也未跌破（见表 25-1）。

表 25-1

时　　间	减持数量（吨）	当日黄金价格最低点	当日黄金价格10 日均线	2016 年 12 月 15 日（周四）黄金价格最低点
2017 年 1 月 3 日	-8.30	1145.68	1142.44	1122.35
2017 年 1 月 5 日	-0.28	1162.29	1150.73	1122.35
从上述本周两次全球黄金最大的 ETF 减持黄金后，当日黄金价格盘中的最低点没有跌破 10 日均线，更没有跌破 2016 年 12 月 15 日（周四）的最低点 1122.35。全球黄金最大的 ETF 减持，黄金价格相反不跌，反而走高，继续出现资金面与黄金价格的背离。				

第二，2017 年 1 月 3 日（周二）美元指数盘中最高为 103.81 点，再次创出 2002 年 12 月 23 日（周一）以来新高。但是我们发现，当日黄金价格并没有出现更低位置，或跌破 2016 年 12 月 15 日（周四）黄金价格盘中最低点 1122.35。当日在美元指数创出新高时，黄金价格盘中最低点为 1145.68。如果出现"美元创新高，黄金不见新低"，则表明短期黄金价格倾向于向上反弹（见图 25-3）。

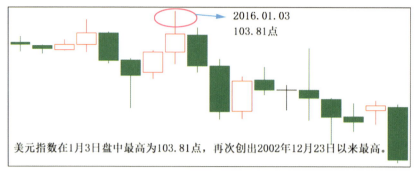

美元指数在1月3日盘中最高为103.81点，再次创出2002年12月23日以来最高。

图25-3（a）

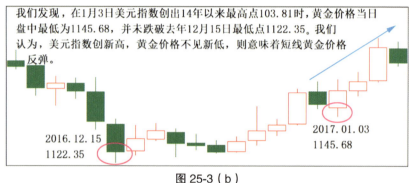

我们发现，在1月3日美元指数创出14年以来最高点103.81时，黄金价格当日盘中最低为1145.68，并未跌破去年12月15日最低点1122.35。我们认为，美元指数创新高，黄金价格不见新低，则意味着短线黄金价格反弹。

2016.12.15 1122.35

2017.01.03 1145.68

图25-3（b）

美元指数与黄金价格之间的关系请投资者牢记，以便更好地把握好黄金未来的走势。

一般情况下，在美元指数上升，创出新高时，同一时刻，黄金价格却不见前期新低，则黄金价格未来有向上反弹的可能性。在这样情况下，倾向于短线买入黄金为主。

一般情况下，在美元指数下跌、创出新低时，同一时刻，黄金价格却不见前期新高，则黄金价格未来有高位下跌的可能性。在这样情况下，倾向于短线卖出黄金为主。

第三，2017年1月5日（周四）北京时间凌晨3时，美联储会议纪要中一段话被市场利用作为推高黄金价格上升的理由。

2017年1月5日（周四）北京时间凌晨，美联储会议纪要显示：有几名美联储官员认为美元走强将拖累通胀上升。这段内容直接导致2017年1月5日（周四）美元指数盘中最低跌至101.31点，为2016年12月14日（周三）以来最低。美元指数大幅下挫促成了短线黄金价格强劲反弹。当日黄金价格盘中最高反弹在 1184.90，创出了本轮黄金价格短周期反弹的最高点。

第四，从技术上看，本周黄金价格突破了黄金分割位的重要阻力位。

取这次黄金价格下跌最低点即 2016 年 12 月 15 日（周四）黄金价格盘中最低点 1122.35，和特朗普赢得美国大选当日黄金价格盘中最高点 1337.07 计算，本周黄金价格已经突破 1122.35 和 1337.07 之间黄金分割位 0.809 位置。

具体计算过程：

$1337.07 - 1122.35 = 214.72$

$214.72 \times 0.809 = 173.71$

$1337.07 - 173.71 = 1163.36$

黄金价格 2017 年 1 月 3 日（周二）盘中最高价正好就是 1163.36，并在日后一举被有效突破，当这个位置一旦有效突破后，很有可能成为下阶段黄金价格的一个支持位。（关于这点在之前笔者《黄金价格犹如大闸蟹》后续文章有关黄金分割位描述中已经表示过。）

上述四个原因让黄金价格在本周中学毕业，那么现在大家关心的是在未来黄金价格能否达到之前所预期反弹高级目标位 1200 一线，即黄金价格能否大学毕业呢？甚至是否还有可能硕士毕业，即黄金价格达到之前所预期这波短周期反弹的极限位置 1218 一线呢？

笔者认为，黄金价格未来要进一步大学或硕士毕业不是说不可能，仍需要进一步观察。其中主要原因如下：

1. 尽管 2017 年 1 月 6 日（周五）美国公布的非农就业人数增长为 15.6 万人，低于预期 17.8 万人，但是薪资增长月率达到 0.4%，为 7 年以来最高。这无疑为 2017 年美联储加快加息提供了有效支持。而在 2017 年 1 月 5 日（周四）北京时间凌晨，美联储会议纪要中再次明确表示：诸多美联储官员判断美联储可能需要加快加息速度，以及在 2017 年 1 月 6 日（周五）非农就业报告后，众多美联储官员，包括之前一些偏鸽派的官员，都纷纷确定未来美联储将会加快加息步伐。

美国公布出色薪资增速后，众多美联储官员对未来美联储货币政策趋向的态度表现见表 25-2。

表 25-2

美联储官员	来　自	今年票委	原先立场	非农后讲话内容	讲话偏向
埃文斯	芝加哥	是	鸽派	2017 年加息三次"并非难以置信"	鹰派
哈　克	费　城	是	鸽派	2017 年加息三次是合适的	鹰派
卡普兰	达拉斯	是	鸽派	2017 年更高的利率将是合适的	鹰派
梅斯特	克利兰夫	不是	鹰派	2017 年加息三次是合适的	鹰派
莱　克	里奇蒙德	不是	鹰派	加息速度超过市场预期	鹰派

所以笔者始终认为，在美联储加息的氛围下，总体还是对黄金价格不是很有利，所以进一步上扬，达到 1200 或更高位置，有一定的难度。

2. 短线各项技术指标均处在高位区，这预示着短线黄金价格存在回调的压力（见图 25-4）。

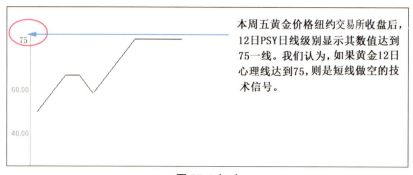

本周五黄金价格纽约交易所收盘后，12日PSY日线级别显示其数值达到75一线。我们认为，如果黄金12日心理线达到75，则是短线做空的技术信号。

图 25-4（a）

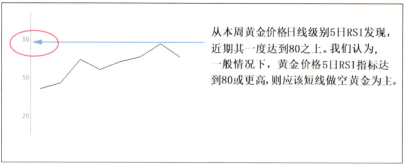

从本周黄金价格日线级别5日RSI发现，近期其一度达到80之上。我们认为，一般情况下，黄金价格5日RSI指标达到80或更高，则应该短线做空黄金为主。

图 25-4（b）

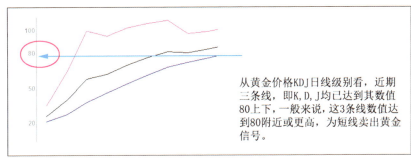

从黄金价格KDJ日线级别看，近期三条线，即K，D，J均已达到其数值80上下，一般来说，这3条线数值达到80附近或更高，为短线卖出黄金信号。

图 25-4（c）

3. 未来一周内，2017 年 1 月 11 日（周三）和 2017 年 1 月 13 日（周五）美国当选总统特朗普和美联储主席均要发表讲话，而他们的讲话内容一旦偏向于看好未来美国经济和未来美联储加快加息步伐，则黄金价格就很难大学毕业，即反弹目标位达到 1200 整数关一线或更高位置。

4. 从技术上看，2017 年 1 月 5 日（周四）黄金盘中最高点 1184.90 将可能是短线一个重要的阻力位，因为它是 1122.35 和 1337.07 之间黄金分割位 0.809 和 0.618 之间的 1/2 位置。之前文中已经把 0.809 位置具体计算过程描述了，下面描述一下 0.618 位置具体计算过程。

1337.07－1122.35 = 214.72

214.72×0.618 = 132.70

1337.07－132.70 = 1204.37

（1163.36 + 1204.37）/2 = 1183.86，相近于本周最高点 1184.90。

当然，我们从心理角度上讲，也要做好未来黄金继续上升的准备。

笔者认为，如果未来黄金价格能有效突破 2017 年 1 月 5 日（周四）最高点 1184.90，则看 1200 或 1218 的概率增加，则黄金价格有望大学毕业，甚至硕士毕业。

但笔者还是坚持认为，不管是小学、中学，还是未来大学、硕士毕业，未来黄金价格反弹结束后还是存在回落调整的可能性。其中的主要原因是：

第一，来自于市场对 2017 年美联储加息预期，特别是 2017 年 1 月 6 日（周五）美国公布非农就业报告中的薪资增长给予 2017 年美联储加息极大的支持。

第二，从技术上看，黄金价格MACD指标月线级别出现死叉迹象越来越明显。图25-5是2017年1月6日（周五）纽约交易所收盘后黄金价格MACD指标月线图的具体表现。

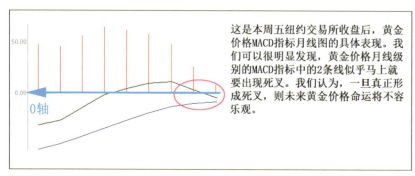

这是本周五纽约交易所收盘后，黄金价格MACD指标月线图的具体表现。我们可以很明显发现，黄金价格月线级别的MACD指标中的2条线似乎马上就要出现死叉。我们认为，一旦真正形成死叉，则未来黄金价格命运将不容乐观。

图 25-5

笔者于2017年1月8日（周日）上午

经过之前反弹，黄金价格获得中学毕业证书，那么未来能否获得
大学毕业证书或更高学历毕业证书，我们拭目以待

本篇文章中需要我们在黄金投资方面掌握的交易知识点和相关技巧内容主要在于基本面：美元指数和黄金价格之间关系。

1. 一般情况下，在美元指数上升、创出新高时，同一时刻，黄金价格却不见前期新低，则黄金价格未来有向上反弹的可能性。在这样情况下，倾向于短线买入黄金为主。

案例：本周二即 2017 年 1 月 3 日美元指数盘中最高为 103.81 点，再次创出 2002 年 12 月 23 日（周一）以来新高，而当日黄金价格未能跌破 2016 年 12 月 15 日（周四）黄金价格盘中最低点 1122.35。根据美元指数创新高而同一时刻黄金价格不见新低，未来黄金价格有向上的可能性，所以在短线操作上可以继续买入黄金，看高一线。果然日后黄金价格一度上涨，在 2017 年 1 月 31 日突破 1200 整数关（见表 25-3）。

表 25-3

品 种	时 间	价 格	之前黄金价格最低点	日后黄金价格表现
美元指数	2017 年 1 月 3 日	最高 103.81	1122.35 时间：2016 年 12 月 15 日	在 2017 年 1 月 31 日突破 1200 整数关
黄金价格	2017 年 1 月 3 日	最低 1145.68		

2. 一般情况下，在美元指数下跌、创出新低时，同一时刻，黄金价格却不见前期新高，则黄金价格未来有高位下跌的可能性。在这样情况下，倾向于短线卖出黄金为主。

案例：2016 年 5 月 3 日美元指数盘中最低跌至 91.92 点，创出 2015 年 1 月以来最低，而当日黄金价格最高为 1301.80，未能突破 2016 年 5 月 2 日盘中最高点 1303.60。根据美元指数创出新低而同一时刻黄金价格却不见新高，未来黄金价格有高位下跌的可能性，所以在短线操作上可以卖出黄金为主。果然日后黄金价格一度下跌，在 2016 年 5 月 30 日一度跌破 1200 整数关（见表 25-4）。

表 25-4

品 种	时 间	价 格	之前黄金价格最高点	日后黄金价格表现
美元指数	2016 年 5 月 3 日	最低 91.92	1303.60 时间：2016 年 5 月 2 日	在 2016 年 5 月 30 日跌破 1200 整数关
黄金价格	2016 年 5 月 3 日	最高 1301.80		

黄金价格带着"三高"创新高

（2017 年 1 月 9 日至 13 日评论）

本周（即 2017 年 1 月 9 日—2017 年 1 月 13 日）国际现货黄金价格继续走高，盘中一度突破 1200 整数关，最高达到 1206.98，为 2016 年 11 月 23 日（周三）以来最高。这一最高点与之前 2016 年 12 月 15 日（周四）最低点 1122.35 相比，其间黄金价格的最大涨幅为 7.54%（见图 26-1）。同时，这也达到了笔者之前所预期此次黄金价格反弹高级目标区 1200 整数关一线，黄金价格完成了大学毕业（见图 26-2）。

图 26-1

图 26-2

首先分析一下本周黄金价格突破 1200 整数关的主要原因。

第一，此次黄金价格盘中能一举突破 1200 整数关，完成笔者之前所预期的大学毕业，其中从基本面看主要是市场避险情绪引起的，特别是市场对特朗普新政不确定性的担忧。

与此同时，具有一定避险功能的日元本周盘中也一度突破 114 整数关，美元兑日元低至 113.74，为 2016 年 12 月 8 日（周四）以来最低。这也反映出本周市场避险情绪浓重（见图 26-3）。

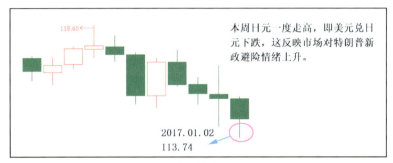

图 26-3

第二，资金面对黄金价格上升有一定的积极作用。

1. 在 2017 年 1 月 13 日（周五）纽约交易所收盘后，全球黄金最大的 ETF 增持了 2.96 吨黄金，目前最新持仓量为 807.96 吨。这也是 2016 年 11 月 10 日（周四）以来全球黄金最大的 ETF 首次增持黄金。

2. 在 2017 年 1 月 13 日（周五）纽约交易所收盘后，美国商品期货交易委员会（CFTC）报告显示黄金出现净仓位为正的 12932 标准手（见表 26-1）。

表 26-1　美国商品期货交易委员会（CFTC）每周持仓报告（商品类—截至 1 月 10 日当周）

种类	仓位类别	截至 1 月 10 日当周	截至 1 月 3 日当周	仓位变化（较上周）	备　注
黄金	多头仓位	214000	208855	5145	1 个标准手为 100 盎司
	空头仓位	104518	112305	−7787	
	净仓位	109482	96550	12932	

但是此次黄金价格突破 1200 整数关，并没有看到技术面有太多的支持，相反，发现黄金价格是带着技术面的"三高"创出本轮反弹行情的新高。

在医学上，"三高"是高血脂、高血压、高血糖。而在黄金价格技术上，把RSI、KDJ、PSY这三个重要指标数值处在80或80以上称为黄金价格技术上的"三高"。

第一高，最近黄金价格日线级别5日RSI数值多次达到80以上。一般黄金价格5日RSI处在80或80以上，则代表短线黄金价格偏高（见图26-4）。

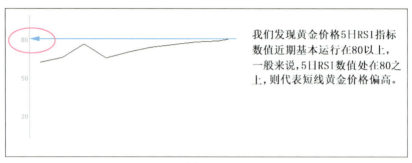

图 26-4

第二高，最近黄金价格日线级别的KDJ指标中，K、D、J均处在数值80之上，而一般认为当D线数值达到80或更高，则代表短线黄金价格一定是偏高或过高了（见图26-5）。

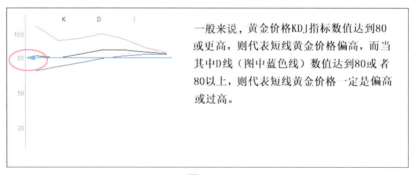

图 26-5

第三高，最近黄金价格日线级别12日PSY心理线数值一度达到80以上。一般认为，12日PSY心理线数值达到75之上就应该认为短线黄金价格偏高了，而现在其数值达到80或更高，则代表短线黄金价格一定是偏高或更高（见图26-6）。

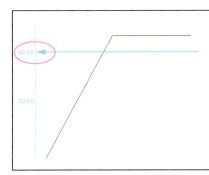

我们发现黄金价格12日PSY心理线数值近期已经达到80以上，一般来说其数值达到75，黄金价格就属于偏高，而达到80之上，则代表短线黄金价格一定是偏高或过高。

图 26-6

同时，从基本面看，近期也并不是十分有利于黄金价格。这就是本周仍有众多美联储官员偏向于未来加息，特别是其中部分有投票权的美联储官员（见表26-2）。

表 26-2

时　间	官　员	来　自	今年票委	原先立场	本周讲话内容	讲话偏向
2017 年 1 月 9 日（周一）	罗森格伦	波士顿	否	鹰派	2017 年加息三次是合理的	鹰派
	洛克哈特	亚特兰大	否	鹰派	2017 年可能会加息二至三次	鹰派
2017 年 1 月 12 日（周四）	埃文斯	芝加哥	是	鸽派	2017 年可能加息三次	鹰派
	哈克	费城	是	鸽派	重申 2017 年加息三次是温和的	鹰派
	卡普兰	达拉斯	是	鸽派	认为 2017 年有加息三次的预期	鹰派
2017 年 1 月 13 日（周五）	耶伦	主席	是	鸽派	美国经济表现较好	鹰派

从目前各个方面综合起来看，实际上也存在一定的矛盾性，比如，现在黄金价格的技术上已经明显出现了"三高"，资金面似乎还比较有利于黄金价格，而基本面却有好有坏。

在这样的情况下，大家还是很关心未来黄金价格到底会如何运行，未来黄金价格是冲高回落，还是进一步上升重新站上 1200 整数关，向更高的目标运行呢？

首先，再从技术上看一下，此次黄金价格反弹能够完成小学毕业达到

1150—1160 区间的主要原因是黄金价格站上了 10 日均线。所以，如果未来黄金价格重新有效跌破 10 日均线，则黄金价格向下的概率将会增加；反之，在未来表现中，黄金价格始终不有效跌破 10 日均线，则不排除黄金价格还是有继续走高，重新站上 1200 整数关，甚至创出新高的可能性。目前，黄金价格最新的 10 日均线在 1177.60（见图 26-7）。

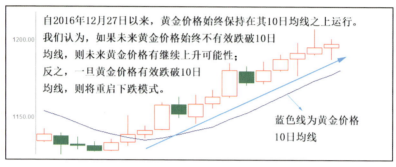

图 26-7

其次，下周（即 2017 年 1 月 16 日—2017 年 1 月 20 日）影响黄金价格因素众多，关注以下内容对黄金价格的影响（见表 26-3）。

表 26-3

时　　间	数据和事件	判　　断	预期黄金表现
2017 年 1 月 18 日（周三）北京时间晚上 21 时 30 分	美国公布的 12 月消费者物价指数	数据好	↓
		数据不好	↑
2017 年 1 月 19 日（周四）北京时间凌晨 4 时	美联储主席耶伦发表关于货币政策目标的讲话	偏鸽派	↑
		偏鹰派	↓
		偏中性	∞
2017 年 1 月 19 日（周四）北京时间凌晨 5 时	美国公布中国最新持有美国债券	增持	↓
		减持	↑
2017 年 1 月 20 日（周五）北京时间凌晨 9 时	美联储主席耶伦在斯坦福大学发表关于经济预期讲话	偏积极	↓
		偏失望	↑
		偏中性	∞
2017 年 1 月 20 日（周五）或 2017 年 1 月 21 日（周六）具体时间待定	美国总统特朗普就职典礼	偏积极	↓
		偏失望	↑
		偏中性	∞

最后，笔者对未来黄金价格趋势仍坚持那几句话：虽然不排除未来黄金价格仍有走高的可能性，但是随着黄金价格不断攀升，从技术上看已经明显偏高，如果黄金价格未来还继续带着"三高"技术点位继续走高，而随之黄金价格的短线风险也会急剧增加，甚至不排除黄金价格短时间内下跌。

所以，笔者还是坚持认为，如果未来黄金价格能达到 1200 或所预期的极限价位 1218 一线，这将是之前持有黄金高位多头头寸的投资者一次绝佳的短线出逃机会。

笔者于 2017 年 1 月 15 日（周日）上午

**尽管短线技术指标处在"三高"，黄金价格获得大学毕业，
当然日后还是要注意调整和休息**

本篇文章中需要在黄金投资方面掌握的交易知识点和相关技巧内容主要在于技术面：黄金技术价格"三高"和"三低"。

把 RSI、KDJ、PSY 这三个短线重要指标数值处在 80 或 80 以上称为黄金技术价格的"三高"。如果出现这样的技术特点，则倾向于短线做空黄金为主。

把 RSI、KDJ、PSY 这三个短线重要指标数值处在 20 或 20 以下称为黄金技术价格的"三低"。如果出现这样的技术特点，则倾向于短线做多黄金为主。

案例 1：本文中所提到的黄金价格达到 1200 整数关后，黄金价格出现了技术上的"三高"，根据这样的技术特点，应该短线卖出黄金，果然在日后黄金价格出现了回调，并最低跌至 1200 整数关之内，最低跌至 1180 一线。

案例 2：在之前，在 2016 年 12 月 15 日当日，我们发现，RSI，KDJ，PSY 三个短线重要指标数值处在 20 或 20 附近，黄金价格出现了技术上的"三低"，根据这样的技术特点，应该短线买入黄金，果然日后黄金价格出现较大上升，并在 2017 年 1 月 12 日盘中一度突破 1200 整数关。

两女一男左右黄金价格

（2017 年 1 月 16 日至 20 日评论）

本周（即 2017 年 1 月 16 日—2017 年 1 月 20 日）前两天国际现货黄金价格继续走高，盘中最高上升至 1218.60，为 2016 年 11 月 22 日（周二）以来最高。这一最高点与之前 2016 年 12 月 15 日（周四）盘中的最低点 1122.35 相比，其间黄金价格的最大涨幅为 8.58%（见图 27-1）。同时，这也达到了笔者于 2016 年 12 月 24 日（周六）晚上，在《黄金价格也过平安夜》一文中所预期此次黄金价格反弹极限目标位 1218 一线。本周黄金价格硕士毕业（见图 27-2）。

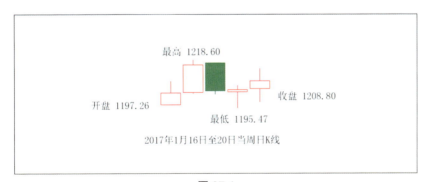

图 27-1

图 27-2

这次黄金价格能反弹至最高点 1218.60 关键还是与英国可能会发生硬脱欧的预期有直接关系，其中主要与英国首相特蕾莎·梅有关。

我们发现，在 2017 年 1 月 17 日（周二）北京时间晚上 19 时 30 分即英国首相特蕾莎·梅发表有关未来英国脱欧事宜之前，因市场预期英国有硬脱欧可能性，市场避险情绪将黄金价格推高至 1218.60。而随后在当晚北京时间 19 时 45 分，特蕾莎·梅正式讲话内容中并没有完全提到硬脱欧，相反，她表示：将把最终的脱欧协议交由议会的两院投票表决，英国政府将推动退欧协议最终在议会进行投票，希望达成适用于整个英国的退欧协议。这番讲话一举打消了市场对硬脱欧的顾虑，避险情绪立马降温，黄金价格应声而落。同时，在随后几个交易日中黄金价格确实也没有再突破本轮反弹行情的最高点 1218.60。

接下去影响本周黄金价格走势的因素与美联储主席耶伦的讲话有直接的关联。

在 2017 年 1 月 19 日（周四）北京时间凌晨 4 时，美联储主席耶伦表示，等太久再加息可能迫使美联储加息步伐更激进，使得经济陷入衰退。2016 年 12 月，她预计在 2019 年之前美联储每年将加息几次，预计截至 2019 年底利率将接近长期中性利率 3%。这番讲话后，黄金价格在当晚盘中最低跌至 1195.47。

但就像上演剧情小说一样，在次日上午耶伦讲话却出现了较大的变化。2017 年 1 月 20 日（周五）北京时间上午，美联储主席耶伦表示泰勒法则等简单的货币政策规则提供了有用的指引，但也可能存在问题，货币政策立场仍保持适度宽松。耶伦这番转为鸽派的讲话，令黄金价格马上反弹至 1210 一线。

泰勒法则是常用的简单货币政策规则之一。由泰勒于 1993 年针对美国的实际数据提出，描述了短期利率如何针对通胀率和产出变化调整的准则。泰勒规则启发了货币政策的前瞻性。如果中央银行采用泰勒规则，货币政策的抉择实际上就具有了一种预承诺机制，从而可以解决货币政策决策的时间不一致问题。

而 2017 年 1 月 20 日（周五）耶伦所谈到的意思就是美联储即便承诺本年度加息 3 次，遵循泰勒法则，但也有可能存在问题，就是说存在不确定性。这使此番讲话有鸽派色彩。

当然，本周最重要的主角就是本文题目提到的"一男"，即美国新任总统特朗普。在 2017 年 1 月 21 日（周六）凌晨许，特朗普就职演说期间黄金价格总体在 1205—1215 之间波动。因为在特朗普就职演说期间华盛顿发生抗议示威，这也一度令市场避险情绪升温，推高了短线黄金价格。当然，特朗普演说中还是有很多偏向于利好美元而不利黄金价格的内容，特别谈到基础建设和就业方面还是有积极的一面，所以黄金价格最后也未能再次突破本周初创出的最高点1218.60。这也给未来黄金价格走势留下了悬念（见图27-3）。

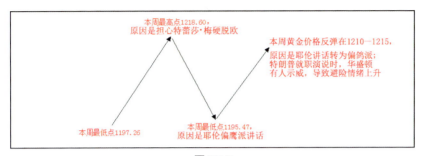

图 27-3

既然把未来黄金价格走势留下悬念，那么未来黄金价格到底如何判断呢？目前，影响黄金价格走势的几个方面出现了矛盾的地方。

第一，资金面。

全球黄金最大的 ETF 目前正开始在逐步增持黄金（见表27-1）。

表 27-1

日　期	增减变化（吨）	目前持有量（吨）
01.13	+2.96	807.96
01.20	+1.19	809.15

但是截至 2017 年 1 月 17 日（周二），当周的美国商品期货交易委员会（CFTC）报告显示黄金净仓位为 -2441 标准手，代表市场仍看空黄金的情绪占优（见表27-2）。

表 27-2　美国商品期货交易委员会（CFTC）每周持仓报告（商品类—截至 1 月 17 日当周）

种类	仓位类别	截至 1 月 17 日当周	截至 1 月 10 日当周	仓位变化（较上周）	备　注
黄金	多头仓位	218144	214000	4144	1 个标准手为 100 盎司
	空头仓位	111103	104518	6585	
	净仓位	107041	109482	-2441	

第二，美联储方面。

除了本周美联储主席耶伦两次讲话，一次偏鹰派、一次偏鸽派外，本周也有几位美联储官员的态度较为矛盾。比如，2017 年 1 月 20 日（周五）费城联储主席哈克表示出未来 3 次加息的可能性依然存在，但又表示出当前没有急于加息的必要性。

第三，技术面。

从黄金价格 MACD 指标周 K 线上发现，有可能会出现金叉。如果真的出现金叉，则未来黄金价格仍有继续向上的可能性（见图 27-4）。

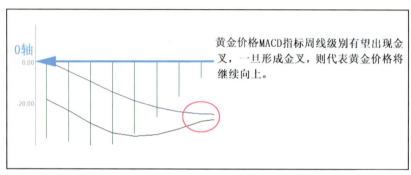

图 27-4

但从黄金价格 MACD 指标月 K 线上发现，有可能会出现死叉。一旦出现死叉，则黄金价格将会有继续向下的可能性（见图 27-5）。

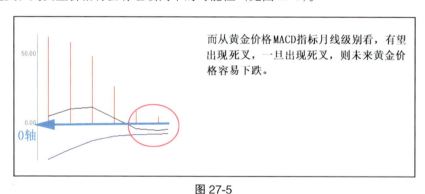

图 27-5

既然有矛盾的地方，也就不排除未来黄金价格在硕士毕业后可能会继续向上发展，那么从技术上看，黄金价格下一个较大的阻力位在哪里？

取 2016 年黄金价格最高点 1374.90 和 2016 年下半年黄金价格最低点 1122.35 为波动区间，其间的 1/2 位置在 1248.63。

同时，从技术上看，目前黄金价格最新的 200 天均线在 1265.43。

所以根据上述判断，如果未来黄金价格还是继续保持上升的话，则未来较大的阻力位在 1248.63—1265.43。

最后，从主客观分析黄金价格未来走势。

主观方面：就笔者个人观点还是看空未来黄金价格走势。其主要理由，还是因为在 2017 年美联储加息次数将可能会多于前两年。

客观方面：从技术上看，短线黄金价格下档支持较为关键的位置还是在 10 日均线。如果黄金价格纽约交易所收盘跌破 10 日均线，则此次反弹将会告一段落。目前，黄金价格最新的 10 日均线在 1198.80。当然，如果短线黄金价格始终站稳在 10 日均线之上，且未来有效突破 1218.60，则继续向上概率增加，特别是上试 1248.63—1265.43 的可能性将会加大。

简单地讲，一旦未来黄金纽约交易所收盘价格跌破 10 日均线，则重新看空黄金概率加大；反之，一旦未来黄金纽约交易所收盘价格突破 1218.60，则有可能会继续看高一线。

笔者于 2017 年 1 月 22 日（周日）中午

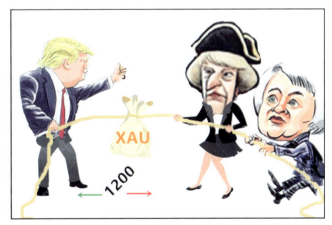

三个大人物言论直接影响黄金价格波动，其中，特蕾莎·梅和耶伦是一派，偏多于黄金价格；特朗普是一派，偏空于黄金价格

本篇文章中需要投资者在黄金投资方面掌握的交易知识点和相关技巧内容主要在于基本面。

泰勒法则：它是常用的简单货币政策规则之一。由泰勒于 1993 年针对美国的实际数据提出。它描述了短期利率如何针对通胀率和产出变化调整的准则。泰勒规则启发了货币政策的前瞻性。如果中央银行采用泰勒规则，货币政策的抉择实际上就具有了一种预承诺机制，从而可以解决货币政策决策的时间不一致问题。

如果美联储强调遵守泰勒法则，将视为对加息兑现进行承诺，则短线黄金价格偏向于下行；如果美联储认为不一定遵守泰勒法则，将视为不一定会对加息兑现进行承诺，则短线黄金价格偏向于上涨。

由于本文中美联储主席耶伦讲话内容提到泰勒法则存在问题，这个意思就是偏向于不一定遵守泰勒法则，所以导致了短线黄金价格继续向上。

黄金价格下跌源于之前的"三高"

（2017 年 1 月 23 日至 27 日评论）

　　笔者在前面《两女一男左右黄金价格》一文中表示，一旦黄金价格纽约交易所收盘价格跌破 10 日均线，则重新看空黄金价格概率加大；反之，一旦未来黄金价格纽约交易所收盘价格突破 1218.60，则有可能会继续看涨。

　　结果 2017 年 1 月 25 日（周三）黄金纽约交易所收盘价格跌破了 10 日均线，从而引发了黄金价格一波下跌走势。虽然 2017 年 1 月 24 日（周二）国际现货黄金价格盘中最高攀升至 1219.70，突破了 1218.60 前期最高点，但是黄金的纽约交易所收盘价格并未收在 1218.60 之上。2017 年 1 月 27 日（周五）国际现货黄金价格盘中最低跌至 1180.73，为 2017 年 1 月 11 日（周三）以来最低。这与 2017 年 1 月 24 日（周二）盘中最高点 1219.70 相比，其间黄金价格最大的跌幅为 3.31%（见图 28-1）。

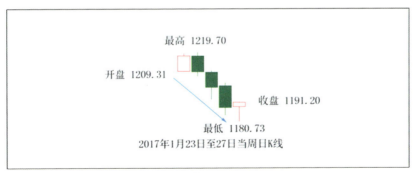

图 28-1

　　本周黄金价格下跌，证实了在前面《两女一男左右黄金价格》一文中笔者所表达的观点：在主观方面，就个人观点还是看空未来黄金价格走势（见图 28-2）。

257

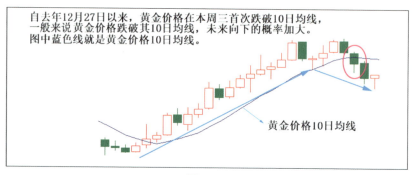

图 28-2

笔者把 RSI、KDJ、PSY 这三个重要指标数值处在 80 或 80 以上称为黄金价格技术上的"三高"。之前黄金价格运行在 1200 整数关上方持续出现"三高"症状，此波黄金价格下跌其实早有预期。

之前，笔者在《黄金价格带着"三高"创新高》中也一度表示：如果未来黄金价格能达到 1200 或所预期的极限价位 1218 一线，这将是之前持有黄金高位多头头寸的投资者一次绝佳的短线出逃机会。

除了技术上之前黄金价格患上了"三高"和本周黄金纽约交易所收盘价格跌破了 10 日均线之外，令黄金价格出现下跌的主要原因还有：

第一，避险情绪降温。之前英国首相特蕾莎梅在 2017 年 1 月 17 日（周二）表示将把最终的脱欧协议交由议会的两院投票表决，政府将推动最终退欧协议在议会进行投票，希望达成适用于整个英国的退欧协议。这番讲话降低了英国硬脱欧的可能性，导致了市场避险情绪降温，而在 2017 年 1 月 20 日（周五）特朗普宣誓就任美国总统后，2017 年 1 月 25 日（周三）美国道琼斯指数一举突破 2 万点大关，再创历史新高。美国股市强势上升代表市场对特朗普新政信心增加，而之前对此的担忧情绪降温。投资大师巴菲特出席特朗普就职演说后表示，他完全支持特朗普的内阁人选。

上述两个一度曾推高黄金价格的避险情绪降温以及本周美国道琼斯指数突破 2 万点，是本周黄金价格下跌的主要原因。

笔者之前曾经多次表示过，避险因素是影响黄金价格一个短期因素，而不是一个长期核心因素，不能起主导作用。"黄金价格最终上升靠避险因素是靠不住的。"关于这点在本书中笔者已经多次表达过。

第二，资金面存在对黄金价格较为不利的方面。特别是全球黄金最大的ETF仅仅小幅增持后继续加大了减持了力度。目前，全球黄金最大的ETF最新持仓量为799.07吨，为2016年3月16日（周三）以来最低持仓量（见表28-1）。

表 28-1

日　　期	增减变化（吨）	目前持有量（吨）
01.03	−8.3	813.87
01.05	−0.28	813.59
01.09	−8.59	805.00
01.13	+2.96	807.96
01.20	+1.19	809.15
01.23	−2.08	807.07
01.24	−2.96	804.11
01.25	−5.04	799.07

我们发现，全球黄金最大的ETF仅仅在1月13日和1月20日分别小幅增持了2.96吨和1.19吨后，在本周仍连续减持黄金，本年度以来，全球黄金最大的ETF已经累计减持了14.8吨黄金。

接下去大家关心的是，下一阶段黄金价格是进一步下跌还是经过这次下跌后会有反弹呢。笔者进行综合分析后得到了以下结论：下一阶段黄金价格预期如是从技术上看，可能还会有30—50美元/盎司下跌空间，资金面上存在有利于黄金价格因素，不过在消息面和基本面上还是需要得到进一步确认。

首先，从技术上看，黄金价格在下一阶段依然有继续下行的可能性。

之前，笔者曾经表示：如果黄金纽约交易所收盘价格跌破10日平均线且日后MACD日线指标0轴之上出现死叉，这就意味着未来黄金价格可能会出现冲高回落或高位杀跌。

本周黄金纽约交易所收盘价格已经跌破10日均线，而2017年1月27日（周五）纽约交易所收盘后，黄金价格MACD指标日线图上出现了死叉，所以这就从技术上具备了下阶段黄金价格继续下跌的可能性（见图28-3）。

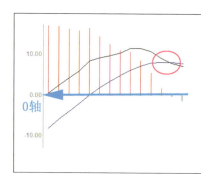

本周五纽约交易所收盘后，黄金价格MACD指标日线图出现了死叉，加上之前黄金价格有效跌破10日均线，这从技术上支持了未来黄金价格仍有继续下跌的可能性。

图 28-3

其次，从美国商品交易所 CFTC 数据显示看，本周黄金净多头头寸增加了2366 标准手，这应该说在资金面似乎有些有利于黄金价格方面（见表 28-2）。

表 28-2　美国商品期货交易委员会（CFTC）每周持仓报告

截至当周	多头持仓	空头持仓	多空净持仓	净持仓变化（与上周比）
2017.01.24	209854	100447	109407	2366

最后，黄金价格能否真正延续下跌走势将取决于下一阶段的消息面和基本面（见表 28-3）。

表 28-3

	内　　容	具体表现	黄金价格表现
消息面	特朗普新政	道琼斯保持在 2 万点之上	↓
		道琼斯跌破 2 万点	↑
基本面	2017 年 2 月 2 日（周四）北京时间凌晨 3 时美联储 2016 年第 1 次会议	会后声明偏鹰派	↓
		会后声明偏鸽派	↑
	2017 年 1 月 31 日（周二）北京时间晚上 23 时美国公布消费者信心指数	数据好	↓
		数据不好	↑
	2017 年 2 月 3 日（周五）北京时间晚上 21 时 30 分，美国非农就业报告	数据好	↓
		数据不好	↑

如果上述消息面和基本面总体表现不错，加上之前技术面对黄金价格不利，则黄金价格容易继续下跌；反之，如果上述消息面和基本面总体表现不理想，加上之前资金面对黄金价格有利，所以未来黄金价格有反弹的可能性。

最后，我们对未来黄金价格走势再次做主客观的预判。从主观上判断，笔者还是倾向于未来黄金价格继续走低。从客观上判断，技术上已经发出了黄金价格未来将继续走低的信号，但资金面还是有利于黄金价格，所以未来黄金价格走势还将取决于特朗普新政、美联储货币政策和美国主要经济数据。再客观点讲，如果未来黄金价格始终运行在10日均线之下，则黄金价格继续下跌的概率较大；反之，未来黄金价格重新站稳在10日均线之上，则黄金价格将重启向上继续走高模式。目前，黄金价格10日均线在1203附近。

笔者于2017年1月29日（周日）中午

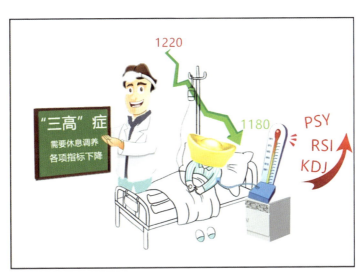

"三高"最终还是让黄金价格下来，日后大家要特别注意出现
"三高"时要注意休息调养

本篇文章中需要我们在黄金投资方面掌握的交易知识点和相关技巧内容主要在于技术面。

1. 黄金价格10日均线的重要性。

（1）如果黄金纽约交易所收盘价格跌破10日均线，则短线黄金价格向下的可能性增加，短线交易倾向于做空黄金为主。如果黄金纽约交易所收盘价格站上10日均线，则短线黄金价格向上的可能性增加，短线交易倾向于做多黄金为主。

（2）如果黄金纽约交易所收盘价格跌破10日均线，且日后MACD指标日线图出现死叉，则短线黄金价格将出现下跌的可能性继续增加，短线交易依然倾向于做空黄金为主。如果黄金纽约交易所收盘价格站上10日均线，且日后MACD指标日线图出现金叉，则短线黄金价格将出现上升的可能性继续增加，短线交易依然倾向于做多黄金为主。

（3）如果黄金纽约交易所收盘价格跌破10日均线，且日后MACD指标日线图在0轴之下出现死叉则短线黄金价格将出现大幅下跌的可能性增加，预期未来黄金价格下跌空间至少在30—50美元/盎司，短线交易依然倾向于做空黄金为主。如果黄金纽约交易所收盘价格站上10日均线，且日后MACD指标日线图在0轴之上出现金叉，则短线黄金价格将出现上升的可能性继续增加，预期未来黄金价格上升空间至少在30—50美元/盎司，短线交易依然倾向于做多黄金为主。

2. 技术面要服从于基本面。

2017年1月24日（周二）—26日（周四）黄金价格日K线图出现"三只乌鸦"，一般情况下出现的这样的形态黄金价格应继续下跌，而后市黄金价格却出现了上涨。这主要是因为1月27日（周五）美国公布第四季度实际GDP季率上升1.9%，远不如前值季率上升3.5%。这意味着美国经济并不是很出色，这可能会减缓美联储加息的进度，令黄金价格获得支持（见图28-4）。

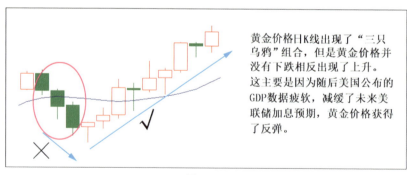

黄金价格日K线出现了"三只乌鸦"组合，但是黄金价格并没有下跌相反出现了上升。这主要是因为随后美国公布的GDP数据疲软，减缓了未来美联储加息预期，黄金价格获得了反弹。

图 28-4

根据之前所提出观点：当影响黄金价格的技术面和基本面发生矛盾的时候，

基本面决定技术面，这时技术面可能会失效。所以，当时黄金价格并没有因为K线形态出现"三只乌鸦"而下跌，相反，黄金价格出现了一波较大的上涨。之前文章已经有过详细描述，在这里再次强调一下：影响价格波动的政治因素决定资金面；资金面决定基本面；基本面决定技术面。

后　记

经过半年多的写作、整理、校对，书稿在大家努力下，终于完稿，并出版与大家见面了。这里要特别感谢上海砺钰投资咨询有限公司的同仁们，在这期间大家都辛苦了。他们分别是：赵祖阳、陈曦、霸家铭、梁莹莹、傅瑜、薛华、吴静、周慧彪、曾凡黎、吴梦茜、王一平、张莳哲。

本书28篇文章，不知道大家阅读后有什么感受，如果大家有任何意见、看法、想法，都可以通过上海砺钰投资咨询有限公司微信公众号提交上来，我们会及时地一一回复。（上海砺钰投资咨询有限公司微信公众号：liyutouzi）

本书28篇文章是截至2017年1月底。本人以及公司同仁现在正在积极筹划《博骏点金》第二集。这集主要是从2017年2—9月底的内容，预计在2017年年底出版首发。

投资是一个漫长的工程，"财不入急门"，所以投资者在黄金交易中，要善于捕捉投资机会，要善于及时盈利平仓，也要保持良好的心态，更要克服贪婪与恐惧，要做到"风物长宜放眼量"。希望大家通过学习投资知识，掌握投资方法，把握投资技巧，通过自身的不懈努力，真正去实现财富自由！

最后，在这里还要感谢Eric Qian以及博威环球对本书的大力支持，感谢所有支持本人和砺钰投资的广大投资者！

李　骏

2017年4月20日

图书在版编目(CIP)数据

博骏点金/李骏著. —上海：上海人民出版社，
2017
ISBN 978-7-208-14527-6

Ⅰ.①博… Ⅱ.①李… Ⅲ.①黄金市场-投资-基本
知识 Ⅳ.①F830.94

中国版本图书馆 CIP 数据核字(2017)第 107636 号

责任编辑　陈博成
封面设计　张志全工作室

博 骏 点 金

李 骏 著

世 纪 出 版 集 团

上海人民出版社出版

(200001 上海福建中路 193 号 www.ewen.co)

世纪出版集团发行中心发行 上海中华印刷有限公司印刷
开本 720×1000 1/16 印张 19.5 插页 4 字数 298,000
2017 年 6 月第 1 版 2017 年 6 月第 1 次印刷
ISBN 978-7-208-14527-6/F·2453

定价 128.00 元